Jan Cantow und Kerstin Stockhecke (Hg.)
Friedrich von Bodelschwingh und Paul Gerhard Braune

Jan Cantow und Kerstin Stockhecke (Hg.)

Friedrich von Bodelschwingh und Paul Gerhard Braune

Briefwechsel 1933–1945

wichern

In Kooperation mit dem Bethel-Verlag

Unter Mitarbeit von Dr. Dietmar Börnert und Ulrike Cruel

© Wichern-Verlag GmbH, Berlin 2011
In Kooperation mit dem Bethel-Verlag, Bielefeld
Umschlag: Dietmar Silber, unter Verwendung eines Fotos aus dem Hauptarchiv der v. Bodelschwinghschen Stiftungen Bethel
Bildnachweise: Hauptarchiv der v. Bodelschwinghschen Stiftungen Bethel: S. 15, 67, 112, 144, 168, 216; Archiv der Hoffnungstaler Stiftung Lobetal: S. 16, 20, 84, 190
Satz: NagelSatz, Reutlingen
Druck und Verarbeitung: Bercker Graphischer Betrieb GmbH & Co. KG, Kevelaer
ISBN 978-3-88981-309-1

Inhaltsverzeichnis

Vorwort 7
Einleitung 9

Biografische Skizzen –
Friedrich von Bodelschwingh d.J. und Paul Gerhard Braune 13

Innere Mission –
Gleichschaltung und Eigenständigkeit 19

Sammlungen und Spendenwerbung –
vor dem Aus 65

Wandererfürsorge –
christlicher Auftrag und polizeistaatliche Disziplinierung 83

Kirchenpolitik –
staatliche Eingriffe und innerkirchliche Auseinandersetzungen .. 111

Christen jüdischer Herkunft –
Hilfen und Begrenzung 143

„Euthanasie" –
gegen die Tötungsverbrechen 167

Lobetal im Nationalsozialismus –
Herausforderung und Aktion 189

Krieg und Kriegsauswirkungen in Bethel und Lobetal 215

Abkürzungen 267
Literaturauswahl 269
Personenregister 273

Vorwort

Liebe Leserinnen und Leser,

die Zeit des Nationalsozialismus ist auch in den v. Bodelschwinghschen Stiftungen Bethel eine schwierige und in Teilen bedrückende Phase unserer Geschichte. Wenige Monate vor Erscheinen dieses Buches haben wir im Jahr 2010 daran gedacht, dass Paul Gerhard Braune 70 Jahre zuvor wegen seines Widerstands gegen die Tötung behinderter Menschen inhaftiert worden ist. Er wie auch andere Menschen in Bethel und Lobetal haben mit einer solchen Entschlossenheit eindrucksvoll Zeugnis ihres christlichen Glaubens gegeben. Diese Menschen verdienen es, in unserem Gedenken gewürdigt zu werden!

Die wissenschaftliche Aufarbeitung der Jahre des Nationalsozialismus hat aber auch viele dunkle Facetten in der Geschichte Bethels ans Licht gebracht. Wir wissen heute: Auch in den Einrichtungen Bethels wurden Menschen zwangsweise sterilisiert. Es gab Zwangsarbeit und in Teilen der Mitarbeiterschaft eine erschreckende Nähe zum menschenverachtenden Gedankengut der Nationalsozialisten. Es schmerzt bis heute, von dem dadurch entstandenen Leid der Opfer und Betroffenen zu erfahren.

Der mit diesem Buch veröffentlichte Briefwechsel des damaligen Betheler Anstaltsleiters Friedrich von Bodelschwingh dem Jüngeren und Paul Gerhard Braune aus Lobetal führt erneut in die Jahre von 1933 bis 1945. Er ergänzt das durch die historische Forschung bereits vorhandene umfangreiche Bild dieser Zeit auf wertvolle, lebendige und authentische Art und Weise. In den Briefen begegnen uns zwei Männer, die auf je eigene Art versucht haben, im Sinne des christlichen Auftrags und als Teil der Kirche Jesu Christi verantwortlich zu handeln. Dabei trugen beide Verantwortung für viele tausend Menschen, die in den Einrichtungen Bethels und Lobetals lebten und arbeiteten. An manchen Stellen in den Briefen wird deutlich, wie sehr diese Verantwortung gegenüber den Menschen, gegenüber Gott und gegenüber sich selbst auch die Haltung zum diktatorischen Staat geprägt und beeinflusst hat. So lassen sich in dem vorliegenden Briefwechsel fraglos manche Stellen finden, bei denen wir uns im Rückblick mehr Mut, mehr Entschlossenheit und mehr Widerstand gewünscht hätten. Umgekehrt ist bemerkenswert, dass in einer Frage völlige Einigkeit zwischen den Korrespondenzpartnern herrschte: Auftrag der Diakonie und damit auch der Einrichtungen und Dienste Bethels ist es, zu jeder Zeit und unter allen Umständen das Leben jedes einzelnen Menschen zu achten und zu schützen. Die Tötung oder Diffamierung eines Menschen aufgrund einer Krankheit oder Behinderung darf es nach biblisch-christlichem Verständnis nicht geben. Friedrich von Bodelschwingh und Paul Gerhard Braune geben in ihren Briefen eindrucksvoll Zeugnis davon, wie sie in ihrer Zeit dieses Verständnis gelebt und in praktisches Handeln umgesetzt haben. Dabei waren sie sich ihrer Fehler und Versäumnisse durchaus bewusst – und haben trotzdem nicht aufgegeben, nach ihren Überzeugungen zu handeln und im Vertrauen auf Gottes Güte und Liebe ihren Glauben zu leben. In dieser Haltung sind sie uns bis heute ein wertvolles Vorbild und stellen auch das eigene Handeln in guter Weise infrage.

Wir sind sehr dankbar, dass mit dem vorliegenden Briefwechsel beide Persönlichkeiten selbst zu Wort kommen und wir als Leserinnen und Leser anhand dieser historischen Quellen unmittelbar in ihr Leben und Denken hineingenommen werden. Den Herausgebern, die diesen Briefwechsel mit viel Engagement, Fleiß und Sorgfalt zusammengestellt haben, danken wir sehr. All denen, die in dem Buch lesen, wünschen wir eine gleichermaßen kurzweilige wie anregende Lektüre.

Pastor Ulrich Pohl
Vorstandsvorsitzender der v. Bodelschwinghschen Stiftungen Bethel

Pastor Dr. Johannes Feldmann
Vorstand der v. Bodelschwinghschen Stiftungen Bethel
Vorsitzender der Geschäftsführung der Hoffnungstaler Stiftung Lobetal

Einleitung

Friedrich von Bodelschwingh und Paul Gerhard Braune gelten – jeder auf seine Art und beide im Zusammenspiel – als markante Persönlichkeiten des deutschen Protestantismus in der ersten Hälfte des 20. Jahrhunderts. Beide wirkten weit über ihre Einrichtungen hinaus und haben Kirche und Diakonie im Nationalsozialismus entscheidend geprägt: Der 10 Jahre ältere Friedrich von Bodelschwingh, seit 1910 Leiter einer weltweit bekannten diakonischen Einrichtung, den heutigen v. Bodelschwinghschen Stiftungen Bethel, mehr als stiller Stratege und Wegbereiter. Besonnen und auch in Detailfragen stets abwägend, scheute er das öffentliche Rampenlicht eher und zog gerne hinter den Kulissen die Fäden. Der andere, Paul Gerhard Braune, seit 1922 Leiter einer weitgehend selbstständigen Betheler Zweigeinrichtung, der heutigen Hoffnungstaler Stiftung Lobetal[1], operierte mehr als entscheidungsfreudiger Prokurist. Er war der Typ des gremienvernetzten Funktionärs, ein nahezu „listiger" Advokat verbandlicher Interessen und einfallsreicher Pragmatiker, der stets die Realisierbarkeit kleinteiliger Zielstrategien im Blick hatte. Durch die Nähe Lobetals zu Berlin hielt er die Kontakte zu den Reichsministerien und Behörden.

Die beiden Theologen ergänzten sich in ihren Persönlichkeiten. Zwischen ihnen bestand ein vertrauensvolles, freundschaftliches Verhältnis. Bei der Ausrichtung der alltäglichen Arbeit herrschte (fast) immer Einigkeit und theologisch befand man sich – auch unausgesprochen – auf einer Linie. Die Briefe atmen diesen Geist.

Vom 24. April 1922 datiert der erste uns vorliegende Brief, den Friedrich von Bodelschwingh an Paul Gerhard Braune gerichtet hat. Von da an, bis zu Bodelschwinghs Tod im Januar 1946, sind mehr als 1 900 Briefe vorhanden, die in den zwei Archiven, dem Hauptarchiv der v. Bodel-

---

1 Die Hoffnungstaler Stiftung Lobetal als Rechtsnachfolgerin der vom Verein Hoffnungstal e.V. getragenen Hoffnungstaler Anstalten Lobetal besteht seit dem 1. Januar 2011. Dadurch wurde eine Umbenennung des Archivs der Hoffnungstaler Anstalten Lobetal (AHtA) in Archiv der Hoffnungstaler Stiftung Lobetal (AHSL) erforderlich. Den Signaturen ist deshalb das neue Archivkürzel: AHSL vorangestellt.

schwinghschen Stiftungen Bethel und dem Archiv der Hoffnungstaler Stiftung Lobetal lagern. Keiner der Bestände in den Archiven umfasst eine komplette Überlieferung. Erst in der Ergänzung entsteht ein geschlosseneres Bild, wohl wissend, dass die Kommunikation immer noch Lücken enthält – auch unerklärliche. Häufig wurden unvollständige Kommunikationsstränge sichtbar, die aus Telefonaten oder persönlichen Gesprächen bei Treffen in Berlin, in Lobetal oder das ein oder andere Mal in Bethel herrührten.

Nicht alle Briefe sind von inhaltlicher Tragweite. In etwa einem Drittel geht es um ganz simple Alltagsfragen: Welcher Zug wird bei der Reise nach Berlin genommen, wie läuft die Drucklegung für die Einladungen zum Jahresfest, welche Sitzung gilt es vorzubereiten. In anderen Briefen wiederum wurden gleich mehrere bedeutsame Themen abgehandelt. Es galt auszuwählen.

Eine Beschränkung auf den Zeitraum 1933–1945 schien wegen der inhaltlichen Tiefe der Korrespondenz und der Themenvielfalt sinnvoll: Das stetige Zurückdrängen von Innerer Mission und Kirche, bis hin zu existenziellen Bedrohungen für die eigene Einrichtung, war enorm. In der Zeit des Nationalsozialismus war der Austausch mit jemandem, dem man blindlings vertrauen konnte, wichtiger denn je.

Allein zwischen 1933 und 1945 gingen etwa 1 000 Briefe hin und her. Eine – freilich subjektive – Auswahl wurde getroffen, um Themengebiete abzubilden, wie die Vereinnahmungsbestrebungen durch die Nationalsozialistische Volkswohlfahrt und die Ausgestaltung der Wandererfürsorge, die kirchenpolitischen Auseinandersetzungen zwischen Bekennender Kirche und Deutschen Christen, genauso wie das Vorgehen gegen die „Euthanasie", die nationalsozialistischen Kranken- und Behindertenmorde und die Hilfe für Christen jüdischer Herkunft. Die Briefe bezeugen: Bodelschwingh und Braune handelten gebunden an Gottes Gebot. In erster Linie sahen sie ihre Verantwortung für die Menschen in Bethel und Lobetal. Daneben stand ihre Verantwortung für Kirche und Diakonie, deren Wirkungsfelder es unbedingt zu sichern galt.

Auch die Irrtümer und Fehlleistungen von Bodelschwingh und Braune werden deutlich. Sie waren im Staatsdenken des 19. Jahrhunderts verhaftet und ihre nationalkonservative Gesinnung machte sie – wie große Teile des deutschen Protestantismus jener Zeit – anfänglich offen für den Nationalsozialismus.

Einleitung

Der Briefwechsel gewährt tiefe Einblicke in die Genesis von Entscheidungsprozessen, die Herausbildung von Handlungsstrategien, den Gestaltungswillen und die Gestaltungskraft der beiden Theologen. Ihre Verankerung in protestantischen Milieus wird deutlich. Die Briefe spiegeln deren Struktur und Zusammensetzung ebenso wie deren Veränderung und Wandel im Nationalsozialismus. Sie sind ein beeindruckendes Zeugnis der Wirkmächtigkeit dieser Milieus und lassen historische Entwicklungsprozesse transparenter erscheinen.

Eine wissenschaftliche Briefedition konnte und sollte nicht versucht werden. Fachwissenschaftler mögen zur Nutzung der Überlieferung in den beiden Archiven angeregt werden. Das Ziel dieser Publikation besteht darin, der interessierten Öffentlichkeit über die historischen Zusammenhänge in Bethel und Lobetal einen einzigartigen Zugang zur Diakonie- und Kirchengeschichte im Nationalsozialismus zu ermöglichen. Die Briefe, in ihrer bisweilen schonungslosen Offenheit, sind unverzichtbare, unverfälschte und direkte Zeugnisse mit hohem Authentizitätsgehalt.

Die ausgewählten Briefpassagen wurden inhaltlichen Kapiteln zugeordnet. Jedes der Kapitel ist mit einer kurzen inhaltlichen Einführung versehen. Sie ist bewusst kein Parforceritt durch das jeweilige Thema, sondern greift angesprochene Aspekte auf und dient als Grundlage zum Verständnis für die dann folgenden Briefe. Dabei ist auch nicht jedes Detail erläutert – schließlich soll noch die Faszination des Originaltons wirken.

Jan Cantow und Kerstin Stockhecke
Lobetal und Bielefeld, im März 2011

Biografische Skizzen – Friedrich von Bodelschwingh d.J. und Paul Gerhard Braune

Er leitete 36 Jahre lang, von 1910 bis 1946, eine weltweit bekannte diakonische Einrichtung, die heutigen v. Bodelschwinghschen Stiftungen Bethel: Friedrich von Bodelschwingh der Jüngere. War es dem älteren Bodelschwingh noch vergönnt, Bethel in einigermaßen ruhigen und finanziell sicheren Verhältnissen heranblühen zu lassen, so standen dem Sohn weit härtere Zeiten bevor. Zwei Weltkriege und dazwischen schwere wirtschaftliche Krisen markierten seine Jahre in der Betheler Anstaltsleitung.

Friedrich von Bodelschwingh kam am 14. August 1877 in Gadderbaum, am Stadtrand von Bielefeld, zur Welt. Sein Vater war dort 1872 zum geistlichen Leiter der „Anstalt für Epileptische", wie Bethel früher hieß, berufen worden. Die Familie von Bodelschwingh entstammte einem alten westfälischen Adelsgeschlecht, mit guten Kontakten zum preußischen Königshaus. In Bethel wuchs Friedrich von Bodelschwingh im Kreis seiner drei älteren Geschwister behütet auf. Er besuchte das Ratsgymnasium in der Stadt Bielefeld, wo er 1896 sein Abitur bestand. Wie schon sein Vater und seine beiden älteren Brüder studierte er Theologie. Sein Studium führte ihn nach Bonn, Basel und Greifswald. Nach der Ersten Theologischen Prüfung und einem einjährigen freiwilligen Militärdienst in Göttingen kehrte er 1901 nach Bethel zurück. Das Zweite Theologische Staatsexamen legte er im Frühjahr 1903 in Berlin ab. Schon als Lehrvikar war Friedrich von Bodelschwingh der persönliche Gehilfe seines Vaters. Auch nach dem Zweiten Theologischen Examen folgte er dem väterlichen Wunsch, schlug eine Universitätskarriere aus und kehrte als Assistent seines schon kränkelnden Vaters nach Bethel zurück. „So wenig ich glaube, für die Anstaltsarbeit geeignet zu sein, so gern möchte ich dir dienen", schrieb der Sohn im Februar 1904 an seinen Vater. Nach dem Tod des älteren Bodelschwinghs beriefen ihn die Vereinigten Vorstände zu dessen Nachfolger. Am 30. April 1911 heiratete Friedrich von Bodelschwingh die 36-jährige Julia von Ledebur, die im Kreis Lübbecke auf dem Rittergut Crollage aufgewachsen war. Julia von Bodelschwingh war studierte Malerin und es gelang ihr, ihre künstlerischen Fähigkeiten in Bethel einzubringen, etwa bei der Gründung der Handweberei.

Gerade 32 Jahre zählte Friedrich von Bodelschwingh, als er die Verantwortung für Bethel übernahm. 1867 gegründet und zunächst für 150 Menschen mit Epilepsie geplant, war unter der Leitung des älteren Bodelschwinghs ein großer Anstaltskomplex mit zahlreichen Arbeitsfeldern entstanden. Auch Zweiganstalten waren hinzugekommen, so im Jahr 1905 die späteren Hoffnungstaler Anstalten.

Der jüngere Bodelschwingh konzentrierte sich zunächst darauf, die bestehenden Arbeitsfelder weiterzuentwickeln. Neue Herausforderungen kamen hinzu, wie das höhere Schulwesen oder die Angebote für arbeitslose Jugendliche. Auf die sozialen Nöte der Zeit mit entsprechenden Hilfeangeboten zu reagieren, das blieb auch weiterhin die Devise Bethels. Am Vorabend der Machtübernahme der Nationalsozialisten hatten die v. Bodelschwinghschen Anstalten Bethel mehr als 5 000 Plätze. Allein über 2 000 Männer, Frauen und Kinder mit Epilepsie und etwa 1 500 Menschen mit psychischen Erkrankungen lebten in Betheler Einrichtungen. Dazu kamen über 1 000 Plätze in sieben Arbeiterkolonien, neben weiteren Wirkungsfeldern, etwa auf dem Gebiet der Jugendfürsorge oder der Allgemeinmedizin.

In der Anstaltsarbeit war Friedrich von Bodelschwingh die gelebte Frömmigkeit besonders wichtig, was sich in Bethel in Andachten, Gottesdiensten und nicht zuletzt im täglichen Miteinander ausdrückte. Die Seelsorge und der persönliche Kontakt zu den Bewohnern und Bewohnerinnen lagen Friedrich von Bodelschwingh besonders am Herzen. Ihm wird eine ganz außerordentliche Fähigkeit nachgesagt, dass er auf andere Menschen eingehen konnte, Trost und Hoffnung genauso vermitteln konnte wie Verständnis für das Leiden anderer. Am liebsten war es ihm, wenn er mit guter Arbeit nach innen dienen konnte.

Dennoch konnte Friedrich von Bodelschwingh sich gerade in der Zeit des Nationalsozialismus den gesamtprotestantischen Aufgaben nicht entziehen. Eigentlich sah er politisches Handeln bei den Regierungen und Parteien angesiedelt und konnte es gar nicht mit seinem Selbstverständnis vereinbaren. Doch als Repräsentant einer solch großen diakonischen Einrichtung, die sich in einem hohen Bekanntheitsgrad weit über die

Grenzen des Deutschen Reiches hinweg niederschlug, hatte seine Stimme Gewicht. Seine adelige Herkunft und das seit Generationen dichte Beziehungsgeflecht der Familie von Bodelschwingh zu anderen bekannten Familien in Wirtschaft und Gesellschaft tat sein Übriges. Noch dazu war der Name Bodelschwingh seit Jahrzehnten in Regierungskreisen bekannt. Beide Großväter mütterlicher- und väterlicherseits hatten hohe preußische Ministerämter innegehabt; sein Vater war 1903 als Abgeordneter in den preußischen Landtag gewählt worden.

Friedrich von Bodelschwingh in seinen letzten Lebensjahren.

Friedrich von Bodelschwingh blieb dem nationalkonservativen Protestantismus verhaftet. Nicht zuletzt daher rührten seine anfängliche Akzeptanz der nationalsozialistischen Politik und sein Ringen um Einvernehmlichkeit mit den staatlichen Stellen. Dabei war sein Agieren immer von der großen Verantwortung geleitet, die er insbesondere für Bethel, aber auch für den Erhalt der gesamten Diakonie hatte. Das öffentliche Rampenlicht war nicht seine Sache, er wirkte lieber hinter den Kulissen. So setzte er bei seinem kirchen- und diakoniepolitischen Engagement auf das, was seiner Persönlichkeit und seiner politischen Haltung am nächsten lag: kein lautstarker Protest, kein offen bekundeter Widerstand, sondern der Einsatz seiner kommunikativen Fähigkeiten. Das äußerte sich nicht nur in wohl formulierten, pointierten Briefen. Gerade im persönlichen Gespräch konnte er durch sein Auftreten und seine Argumentation eine enorme Überzeugungskraft entwickeln.

Viele Jahre hatte Friedrich von Bodelschwingh an einer Lungenkrankheit gelitten. Anfang 1933 musste er sich einen Lungenflügel entfernen lassen; während der Kriegszeit kamen weitere Erkrankungen hinzu. Der körperlich geschwächte Anstaltsleiter konnte sich von einer Erkältung, die er sich 1945 zugezogen hatte, nicht mehr erholen. Am 4. Januar 1946 verstarb er im Alter von 68 Jahren.

Paul Gerhard Braune, 1932.

Paul Gerhard Braune wurde am 16. Dezember 1887 als jüngstes von sechs Kindern eines geachteten märkischen Dorfpastors und seiner, aus einer Pfarrersfamilie stammenden, Ehefrau in Tornow/Neumark geboren. Die lebenszugewandte Frömmigkeit im Elternhaus, das Werteverständnis des Vaters, beeinflusst von den sozialreformerischen Ideen Adolf Stoeckers und selbstredend auch von dessen Antijudaismus, der Kanon der preußischen Tugenden und nicht zuletzt die Besonderheiten dörflicher Provinzialität waren entscheidende Sozialisierungsessenzen des im Wilhelminischen Kaiserreich Heranwachsenden. Eine Verwurzelung in überregionalen Netzwerken, wie sie Friedrich von Bodelschwingh quasi in die Wiege gelegt war, fehlte Braune. Gleichwohl der Vater abriet, begann Braune nach dem Abitur, das er 1906 in Eberswalde ablegte, ein Theologiestudium an der 1905 durch Friedrich von Bodelschwingh d.Ä. gegründeten Theologischen Schule Bethel. Die Begegnung mit „Vater" Bodelschwingh, die besondere Gemeinschaft Bethels und der „Dienst mit der blauen Schürze" beeinflussten Braunes Entwicklung nachhaltig. Sein Theologiestudium führte er in Halle und Berlin fort. In Halle wurde er Mitglied einer studentischen Vereinigung, dem ursprünglich von Theologiestudenten gegründeten Wingolf. Christlicher Gemeinschaftssinn, deutschnationale Werte und eine klare Ausrichtung auf das Kaisertum kennzeichneten diese farbentragende, nichtschlagende Verbindung.

1910 absolvierte Braune das Erste Theologische Examen. 1912 bestand er das Zweite Examen. Zuvor hatte er im Predigerseminar in Dembowalanka (Wittenburg i. Westpreußen) seine analytischen und rhetorischen Fähigkeiten vervollkommnet und später praktische Erfahrungen als unordinierter Hilfsprediger in einer Gemeinde nahe Eberswalde gesammelt. Nach dem Militärdienst als einjährig Freiwilliger in Berlin übernahm Braune 1913 die Kirchengemeinde Hohenkräning östlich von Schwedt, die er mit einer Unterbrechung während der letzten Kriegsmonate 1918, als er sich freiwillig als Feldprediger an die Westfront meldete, bis zu seinem Weggang nach Lobetal im Jahre 1922 führte. In Hohenkräning wurden Gestaltungswille und Durchsetzungsfähigkeit des jungen Dorfpfarrers sichtbar.

Als Friedrich von Bodelschwingh dem 35-jährigen Braune im Januar 1922 die Leitung von Lobetal antrug, sagte dieser sofort Ja. Er sah die Herausforderung der neuen Aufgabe und die Möglichkeit, an verantwortlicher Stelle für Bethel, das er auch als Idee begriff, tätig zu werden. Die Übernahme der Leitung in Lobetal im Mai 1922 war die entscheidende Wende in Braunes bis dahin eher begrenztem Wirken. Er sah sich vor die Aufgabe gestellt, mehrere durch Krieg und Nachkrieg in ökonomische Not geratene Arbeiterkolonien in sicheres Fahrwasser zu führen. Durch die Übernahme ruinöser Einrichtungen in Erkner und Eberswalde sowie zahlreiche Neugründungen rund um Berlin baute er die Hoffnungstaler Anstalten mit ca. 1 400 Plätzen zum größten Verbund von Wandererfürsorgeeinrichtungen im Deutschen Reich aus.

Seit 1926 führte Braune die Geschäfte der drei reichsweit agierenden interkonfessionellen Wandererfürsorgeverbände und wurde Mitglied im Centralausschuss für Innere Mission (CA). Er erlangte raschen Zugang zu Strukturen und Milieus des Verbandsprotestantismus. Seine zentrale Rolle bei der Sanierung des CA in der Folge des sogenannten Devaheim-Skandals trug ihm hohes Ansehen ein und beförderte 1932 seine Wahl zum Vizepräsidenten.

Nach dem Tod seiner ersten Frau heiratete Braune 1932 zum zweiten Mal. Aus der Ehe gingen vier Kinder hervor. Die 1913 geschlossene Ehe mit Margarete Walter war kinderlos geblieben.

Braune vertrat als Lobbyist auf ministerialer Ebene, wo er sich auch in der Zeit des Nationalsozialismus intakte Netzwerke schuf, selbstbewusst, pragmatisch und geschickt die verbandlichen Interessen und eröffnete den Zugriff auf Finanzierungsquellen der sozialen Sicherungssysteme der Weimarer Republik. Er stimmte mit einem Großteil der Ministerialbürokratie in deutschnationaler Gesinnung überein, lehnte das politische System der Weimarer Republik in Gegnerschaft zur Sozialdemokratie ab und begrüßte zunächst die Machtübernahme der Nationalsozialisten. Sehr rasch musste er jedoch erkennen, dass von dort eine existenzielle Gefahr für die Innere Mission ausging.

Als bedeutender Akt protestantischen Widerstandes im Nationalsozialismus gilt Braunes Kampf gegen die „Euthanasie" im Zusammenwirken mit Friedrich von Bodelschwingh d.J. Es gelang ihm, den Abtransport von Bewohnerinnen aus Erkner zu verhindern. Informationen über planmäßige Verlegungen und massenhafte Todesmeldungen aus dem gesamten Reichsgebiet verdichtete er zu einer Denkschrift, die in der Reichskanzlei abgegeben wurde. Braunes Kampf gegen die „Euthanasie" und gegen die Vereinnahmung der Inneren Mission führten 1940 zu seiner Inhaftierung durch die Gestapo.

Insbesondere nach der sogenannten Reichskristallnacht half Braune, in engem Zusammenwirken mit dem Büro Grüber und nach Auflösung des Büros konspirativ, zahlreichen jüdischen Menschen – vor allem Christen, von denen einige in den Hoffnungstaler Anstalten vor dem sicheren Tod bewahrt werden konnten. Die Deportation von 14 Menschen in das Warschauer Ghetto im Jahre 1942 konnte jedoch nicht verhindert werden.

Als Präsident der Inneren Mission (Ost) avancierte Braune nach 1945 zu ihrem einflussreichsten Vertreter in der Sowjetischen Besatzungszone und der frühen DDR. 1953 gelang ihm durch die Abwehr der staatlichen Übernahme Lobetals ein genereller Erfolg, der das eigenständige Fortbestehen der Inneren Mission in der DDR sichern half. Paul Gerhard Braune, der seit seiner Verhaftung im Jahre 1940 an akuter Herzschwäche litt, starb am 19. September 1954 im Alter von 66 Jahren an den Folgen eines Herzinfarktes in Bethel.

Innere Mission –
Gleichschaltung und Eigenständigkeit

Die Innere Mission ging 1933 geschwächt und unvorbereitet in die sehr bald nach dem Machtantritt der Nationalsozialisten auf sie zukommenden Auseinandersetzungen mit dem neuen Regime. Weder war die drohende Insolvenz des Centralausschusses (CA) als Konsequenz des 1931 erfolgten finanziellen Zusammenbruchs der zu ihm gehörenden Bausparkasse Devaheim endgültig abgewendet, noch die mit dem Devaheim-Skandal verbundene schwerste Glaubwürdigkeitskrise seit Gründung des CA im Jahre 1848 überwunden. Auch die Ausbildung schlagkräftiger Strukturen durch eine neue Satzung harrte noch der Umsetzung. Maßgebliche Vertreter der Inneren Mission sahen sich, ganz im gesellschaftlichen Mainstream befindlich, einer nationalen Aufbruchstimmung verpflichtet und begrüßten den Nationalsozialismus anfänglich nahezu kritiklos. Sie bewerteten die künftige Bedeutung der Inneren Mission im System der nationalsozialistischen Wohlfahrtspflege allzu blauäugig und überschätzten ihre missionarischen Wirkmöglichkeiten in einem – vermeintlich gemeinschaftsorientierten – Führer- und Verordnungsstaat.

Ende Juni 1933 erfolgte die Gleichschaltung des CA: Zwei Staatskommissare, Karl Themel und Horst Schirmacher übernahmen praktisch im Handstreich die Macht. Sie entließen zunächst die alten Direktoren und verfolgten den gewaltsamen Einbau der Inneren Mission in die im Juli 1933 gegründete deutsch-christliche Reichskirche (DEK), in welcher der CA als eine nach dem Führerprinzip organisierte Kirchenbehörde aufgehen sollte. Am 18. Oktober 1933 wurde auf einer denkwürdigen Sitzung, von der Paul Braune in dem abgedruckten Brief vom 20. Oktober 1933 eingehend berichtet, ein entsprechendes Abkommen zwischen DEK und CA geschlossen, wobei der CA jedoch seine organisatorische Selbstständigkeit bewahren konnte. Paul Braune, seit 1932 einer der Vizepräsidenten des CA, wurde in den nun von Deutschen Christen (DC) dominierten Vorstand wiedergewählt.

Die im Herbst 1934 erfolgte Gründung der Arbeitsgemeinschaft der missionarischen und diakonischen Werke und Verbände war eine Reaktion

Paul Braune (rechts) mit Theodor Wenzel, Leiter des Provinzialausschusses für Innere Mission Brandenburg, Berlin Stöckerstift.

auf die deutsch-christliche Umgestaltung des CA durch die Staatskommissare und bedeutete faktisch eine Annäherung der Inneren Mission an die Positionen der Bekennenden Kirche (BK) bei dezidierter Betonung der kirchenpolitischen Neutralität; denn eine Positionierung im „Kirchenkampf" wäre gleichbedeutend mit einer Spaltung der Inneren Mission gewesen und hätte eine gemeinsame Interessenvertretung in den beginnenden Auseinandersetzungen mit der Nationalsozialistischen Volkswohlfahrt (NSV) wenn nicht unmöglich gemacht, so doch bedeutend erschwert. Mit der Gründung der Arbeitsgemeinschaft der missionarischen und diakonischen Werke und Verbände als Akt der Selbstbehauptung der Inneren Mission konnte, obwohl oder gerade wegen der fortdauernden Furcht vor einer vollständigen Vereinnahmung des CA durch die Reichskirche, erfolgreich Druck auf die CA-Führung ausgeübt werden, was durch die Ablösung Themels und die Wahl Constantin Fricks zum Präsidenten und weiterer Nicht-DCler, darunter auch Friedrich von Bodelschwingh, zu Vizepräsidenten eine Veränderung von Machtkonstellationen bewirkte.

Die NSV reklamierte in einer mit Caritas, DRK und Innerer Mission gebildeten Reichsgemeinschaft der freien Wohlfahrtspflege, die 1933 an die Stelle der Liga der Spitzenverbände der freien Wohlfahrtspflege trat und 1934 von der Arbeitsgemeinschaft der freien Wohlfahrtspflege (AGdfW) abgelöst wurde, von Beginn an die wohlfahrtspflegerische Betreuung des „gesunden Volkskörpers" für sich allein. Das bedeutete in der Konsequenz die Beschränkung der Inneren Mission auf die halboffene und geschlossene Fürsorge, was ständige Verhandlungen und Auseinandersetzungen mit der NSV vorprogrammierte. War die Gefahr der „Zwangs-Verkirchlichung" des CA schon ein ernstes Problem, so gestalteten sich die Vereinnahmungsbestrebungen der NSV zur existentiellen Bedrohung für den CA und einzelne Werke. Vor diesem Hintergrund suchte der CA kirchlichen

Schutz und stand ab Herbst 1935 einer engeren kirchlichen Einbindung, die im Frühjahr 1936 in ein Abkommen mit dem Reichskirchenausschuss mündete, aufgeschlossen gegenüber.

Das Bündel aller Probleme, – im Brief Braunes vom 19. November 1936 beschrieben – insbesondere auch die Zuspitzung in den Auseinandersetzungen mit der NSV, wurde auf dem Kongress der Inneren Mission im Januar 1937 deutlich. Dass die mit dem Kongress bezweckte Außenwirkung nicht zu der erstrebten Umkehr der nationalsozialistischen Politik führte, zeigt exemplarisch die in den abgedruckten Briefen ausgewählte Schließung der 1921 als Dokumentations- und Informationsstelle in Weltanschauungsfragen vom CA gegründeten Apologetischen Centrale (Apo) durch die Gestapo im Dezember 1937. Gleichwohl eher ein Nebenkriegsschauplatz war die Schließung der Apo eine Machtdemonstration und kann, obwohl die Apo teilweise durchaus auch völkische Positionen vertreten hatte und gewiss kein Hort des Widerstands war, als Beispiel für die kompromisslose Durchsetzung des ideologischen Totalitätsanspruches der Nationalsozialisten gelten.

Am 16. März 1940 kam es zur Auflösung der AGdfW durch Austritt der NSV. In den weiteren Verhandlungen mit der NSV strebte der CA ein „planwirtschaftliches Abkommen" an und signalisierte eine weitgehende Kompromissbereitschaft, die bei Opferung von Arbeitsgebieten die Erhaltung anderer erhoffte. Gegen allzu leichtfertig in die Verhandlungen offenbar nicht selten desolat und unstrukturiert eingebrachte Positionen bezogen Braune und Bodelschwingh dezidiert Stellung. Bodelschwingh beobachtete und beeinflusste, nicht zuletzt mit Braunes Hilfe, der an vielen Verhandlungen teilnahm, die Prozesse zunehmend aus dem Hintergrund. Wie aus der ausgewählten Korrespondenz anschaulich hervorgeht, legten Braune und Bodelschwingh in den allermeisten Fragen eine einheitliche Handlungsstrategie fest.

Im Vorfeld der Auflösung der AGdfW wurden Ende 1939 die Meldebögen zur „planwirtschaftlichen Erfassung" der Anstaltspatienten verschickt. Dass von Bodelschwingh und Braune intuitiv ein Zusammenhang zwischen Auflösung der AGdfW und sich anbahnender „Euthanasie" vermutet wurde, geht aus den Briefen vom März 1940 (der Terminus „Patient" ist kein Tarnwort für die „Euthanasie", sondern meint Horst Schirmacher) und insbesondere aus dem Brief vom 12. Juni 1940 hervor.

Parallel zu den Verhandlungen mit der NSV forcierte der CA Gespräche mit dem Geistlichen Vertrauensrat der DEK mit dem Ziel einer Hilfezusicherung. Doch dies kam lediglich einem Rückzug in den Schutzbereich der Kirche nahe, konnte aber eine Entwicklung, die zu zahlreichen Enteignungen von Einrichtungen und ganzen Arbeitszweigen, wie zum Beispiel der Übernahme der Kindergärten durch die NSV führte, nicht aufhalten. Die Bedeutung des CA als Interessenvertretung schwand im Verlaufe des Krieges mehr und mehr. Insbesondere als die Anstalten der Inneren Mission vor und nach Kriegsende ihre Aufnahmekapazitäten für Flüchtlinge zur Verfügung stellten, gewannen sie wieder an Bedeutung.

Drei Briefe aus dem Jahre 1945 wurden aufgenommen, weil hier die Herausforderungen, vor denen sich die Innere Mission nach Kriegsende befinden sollte, deutlich werden: Die Neugestaltung der Beziehungen zur Kirche, die Gestaltung des Verhältnisses zum Hilfswerk und die sich abzeichnende deutsche Teilung.

Bodelschwingh an Braune[2]

Bethel bei Bielefeld, den 4. Jan. 1933.

Lieber Bruder!

... Gleichzeitig habe ich meinen Austritt aus dem Hauptausschuß erklärt. Das hängt mit meinem immer ausgesprochenen Wunsch zusammen, die Zahl der auswärtigen lebenslänglichen Mitglieder, die man nur als Erbteil der Vergangenheit mitschleppen muß, so schnell wie möglich herunterzusetzen. Es sollten meiner Meinung nach dem Hauptausschuß künftig nur noch Leute angehören, die zu regelmäßiger Mitarbeit bereit und in der Lage sind. Ich habe in Wirklichkeit, abgesehen von der Zeit des Elferausschusses, kaum bei der Hälfte der offiziellen Sitzungen zugegen sein können. Das ist ein unerträglicher Zustand. Darum kommt natürlich auch meine Wahl als persönliches Mitglied des Hauptausschusses auf Grund der neuen Satzungen nicht in Betracht. Im übrigen ist ja durch Dich eine vollkommen ausreichende Verbindung mit unserem Betheler-Arbeitskreis sichergestellt.

Mit herzlichem Gruß
Dein getreuer

Braune an Bodelschwingh[3]

Lobetal, den 4. März 1933

Lieber Bruder!

... Es wird Dich interessieren, dass der Kirchenausschuß dem Sanierungsplan des C.-A. jetzt zugestimmt hat. Die offizielle Beschlußfassung unseres Finanzausschusses soll am 14. März erfolgen. Man kann aber nun mit 100%iger Sicherheit annehmen, dass die Devaheimangelegenheit so saniert

---

2 AHSL EA 108.
3 AHSL EA 108.

wird, wie es von uns vorgesehen wurde, also mit 30% Gutschrift. Auch alles andere scheint sich nun ordnungsmässig abzuwickeln.

Mit herzlichem Gruss

Braune an Bodelschwingh [4]

Lobetal, den 7. Juli 1933

Lieber Bruder!

Indem ich Dir den Brief von Bruder Thieme gleich wieder beilege, teile ich Dir mit, dass gestern D. Ulrich mit Thieme eingehend verhandelt hat und hofft, dass der Kommissar in Kürze zurückgezogen wird. Die Hintergründe dieses Konfliktes waren Ulrich auch nicht ganz klar. Er wollte heute noch mit Themel sprechen, aber die Deutschen Christen haben ja gegenwärtig sehr viel Oberwasser und glauben, sich noch allerlei leisten zu können. So weit ich in Erfahrung bringen konnte sind das Johannesstift und die Stadtmission bis jetzt die einzigen Anstalten, denen man Kommissare vorgesetzt hat. Wenn man aufs Ganze sieht, hat es doch den Anschein, als ob der kirchliche Kampf noch sehr ernst werden kann, da ja die Fluten des Liberalismus ihr Haupt erheben und die Führung beanspruchen.

Mit herzlichem Gruss
Dein getreuer

---

4 AHSL EA 108; HAB 2/39–40.

Braune an Bodelschwingh[5]

Lobetal, den 2. August 1933

Lieber Bruder!

... Die Lage im C.A. ist so, dass die beurlaubten 4 Herren[6] wieder voll in ihre Ämter eingesetzt sind. Die verflossenen Kommissare[7] haben aber nach längeren Verhandlungen den Sonderauftrag bekommen, den Einbau der Inneren Mission in die Kirchenverfassung unter verantwortlicher Leitung des Vorstandes zu verhandeln. Es ist dafür eine Sonderkommission eingesetzt, in der etwa Ohl, Wendelin, Fritzsch und Jeep mitarbeiten. Infolgedessen erscheint es nach Außen hin leicht so, als ob die Kommissare noch geblieben sind. In Wirklichkeit ist das Kommissariat aber ganz erledigt. Immerhin ist Bruder Jeep in Sorge, weil er das Gefühl hat, dass auf dem Wege über die neue Kirchenverfassung so etwa ein Mann wie Themel als Reichsleiter der Inneren Mission in der Kirchenbehörde erscheinen könnte ...

Mit herzlichem Gruss
Dein getreuer

Braune an Bodelschwingh[8]

Lobetal, den 20. Oktober 1933.

Lieber Bruder!

Nun sollst Du noch einen kurzen Bericht über den C.-A. haben. Das Schicksal geht seinen Gang, und wir müssen sehen, wie wir mit ihm fertig werden. Über die Hauptausschuss-Sitzung und über die Vorbesprechung

---

5 AHSL EA 108; HAB 1/K 67b.
6 Hans Harmsen, Walter Jeep, Hermann Koller, Walter Künneth.
7 Horst Schirmacher, Karl Themel.
8 AHSL EA 108; HAB 1/K 67b.

wird Dir gewiss Bruder Wolff berichtet haben. Ich habe in der Vorbesprechung kräftig gekämpft gegen die neue Ordnung und gegen die beiden Direktoren. Bei einer Abstimmung, die nur einmal möglich wurde, ergab sich auch, dass wir wohl die Majorität auf unserer Seite hatten. Aber die Besprechung um 1/2 3 Uhr verlief ergebnislos, weil von den verantwortlichen Leuten, im besonderen auch Karow, niemand den Riss mit der Kirchenbehörde heraufführen wollte. Im übrigen wurde dann bekannt, dass um 5 Uhr nicht eine Hauptausschuss-Sitzung sei, sondern mehr ein Festakt, zu dem der Reichsbischof[9] erscheinen würde, also Verhandlungen etc. seien ausgeschlossen. In der Zwischenpause habe ich noch mit möglichst vielen Fühlung genommen, und auch die Vertreter meiner Meinung sagten: „Es ist gut, dass es gesagt ist, aber wir wollen jetzt keinen Bruch heraufführen, zumal auf der anderen Seite der dringende Wunsch ist, den Schwebezustand in der Inneren Mission zu beseitigen." Ausserdem tauchte versteckt und offen immer wieder die Feststellung auf, dass Jeep ja doch in der organisatorischen Führung völlig versagt habe und Koller dauernd unter Ressentiments litt. Um 5 Uhr war dann der Festakt. Näheres kannst Du lesen, im „Tag" steht's ziemlich ausführlich. Der Minister Weber machte einen recht guten Eindruck. Ich habe von ihm in einer mündlichen Unterredung auch gefordert, dass die Gleichschaltung in den Anstalten aufhören müsse. Er sagte das sehr deutlich und gründlich zu, hat es auch offen bekannt, dass in dieser Richtung keine Befürchtung mehr bestehen sollte. Natürlich müssten wir so loyal sein, freiwerdende Plätze und überalterte Vorstandsmitglieder möglichst mit Menschen neuerer Richtung zu besetzen.

Das Überraschende für mich war ja, dass dann Themel auch mich wiederum als Vorstandsmitglied bezw. Vizepräsidenten vorschlug. Ich hatte vorher schon mit Freunden und Gegnern gesprochen, ob ich bei einer eventuellen Wahl den Platz wieder annehmen solle, da ja die Gefahr besteht, dass bei dem neuen Führerprinzip wir als Vorstandsmitglieder nicht mehr viel zu sagen haben. Es wurde aber von allen Seiten dringend gewünscht, dass ich es annehmen solle, damit wenigstens einer dabei wäre, der die ganze C.-A.-Geschichte der letzten Jahre kennt und Unglück verhüten kann. So habe ich's also angenommen und habe dann nachher mit

---

9 Ludwig Müller.

Themel und Schirmacher einige private offene und versöhnende Worte gesprochen, dass es nun darauf ankäme zusammenzuarbeiten.

Hochinteressant war in vieler Beziehung die Geschäftsführerkonferenz am nächsten Vormittag, auf der die beiden Neuen zum ersten Mal ihres Amtes walteten. Von den Punkten hebe ich einiges Wesentliche kurz hervor. Zuerst muss der konzentrierte Aufbau der Inneren Mission und die Verbindung mit der Kirche in den Provinzen durchgeführt werden. Du kennst den ostpreussischen Vorschlag: Errichtung eines Provinzialkirchenamtes für Innere Mission. Der Geschäftsführer der Inneren Mission wird Landesführer mit kirchenbehördlichem Anstrich. Daneben ein Führerrat, worin besonders die Verbandsführer und die Anstaltsleiter vertreten sind. Von da aus erfolgt die gewisse Kontrolle der Anstalten, auch Prüfung der finanziellen Lage um Unglück zu verhüten. Anstellung der Anstaltsgeistlichen nur mit Genehmigung des Kirchenamtes. Bis zum 1. Dezember soll eine finanzielle Prüfung der Anstalten erfolgen, damit wir eine Übersicht haben über Gefahren und wirtschaftlichen Zustand. Das alles sind ja Dinge, die letzten Endes schon lange gewünscht wurden, wobei aber die Handhabung schliesslich das Entscheidende ist. Die anwesenden Geschäftsführer stimmten diesem Aufbau im wesentlichen zu. Warner machten nur darauf aufmerksam, dass man mit solcher Aufsicht auch Verantwortung übernimmt.

Als zweiter wichtiger Punkt ist die Gleichschaltung besprochen. Themel neigt noch mehr zur Gleichschaltung als Weber, aber auch er hat offiziell die mechanische Gleichschaltung nicht gefordert. Immerhin haben wir bei eventuellen schwierigen Eingriffen seinerseits den Rückhalt an Kirchenminister Weber, der wenigstens von Theologie eine Ahnung hat. Weber sagte mir direkt: „Wir denken doch nicht daran, irgendwelche unsinnigen Sachen zu machen. Es wäre doch z.B. der grösste Unsinn, wenn einer sagen wollte, Pastor von Bodelschwingh müsse verschwinden, weil er nicht Deutscher Christ sei."

Ein uns allen gleichinteressanter Vorschlag von Themel wurde neu geboren, der plötzlich zeigt, wie er anfängt, kirchliches Denken zu bekommen und wie dieses Denken dann aber schief ist. Es hat ihn also geärgert, dass die Winterhilfe und die N.S.V.W. jetzt alle Menschen und alles Geld beschlagnahmen, so dass auch die evangelischen Christen schliesslich alle dorthin übergehen. Also sagt er: Wir müssen sofort mit aller uns möglichen Propaganda einen großen Volksverein für Innere

Mission schaffen, der ungefähr alle bewussten Christen umfasst und dann seinerseits im grossen sammelt wie das Winterhilfswerk, aber alles Gesammelte kommt den evangelischen Anstalten und Organisationen zugute. Dieser Volksverein führt natürlich zu einem Riesenkrach mit der N.S.V.W., wenn er nicht überhaupt von vornherein verboten wird. Aber er sprach zum ersten Mal aus, dass die N.S.V.W. liberalistisch und humanitär geworden sei, und die Kirche müsse sich auf das Ihre besinnen. Beim Reichsbischof klangen ähnliche Enttäuschungen durch, besonders die Angriffe von Reventlow und der Erlass von Hess haben ihm wohl die Augen geöffnet. Jedenfalls, wenn Themel diesen Versuch macht, blamiert er sich entweder weil die Sache so klein bleibt, dass man nicht davon redet, oder er führt einen gewaltigen Kampf herauf, was ich ihm nicht zutraue. Jedenfalls ist dieser Vorschlag für ihn eine Blamage oder fast der Untergang. Auch die Deutschen Christen warnten einerseits sehr, andererseits hatten sie ebenfalls die Sehnsucht nach Sammlung der kirchlichen Kreise. Ich wünschte ja nur, dass er damit anfängt, dann ist er voll beschäftigt und lernt kräftig daraus. Das falsche kirchliche Denken wird ja dadurch deutlich, dass man glaubt, solche Massensammlungen machen zu können. Man kann eben nur in Freundes- und Bekanntenkreisen sammeln, ähnlich wie wir es von Bethel aus schon immer tun. Kirche wird nicht mit Gewalt und nicht mit der Masse gebaut ...

Endlich hörte ich zu meiner grossen Überraschung, dass der kleine Dr. Jagow in Goslar gegen mich intrigiert hat, weil er durch meine Nennung des Namens Keudell zu der Überzeugung kam, dass ich Dich bekämpfe, denn eigentlich gehörtest Du an die Spitze dieses Reichsverbandes für Wandererfürsorge. Der Reichsbischof würde es gern sehen, wenn Du die Führung des Verbandes übernähmst. Ich habe gestern Jagow daraufhin gestellt und ihn ausgefragt, ob das wirklich die Meinung des Reichsbischofs sei oder nur ein Vorschlag von seiner Seite. Es wurde mir nicht ganz deutlich, es schien mehr sein Vorschlag zu sein; aber jedenfalls hat er wohl sehr positiv von der Goslarer Tagung berichtet. Auch Weber redete mich daraufhin an. Immerhin hat man wohl doch Sehnsucht, dass Du eben Reichsdiakon würdest. Ich kann nur sagen, dann müssen Themel und Schirmacher von ihren Plätzen verschwinden. Ich würde es selbstverständlich sehr begrüssen, wenn Du Präsident des Reichsverbandes für die Wandererfürsorge würdest, weiss aber nicht, ob wir dann die N.S.V.W. und den Gemeindetag dazukriegen. Das wird sicherlich erst mancher Vorverhandlungen bedürfen. Aber solltest Du etwas von dieser Jagow'schen humoristischen Intrige hören, dann bist Du jedenfalls durch mich orientiert, wie die Dinge zusammenhängen. – Nun gebe GOTT, dass aus diesem ganzen Wirrwarr der Inneren Mission doch letzten Endes wieder ein Segen wird.

Mit herzlichem Gruss
Dein getreuer

Bodelschwingh an Braune [10]

Bethel bei Bielefeld, den 21. Okt. 1933.

Lieber Bruder Braune!

Vielen Dank für Deinen heute erhaltenen Bericht, der mir das, was Bruder Wolf erzählte, in wertvoller Weise ergänzte. Er kam recht betrübt von der Berliner Versammlung zurück. Hoffentlich kannst Du den Posten als Vizepräsident wirklich mit gutem Gewissen weiterführen. Geht das nicht mehr, wird rechtzeitiger Verzicht geraten sein. Zunächst möchte ich aber Deine Hoffnung teilen, daß Du an dieser Stelle wenigstens manches Unglück verhindern kannst.

Dabei wird es immer wieder unsere Aufgabe sein, den neuen Leuten klar zu machen, daß man mit einer Propaganda nach weltlichen Methoden und mit einer Machtpolitik nach dem Vorbild des Staates nichts erreichen kann. Wir müssen immer wieder versuchen, das Wort des Herrn selbst zu hören und kräftig weiterzugeben: „So soll es bei Euch nicht sein!"

Der provinzielle Aufbau, dessen Entwurf Schirmacher im wesentlichen nach dem westfälischen Vorbild gemacht hat, würde mich grundsätzlich nicht erschrecken. Es kommt natürlich alles darauf an, in welche Hände ein solches Instrument gelegt wird. Für uns wird viel auf die Bischofswahl ankommen, mit der man immer noch zögert...

Mit herzlichem Gruß
Dein getreuer

---

10 AHSL EA 108; HAB 1/K 67b.

Braune an Bodelschwingh[11]

Lobetal, den 1. Dezember 1933.

Lieber Bruder!

... Dann bitte ich noch um eine kurze Äusserung an mich. Du bist doch wohl ebenso wie ich der Meinung, dass Themel aus dem C.-A. verschwinden muss, sobald die Situation gegeben ist, dass sein Austritt eine notwendige Folge der kirchlichen Veränderungen ist. Ich muss mir noch Stimmen einiger entscheidender Geschäftsführer besorgen, da ich wahrscheinlich den Vorstoss führen muss. – Bei Schirmacher lauten einige Stimmen dahingehend, dass er ein sehr netter umgänglicher Mensch ist, den man gern behalten möchte. Ausserdem leidet die Arbeit im C.-A. selbstverständlich kollossal unter dem Wechsel. Ich werde mit Jeep einmal Fühlung nehmen, ob er wieder bereit wäre einzutreten. Oder bist Du völlig anderer Meinung? Meine stärksten Verbündeten auf diesem Gebiet der Inneren Mission sind Wenzel und P. Schröder.

Mit herzlichem Gruss
Dein getreuer

Braune an Bodelschwingh[12]

Lobetal, den 12. Februar 1934.

Lieber Bruder!

Lange habe ich über die Vereinbarungen nachgedacht und kann wohl sagen, dass mir Dein Vorschlag im Rahmen des Erreichbaren sehr gefällt. Entscheidend bei dieser ganzen Arbeitsgemeinschaft ist m.E. die Frage der Geschäftsführung. Man stelle sich vor, dass die Geschäftsführung im Reichstag liegt, bei Herrn Althaus oder Hilgenfeldt dann ist damit die

---

11 AHSL EA 108; HAB 1/K 67b.
12 AHSL EA 380; HAB 2/39–138a.

Selbständigkeit der Arbeitsgemeinschaft unter allen Umständen hin, selbst wenn die Vereinbarungen und Formulierungen noch so sorgfältig ausgewählt sind. Ich habe das Gefühl, dass eine selbständige Arbeitsgemeinschaft nur dann möglich ist, wenn die Geschäftsführung ausserhalb des Hauses der N.S.V. liegt. Du hast Dich ja auch darum vorsichtig ausgedrückt, dass die Geschäftsführung mit der N.S.V. verbunden wird. Das kann offen lassen, dass sie selbständig und in einem anderen Haus geführt wird. Praktisch geht es ja hierbei um die Persönlichkeit von Vöhringer. Wenn Hilgenfeldt sagen würde: „Ich bin bereit Herrn Vöhringer als Geschäftsführer zu lassen, wenn ich selbst den Vorsitz in der Arbeitsgemeinschaft übernehme", dann wäre es im Augenblick für uns das höchste, was wir erreichen können. Man müsste dann den § 4 entsprechend ergänzen und von einer selbständigen Geschäftsführung reden, die in Verbindung mit der N.S.V. arbeitet.

Ferner hat die Arbeitsgemeinschaft die grosse Gefahr, dass der Begriff und der Inhalt der Planwirtschaft erst näher geklärt werden soll, nachdem die Arbeitsgemeinschaft unter Führung von Hilgenfeldt gebildet ist. Nach dem Führerprinzip hätte er dann im wesentlichen zu diktieren. Muss nicht versucht werden, die Abgrenzung der Arbeitsgebiete vorher möglichst festzulegen, ehe man die Arbeitsgemeinschaft bildet? Ich verstehe, dass das vielleicht ein schwerer Weg ist. Ein Mann wie Wendelin würde sicher erst die Arbeitsgemeinschaft bilden, um damit sein ganzes Entgegenkommen zu zeigen, während ich nach meinem Empfinden erst die Gebiete teilen würde, um dann die Arbeitsgemeinschaft zu schliessen. Es müsste dementsprechend in § 2 wohl auch noch etwas geschrieben werden darüber, dass die Arbeitsgemeinschaft, so weit notwendig, die Aufgaben der bisherigen Reichsgemeinschaft der freien Wohlfahrtspflege fortführt.

Endlich ist in § 2 und auch sonst nicht deutlich, ob die Selbständigkeit der einzelnen Ligaverbände so weit geht, dass sie die Vertretung bei Behörden selber durchführen können. Die Absicht der N.S.V. geht deutlich dahin, die Gesamtvertretung für die Verbände selbst zu machen, und die Staatsbehörden sind im Augenblick doch so vorsichtig, dass sie jeden Antrag anderer Verbände der N.S.V. vorlegen. Dieser bereits wirklich gewordene Zustand soll durch das Abkommen festgelegt werden. Ich verstehe Deinen § 6 dahin, dass Du die Selbständigkeit und Unabhängigkeit auch in dieser Linie deutest. Fraglich ist, ob in diesem § 6 etwa die Vertretung bei Behörden als weiter verbleibendes Recht der Verbände statuiert werden könnte. Die Festlegung einzelner Forderungen wird naturgemäss abhängen von der gesamten Mentalität der verhandelnden Herren und von dem Ergebnis einer grundsätzlichen Aussprache über die Aufteilung der gesamten Wohlfahrtspflege. Die Unterschiede zwischen Deinem und dem Althaus-Entwurf sind durchaus deutlich, und Deine Formulierungen bieten jedenfalls sehr viel mehr Möglichkeiten, die Ausführung in unserem Sinne zu regeln.

Unklar ist mir auch folgendes: Wenn die N.S.V unter Umständen auf ganze Arbeitsgebiete verzichtet, warum will sie dann den Vorsitz haben in einem Fachausschuss, der sich dann mit der Krankenfürsorge oder Altersfürsorge oder Wandererfürsorge befasst? Es wäre ein Widerspruch in sich, wenn ausgerechnet sie den Vorsitz haben sollte auf einem Gebiet, von dem sie nichts versteht. Ich stimme darum auch Deiner Formulierung zu, dass der Vorsitzende von dem Verband ernannt werden soll, der auf dem betreffenden Gebiet führend ist. Das lässt unter Umständen Reibungen zu zwischen den drei Verbänden, aber man wird sich einigen...

In herzlicher Verbundenheit
Dein

Braune an Bodelschwingh [13]

Lobetal, den 12. Februar 1934.

Lieber Bruder!

... Eben rief mich Künneth mit Entsetzen an. Ihm ist heute durch Dr. Brücher, einem Untergebenen von Dr. Heinrich seine Kündigung zum 31.3.1934 zugestellt zugleich mit der Kündigung seines gesamten Personals, 5 Köpfe, so dass damit die ganze apologetische Zentrale gekündigt ist. Im Vorstand haben wir vor 10 Tagen keine Kündigung beschlossen, sondern haben sie in den Etat miteingebaut, obwohl Themel einen gewissen Ärger über Künneths kirchenpolitische Haltung nicht verschweigen konnte. Man

---

13 AHSL EA 380; HAB 2/39–138a.

sieht aber daraus, dass Themel und Heinrich jetzt nach dem Führerprinzip machen, was sie wollen, denn das geht beim besten Willen nicht, dass eine ganze Abteilung aufgelöst wird, ohne dass der Vorstand dazu Stellung nimmt. Ich fürchte, dass durch solche Methoden der Kampf hineingetragen wird in die Innere Mission, den wir bisher vermieden haben. Ich bin der Ansicht, dass der Führerrat auch dazu Stellung nehmen muss. Es ist wirklich ein Leiden, dass man immer wieder auf solche unerquicklichen Methoden stösst.

In herzlicher Verbundenheit
Dein

Braune an Bodelschwingh[14]

Lobetal, den 17. Februar 1934.

Lieber Bruder!

... Die diplomatische Lage zwischen C.-A. und NSV hat sich dadurch geändert, dass, wie ich gestern erfuhr, die Auseinandersetzung zwischen R.A.M. und R.I.M. über Wohlfahrtspflege so entschieden ist, dass das R.A.M. seine Aufgaben für die Wohlfahrtspflege behält. Das bedeutet eine sehr starke Stützung des C.-A. und des Caritas-Verbandes gegenüber der NSV. Die Reichsregierung hat ja bekanntlich diese beiden Verbände als Reichsspitzenverbände anerkannt und wird nun ihrerseits Wert darauf legen müssen, dass die Bedeutung dieser Verbände nicht ohne weiteres durch Unterordnung aufgehoben wird. Die Caritas hofft infolgedessen auf eine echte Arbeitsgemeinschaft, während bei Hilgenfeldt doch viel stärkere Totalitätsgedanken vorliegen. Jedenfalls ist durch dies neuste Ereignis unsere diplomatische Situation günstiger geworden. Wie weit die Herren im C.-A. darüber orientiert sind, weiss ich nicht ...

Mit herzlichem Gruss
Dein

---

14 AHSL EA 441; HAB 2/39-138a.

Braune an Bodelschwingh[15]

Lobetal, den 1. März 1934.

Lieber Bruder!

... Ferner möchte ich Dir im Augenblick nur ganz kurz das Ergebnis einer längeren Unterredung mit Vöhringer und Ruppert, die ich heute hatte, mitteilen. Ruppert ist der Ansicht, dass das Abkommen zwischen C.-A. und NSV, so wie Du es mir am letzten Tage vorlegtest, getroffen wird, so dass also die Selbständigkeit der Reichsgemeinschaft erhalten bleibt. Hilgenfeldt Vorsitzender und Vöhringer Geschäftsführer. Damit wäre viel gewonnen. Ruppert betonte besonders, dass er sich via Rotes Kreuz eingeschaltet hat, um die Staatsautorität gegenüber der NSV zur Geltung zu bringen. Denn die letzte Entscheidung in all diesen Dingen muss der Staat haben, d.h. das Kabinett. Vöhringer, mit dem ich vorher sprach, stellt seinerseits die Bedingung, dass ihm die Selbständigkeit der Geschäftsführung im wesentlichen verbleibt. Er will unter keinen Umständen unter Althaus arbeiten, nur unter Hilgenfeldt, mit dem er gut zusammenarbeitet. Man kann also hoffen, dass damit die grössten Schwierigkeiten beseitigt sind. Vöhringer spürt allerdings stark die Gegenstellung bei Dr. Heinrich ebenso bei v. Oppen, also in erster Linie beim C.-A., für den er sich seinerzeit überhaupt geopfert hat ...

Mit herzlichem Gruss
Dein

---

15 AHSL EA 108; HAB 1/K 67b.

Braune an Bodelschwingh[16]

Lobetal, den 1. Oktober 1934.

Lieber Bruder!

... Du hast ferner den vertraulichen Bericht von Pastor Schröder bekommen. Ich habe vor zwei Tagen mit Schröder mündlich über die ganze Situation verhandelt und finde einen merkwürdigen Widerspruch zwischen seinem schriftlichen Bericht und seiner mündlichen Beurteilung. Nach der schriftlichen Notiz über die Feierstunde könnte man beinah annehmen, als ob er von dem ehrlichen Friedenswillen der anderen Seite überzeugt ist und als ob wir auch mit dem ehrlichen objektiven Friedenswillen von Themel rechnen könnten. Seine mündliche Darstellung, die heute durch ein Telephongespräch noch ergänzt wurde, geht darauf hin, dass wir ganz im Gegenteil mit schärfsten Kampfmassnahmen von der anderen Seite zu rechnen haben. Er ist fest davon überzeugt, dass die Gegenseite, Heinrich, Themel, jetzt über den Weg der Kirchenregierung versuchen wird, die Innere Mission unter das Joch zu zwingen. Er meint, uns würden in aller Kürze die Augen darüber aufgehen. So schlug er vor, den Hauptausschuss zusammenzurufen, um den Sturz von Heinrich planmäßig vorzubereiten. Ich habe gegen diesen Vorschlag die schwersten Bedenken, da kein Mensch von uns die Stimmung des Hauptausschusses kennt, zumal die Namen der Mitglieder noch heute nicht feststehen. Die Verbände entsenden die einzelnen Vertreter. Wir hätten also mit einem Zufallsergebnis zu rechnen. Außerdem ist der Vorstoß gegen Heinrich deswegen besonders schwierig, weil er auch staatlich verankert ist und weil der Finanzminister m.E. gerechterweise sagen müsste, dass er die Sanierung des C.-A. im Sinne des Finanzministers gut durchgeführt hat. Man würde also auch von Schwerin keine Handhabe gegen Heinrich erlangen können. – Die ganze Schwierigkeit unserer Lage sehe ich darin, dass m.E. auf unserer Seite kein klares, eindeutiges Ziel vorliegt, auf das wir hinarbeiten. Es sind, wenn ich recht unterrichtet bin, mehr Proteste als positive, neue Vorschläge. Die Einführung des Reibi[17] am 23.9. hat sicherlich die Gegenseite für einige

---

16 AHSL EA 108; HAB 2/39-138c.
17 Ludwig Müller.

Wochen gestärkt, bis ihnen vielleicht deutlich wird, dass der innere Gehalt der Kirche damit noch nicht gegeben ist. Ich bin zwar in den letzten 4 Wochen etwas aus dem Einzelgang der Dinge herausgekommen, glaube aber nicht, dass die Situation sich gegenüber dem August wesentlich verändert hat ...

Mit herzlichem Gruss
Dein

Bodelschwingh an Braune [18]

Bethel b. Bielefeld, den 10. Nov. 1934.

Lieber Bruder Braune!

Beifolgend schicke ich Dir Abschrift des Themelschen Telegramms. Ich denke darauf vorläufig nicht zu antworten, sondern das Ergebnis der Hannoverschen Besprechungen abzuwarten. Für diese werden wir uns ebensoviel Weisheit wie Festigkeit ausbitten müssen.

Morgen nachmittag erwarte ich nun Schirmacher, übermorgen Wendelin. Wahrscheinlich wird auch Ohl am Montag nachmittag kommen. Er sagte mir heute telefonisch, daß er mit Wendelin in Berlin gesprochen habe. Dieser sei damit einverstanden, daß Themel und Schirmacher jetzt durch andere Leute ersetzt würden. Es frage sich nur, wer dafür in Betracht komme.

Wenn die Kirchenregierung noch einen Rest von Einsicht hat, müßte sie ganz damit zufrieden sein, wenn wir zwar das Abkommen vom Oktober 1933 lösen, aber die Wahl eines neuen Präsidenten zurückstellen und ebenso die Neuordnung des Verhältnisses zur Kirche. Beide Teile sollten gewissermaßen Gewehr bei Fuß stehen und sich auf den notwendigsten

---

18 HAB 2/39-148.

finanziellen Verkehr beschränken. Daß der umgebildete C.A. „Weisungen" von der Kirche entgegennimmt, ist nach Lage der Dinge unmöglich ...

Mit herzlichem Gruß
Dein

P.S. Soeben telegraphiert Schirmacher: „Kann Sonntag nicht kommen."
D.U.

Braune an Bodelschwingh [19]

Lobetal, den 27. März 1935.

Lieber Bruder!

... Deine Erinnerung an den Brief vom 5. März betr. Fragebogen für Anstalten ist berechtigt. Ich habe geglaubt, dass wir in der Sache noch einen Aufschub erleben werden. Nachdem ich gestern eine Stimme gehört habe, die ich Dir nicht verschweigen will, glaube ich, dass unser Kampf gegen die Fragebogen noch viel entschiedener sein muss. In einer geschlossenen Sitzung hat unser Freund Althaus erklärt, dass die Fragebogen deswegen auch nötig wären, damit im Fall eines Kulturkampfes die Einrichtungen der Inneren Mission und Caritas möglichst schnell beschlagnahmt werden. Mehr will ich Dir über diesen Punkt nicht schreiben und unser Freund Ru.[20] ist leider in diesem Punkt ganz unzuverlässig. Die nächste vorgesetzte Stelle hat sogar zu unserem Schutz bis auf weiteres die Versendung der Fragebogen aufgeschoben. Wie lange dieser Aufschub dauert, weiss ich nicht. Im Augenblick sind die Fragebogen gerade über die finanziellen Dinge noch so ungenau formuliert, dass man an entscheidenden Stellen ausweichende Antworten geben kann. Es ist mir fraglich, ob eine

---

19 AHSL EA 108; HAB 2/37–189.
20 Fritz Ruppert.

weitere Änderung der Formulierungen uns nicht die Gefahr präziserer Fragen bringt, anstatt dass sie die losere Fassung noch mehr erleichtert. Ich werde demnächst bei Schirmacher mal nachfragen, ob ihm etwas über die Fragebogen bekannt ist. Es könnte sein, dass beim grossen Führerrat am 3. April auch dieser Gegenstand behandelt wird. Ich muss also Frick in irgendeiner Weise informieren.

Mit herzlichem Gruss
Dein

Braune an Bodelschwingh[21]

Lobetal, den 28.9.1935.

Lieber Bruder!

... In größerer Sorge bin ich um den C.A., wo man augenblicklich das Eindringen der anderen Gewalten sehr stark spürt. Ich glaube, wir müssen die Innere Mission wenigstens in der praktischen Arbeit doch enger an die V.K.L. anschließen. Der C.A. ist bereits so hoffnungslos getrennt vom wirklichen Leben und von der Kirche, daß schon rein äußerlich die Posteingänge nur etwa ein Drittel von dem betragen, was wir täglich in Hoffnungstal bekommen. Die Gründe sind Dir ja auch bekannt.

Mit herzlichem Gruß
Dein getreuer

---

21 AHSL EA 108; HAB 1/K 67c.

Braune an Bodelschwingh[22]

Lobetal, den 5.10.1935.

Lieber Bruder!

... Schirmacher sagte unter anderem, daß das geplante Abkommen zwischen der I.M. und der D.A.F. der Bestätigung des Herrn Reichsministers Kerrl vorbehalten ist, da es eine Gesamtangelegenheit der Kirche ist. Bei der dort vorhandenen Situation ist es im Augenblick wohl nur zu begrüßen, wenn etwa dadurch notwendige Sicherungen eingeschaltet werden können. Man scheint ja überhaupt zum ersten Mal bei dem Neuaufbau der Kirche die gesamte Frage der Inneren Mission zu sehen, und ich brauche Dir ja nur zu sagen, daß ich mich freue auch diese Frage bei Deinen augenblicklichen Verhandlungen in bester Obhut zu wissen. Jedenfalls ist die ruhige Weiterarbeit der I.M. auch dann am ersten möglich, wenn sie die notwendige Verbindung mit einer geistlich geordneten Kirche hat. Zur Zeit kämpft wohl unser Bruder Schirmacher mit allerhand Mut und Zähigkeit um die Rechte der I.M. bei den gesamten Verhandlungen mit der NSV. Er beklagte sich mir gegenüber über die Nachgiebigkeit von Bruder Frick...

In herzlicher Liebe
Dein

Braune an Bodelschwingh[23]

Lobetal, den 11.10.1935.

Lieber Bruder!

Gestern hörte ich einige Namen über die Zusammensetzung des Reichskirchenausschusses. Darunter tauchte auch D. Zoellner auf, im übrigen werden genannt: Diehl, Eger, Mahrenholz. Ich will mich über die Qualität

---

22 AHSL EA 108; HAB 2/61–20.
23 AHSL EA 108; HAB 1/K 67c.

und das Gewicht dieser Namen nicht äußern. Mir liegt aber bei dem Neubau die Innere Mission am Herzen. Bei einem Telefongespräch, das ich heute mit Schirmacher hatte, stellte ich fest, daß man sich dort im Hause wohl auch über diese Frage unterhielt, und daß man die Absicht hat, schleunigst die Verbindung aufzunehmen. Nun bestehen ja zwischen Zoellner und Schirmacher gewisse Verbindungen. Ich weiß nicht, von welchem Wert sie sind, aber es wird ja wohl auch notwendig sein, wenn Du mit einem dieser Herren Fühlung nimmst, daß dann auch von der Inneren Mission vollgültige Kontrahenten herausgestellt werden. Es wird ja nichts anderes übrig bleiben, als die Verbindung zwischen Kirche und Innerer Mission in ähnlicher Form wieder aufzunehmen, wie sie einst in dem Vertrag vorgesehen war. Das alles ist aber nur tragbar, wenn auch wirklich die Persönlichkeiten die Führung in die Hand bekommen, die Innere Mission und Kirche wollen ...

Mit den herzlichen Wünschen für Deine weitere Genesung
Dein treuer

Bodelschwingh an Braune[24]

Bethel bei Bielefeld, den 14. Okt. 1935

Lieber Bruder Braune!

Du hast recht. Wir werden jetzt ernstlich daran gehen müssen, die während der Zeit des Konfliktes mit der nun verflossenen Reichskirchenregierung ruhenden Fragen des Verhältnisses der Kirche zur Inneren Mission ernstlich zu überlegen. Zu der Zusammensetzung der Kirchenausschüsse will ich heute nichts sagen. Nach allem, was ich über die letzten vorbereitenden Besprechungen gehört habe, wage ich bescheiden zu hoffen, daß der Anfang zu einem gesunden Neubau gemacht werden kann. Gestern be-

---

24 AHSL EA 108.

sprach ich mit Dr. Winckler[25], der lebhaft an den Verhandlungen beteiligt war, den weiteren Gang der Dinge und den beabsichtigten Aufruf. Dabei empfahl ich, unter anderem auch ein Wort darüber zu sagen, daß eine organische Verbindung mit der freien Arbeit der Kirche angebahnt werden solle. Dabei wird sich gewiß Vater Zoellner in erster Linie als Fachmann fühlen ...

Mit herzlichem Gruß
Dein getreuer

Braune an Bodelschwingh[26]

Lobetal, den 9. Dezember 1935.

Lieber Bruder!

... Endlich ein paar Fragen vom C.A. Dort ist das Merkwürdige geschehen, daß Schirmacher ziemlich energisch zur Bekenntnisrichtung umgeschwenkt ist und mir zweimal gesagt hat, in ausführlicher Besprechung, daß der einzige Mann, der die Dinge recht übersieht, Niemöller ist, und so wäre es für ihn und andere DC-er das Richtigste, sich entschlossen hinter ihn zu stellen. Die Richtung der Kirchenausschüsse war ihm schon wieder zu vermittelnd. So ist er jedenfalls radikal ins andere Lager gegangen, und spricht mit einer Offenheit gegen NSV und Partei, daß man Sorge haben muß. Ich war neulich schon in etwas vermittelndem Sinne tätig zwischen der NSV und ihm. Frick ist ihm viel zu milde und nachgiebig. Heinrich sieht das ganze mit stillem Lächeln an, fühlt vielleicht weitgehend ebenso, hat aber Angst, das zu sagen und die Konsequenzen zu ziehen. Jedenfalls ist aber die eigentliche Zusammenarbeit im Vorstand des CA sehr erleichtert, weil eine gemeinsame Front da ist. Die vorgelegten Satzungen sind noch sehr unvollkommen. Ich habe mir auch schon viele Bemerkungen

---

25 Paul Winckler.
26 AHSL EA 108; HAB 1/K 67c.

und Fragezeichen gemacht. Ich vermute auch, daß sie in dieser Form nicht annähernd angenommen werden, weil entscheidende Punkte offen stehen. Wir halten im besonderen eine Verbindung mit der offiziellen Kirche für notwendig, aber das in diesem Augenblick zu formulieren ist ganz ausgeschlossen. Die Zusammenstreichung der Fachverbände ist auch noch Voraussetzung für den Abschluß. So kommen wir also etwa auf einen Vorstand von ca 12 Personen, der die wesentliche Arbeit macht, sodann auf eine Mitgliederversammlung, die durch genaue Beschränkungen ihrer Mitglieder begrenzt ist. Dann kann der Hauptausschuß wegfallen, weil er sich ungefähr mit der neuen Mitgliederversammlung decken würde.

Die kleinen Ansätze zu einer gewissen Führung von oben her entspringen den allgemeinen Wünschen nach festerem Zusammenschluß.

Ich vermute ferner, daß diese Satzung einen langen Weg zur Genehmigung haben wird, da der Polizeipräsident voraussichtlich die Genehmigung des Hauptamtes für Volkswohlfahrt einholen muß. Das alles sind Hindernisse, die uns allen unsympathisch sind und vielleicht sogar dazu führen, daß man noch ein wenig weiter ohne Satzungsänderung auskommt ...

In herzlicher Verbundenheit
Dein

Braune an Bodelschwingh[27]

Lobetal, den 12. März 1936.

Lieber Bruder!

... Du wirst inzwischen auch den Vorschlag über das Abkommen zwischen Reichskirchenausschuß und C.-A. bekommen haben. Er ist nicht offiziell angenommen worden, aber 97% waren dafür. Wir verstehen alle die Bedenken, aber wir sehen ebenso, daß es bei der Neuordnung der Dinge gar

---

27 AHSL EA 421-1.

nicht mehr möglich ist, daß die Innere Mission in dem Raum zwischen Staat und Kirche für sich allein bleibt ...

Mit herzlichem Gruß
Dein

Braune an Bodelschwingh[28]

Lobetal, den 3. Oktober 1936

Lieber Bruder!

... Ich habe dann längere Zeit die zu bildende Arbeitsgemeinschaft mit der NSV besprochen, ein Thema, das ich inzwischen mit Koepchen und Mailänder verhandelt habe. Sämtliche Beteiligten meinen, daß es jetzt unvermeidlich ist und zu einem Abschluß kommen müßte. Ruppert rät mir, eine lose Arbeitsgemeinschaft der vier Verbände zu bilden und Althaus den Vorsitz anzubieten. Ich habe ihm aber gesagt, daß unter allen Umständen die Selbständigkeit der vier Verbände gewahrt bleiben muß, zumal Innere Mission, Caritas und Deutscher Gemeindetag die Spitzenverbände dieser einzelnen Organisationen seien. Vor allen Dingen darf durch die Arbeitsgemeinschaft auch nicht der Verkehr mit den Reichsbehörden abgedrosselt werden. Ruppert will am kommenden Mittwoch bei anderer Gelegenheit mit Althaus darüber sprechen ...

Mit herzlichem Gruß
Dein getreuer

---

28 AHSL EA 108; HAB 2/18-17; HAB 2/63-78.

Braune an Bodelschwingh[29]

Lobetal, den 19.11.1936.

Lieber Bruder!

... Die Vorstandssitzung des CA hatte einige dramatische Höhepunkte. Schirmacher kam aus heiler Haut mit dem etwas überraschenden Vorschlag, für sich die Vertrauensfrage im Hauptausschuß zu stellen, weil er soviel angebliche Kritik gegen die Leitung des CA zu hören bekäme. Dieser plötzliche Überfall brachte Bruder Frick etwas in Erregung, da er dadurch auch betroffen wurde, und er meinte, Schirmacher hätte das vorher mit ihm besprechen müssen. Daraufhin griffen insbesondere Wenzel und ich die Forderung auf, einen Hauptausschuß zusammenzuberufen, aber nicht um dieser Vertrauensfrage willen, sondern damit endlich der CA aus seiner Bedeutungslosigkeit heraus den Versuch macht, zu einem größeren Kreis der Mitarbeiter zu sprechen. Es wäre eine falsche Wertung des Hauptausschusses wenn man ihn immer nur zur Erledigung satzungsgemäßer Aufgaben einberufen wolle. Dieser Vorschlag setzte sich langsam durch und wurde schließlich sogar immer mehr dazu ausgebaut, daß man etwa in der Form eines Kongresses einem größeren Kreise das Wort zur gegenwärtigen Lage sagen müßte. Keine Gruppe der Kirche könne als Ganzes sprechen. Dazu sei im Augenblick im besonderen die Innere Mission in der Lage. Wenzel drängte dann dazu, daß wir möglichst noch Mitte Dezember eine große öffentliche Versammlung mit mehreren Nebenversammlungen abhalten wollen. Im besonderen müßte über Recht und Freiheit evangelischer Liebesarbeit gesprochen werden, ebenso über Kindergarten, Gemeindepflege, evangelische Kirche und christliche Erziehung und wohl auch einige Worte über Lebensunwertes Leben oder ähnliche Gedankengänge. Wenzel bekam den Auftrag, Ordnung und Redner dieser Tagung möglichst bis Bielefeld zu beschaffen. – Auf einer gemeinsamen Fahrt nach Diestelow haben Wenzel, Schirmacher und ich den Plan weitergesponnen, so daß es nicht ausgeschlossen ist, daß auf der Bielefelder Vorstandssitzung feste Vorschläge zur Entscheidung gebracht werden. Ich fürchte zwar, daß

---

29 AHSL EA 108; HAB 1/K 67c.

sowohl die Zeit der Vorbereitung sehr knapp sein wird, als auch, daß es nicht leicht sein wird, daß Gott uns die rechten Männer schenkt die das Wort zur Lage sagen. Es ist dabei u.a. gedacht an Helmut Schreiner und auch an Pastor von Bodelschwingh. Ich will aber nicht vorgreifen. Zur Predigt am Sonntag, ist an Meiser gedacht. Um die BK zur Mitarbeit heranzuholen, sollte Wenzel sogar versuchen, Dibelius und Riethmüller zu einem Vortrage zu bewegen. Dies ist die letzte Gelegenheit für die BK, um sich wieder einzuschalten in das kirchliche Geschehen. Es wäre ein großes Geschenk, wenn es gelingt, aber hierbei muß Gott, der Herr das Beste und Wichtigste tun.

Ich habe inzwischen eine sehr umfangreiche Fünferausschußsitzung gehabt mit 22 Punkten auf der Tagesordnung. Weil ich feststellen mußte, daß die Sanierung bereits so gute Fortschritte gemacht hatte, daß der große Bankkredit bei der Bau- und Bodenbank bereits abgezahlt ist, (früher 4 000 000 RM Schulden), machte ich den Vorschlag, die Sanierung möglichst bald ganz zu beenden, damit wir endlich aus den Fesseln dieser staatlichen Bevormundung herauskämen. Ministerialrat Raps vom Finanzministerium sagte aber in aller Freundschaft, daß hiermit der Inneren Mission nach seiner Auffassung ein schlechter Dienst erwiesen würde, denn augenblicklich schenkt der Finanzminister der Inneren Mission alljährlich durch Steuererlasse noch 350 000 RM. Fiele das fort, dann fiele die ganze Sanierung ins Wasser, da jetzt doch noch über eine Million Schulden abzuzahlen sind. Außerdem droht als neue Gefahr die Wegsteuerung der Gewinne durch die sinkende Auslandsvaluta. Das betrifft die Auslandsanleihen des CA und die Wegsteuerung der Kursusgewinne durch die Dollarbonds. So wurde also der Antrag abgelehnt und damit läuft die Sanierung weiter ...

Mit herzlichem Gruß
Dein getreuer

Braune an Bodelschwingh[30]

Lobetal, den 5. Februar 1937.

Lieber Bruder!

... Über den Kongreß für Innere Mission habe ich Dir nichts geschrieben. Du wirst von Brandt[31] das Notwendigste gehört haben. Man kann nur sagen, daß er trotz all der Schwachheit, mit der er eingeleitet wurde, doch als einigermaßen gelungen zu betrachten ist... Jedenfalls war der Kongreß wohl der kirchlichste Kongreß, den die jetzigen Glieder des CA erlebt haben. Die Vertretung der Staatsbehörden war mangelhaft, nur das RAM hatte einen Staatssekretär entsandt, während das RIM Besuchsverbot erhalten hatte, ebenso die NSV. Jedenfalls sind das Symptome, die darauf hindeuten, daß erhebliche Spannungen zu verzeichnen sind, und daß wir demnächst wohl mit mancherlei Überraschungen zu rechnen haben...

Mit herzlichem Gruß
Dein

Bodelschwingh an Braune[32]

Bethel bei Bielefeld, 18. Okt. 1937.

<u>Persönlich und vertraulich!</u>

Lieber Bruder Braune!

In der vorigen Woche ließ mir Bruder Frick durch unseren hiesigen Mitarbeiter Bruder Meyer mündlich die dringende Anregung zugehen, wir

---

30 AHSL EA 108; HAB 2/18–21.
31 Wilhelm Brandt.
32 AHSL EA 196; HAB 2/39–183.

möchten auf die Zusammenkunft der Arbeitsgemeinschaft[33] verzichten. Angedeutet wurde, daß man mit einem Verbot oder jedenfalls einer besonderen Überwachung zu rechnen habe, und daß insbesondere die Persönlichkeiten von Knak, Riethmüller und Wenzel Bedenken erweckten.

Ich schrieb Bruder Frick nach Verständigung mit den hiesigen Brüdern und Bruder v. Lüttichau, daß wir keine Möglichkeit sähen, die Tagung von uns aus unter irgendeinem Vorwand abzusagen. Heute schreibt mir nun Bruder Frick, die Nachricht sei in Berlin gelegentlich einer Reklamation „bei einer hohen Dienststelle" gegeben. Diese Reklamation habe erfolgen müssen, weil Bruder Wenzel das Plazet der preußischen Kirchenbehörde zu dem Auftrag des C.A., die Leitung der Inneren Mission in der Grenzmark zu übernehmen, aus staatspolitischen Gründen verweigert worden sei. Augenscheinlich sei bekannt geworden, daß Bruder Wenzel die Geschäftsführung der Arbeitsgemeinschaft übernommen hat. Die Einstellung der Behörde hänge ohne Zweifel mit der Tendenz zusammen, alle Instanzen zu beseitigen, die tatsächlichen oder vermeintlichen Zusammenhang mit der B.K. haben. Von der Betheler Tagung sei mit keinem Wort die Rede gewesen.

Ist Dir von diesen Vorgängen, die insbesondere für Euren Provinzial-Ausschuß bedeutsam sind, etwas bekannt? Daß im Kirchenministerium gegenwärtig jeder Mensch und jede Zusammenkunft unfreundlich angesehen werden, die zu dem dort gepflegten Thüringer Kurs im Widerspruch stehen, ist klar. Aber das kann uns in unserem kirchlichen Handeln nicht bestimmen.

Wenn ich mich auf Wunsch der Brüder bereit erklärt habe, noch einmal zu einer solchen Zusammenkunft der Arbeitsgemeinschaft hier einzuladen, so geschah es vor allem auch, um den nicht nach jeder Richtung hin günstigen Eindruck der Berliner Mitgliederversammlung im letzten Frühjahr zu berichten. Wir wollen keine kirchenpolitische Gruppe sein, sondern die uns verbundenen Kreise ganz auf der innersten Linie des Dienstes aus dem Evangelium zusammenhalten. Dem allein soll auch die Zusammenkunft dienen...

Mit herzlichem Gruß
Dein getreuer

---

33 Arbeitsgemeinschaft der missionarischen und diakonischen Werke und Verbände.

Braune an Bodelschwingh [34]

Lobetal, den 15.12.1937.

Lieber Bruder!

Du bist inzwischen über die Schließung der Apo unterrichtet. Wir haben gestern im kleinen Vorstandskreise eingehend darüber verhandelt. Heute wollte Frick seine entsprechenden Besuche im Kirchenministerium machen. Die entscheidende Urkunde der Stapo heißt: „Im Einvernehmen mit dem Herrn Kirchenminister wird die Apo. sofort aufgehoben und verboten." Die Büros sind versiegelt. Sämtliche Akten und Bücher werden durchsucht. Künneth selbst ist in voller Freiheit, ebenso die Angestellten. Die Maßnahmen richten sich auch nicht namentlich gegen seine Person, sondern es ist nur die Sache bezeichnet. Da die Apo formal eine Abteilung des CA ist, so ist der CA-Vorstand ausdrücklich gerufen. Naturgemäß mußte sich eine lange, nicht temperamentlose Debatte ergeben, ob die Apo wirklich selbständig oder eine Abteilung des CA sei. Die Gestapo behandelt sie als selbständige Abteilung, wie es auch dem Wesen entspricht.

Bei den Verhandlungen ist aber sehr deutlich geworden, daß tatsächlich der Antrieb zur Schließung vom Kirchenminister[35] ausgegangen ist, und nicht von der Gestapo, im Gegenteil ist von letzterer mehrfach versichert worden, daß sie nichts gegen Künneth hätten, auch seine letzte Schrift sei zunächst nicht verboten. Es muß wohl in der Art der Verbreitung oder der Ankündigung eine Unvorsichtigkeit geschehen sein, die schließlich doch zur Beschlagnahme führte. So liegt eigentlich gegen die Person von Künneth nichts Greifbares vor, sondern hier ist die Sache der Apo getroffen.

Ich glaube, daß Du es doch neben Deinen anderen Aufgaben aufs Herz nehmen mußt, an der Dir zugänglichen Stelle einmal ernsthaft nachzufragen, warum denn eine so notwendige apologetische Arbeit der Kirche verboten werden soll, wo doch sonst deutlich zum freien Kampf der Weltanschauungen aufgerufen wird. Ob heute Frick bis zur entscheidenden Stelle vorgedrungen ist, weiß ich nicht.

---

34 HAB 2/39–53.
35 Hanns Kerrl.

Vielleicht wird er Dir selbst darüber berichten. Es wäre an sich denkbar, daß das Weiterbestehen der Apo ohne Künneth möglich ist. Da aber allseitig bejaht wird, mit Ausnahme unserer engsten Verwaltung im CA, daß Künneth in den ganzen letzten Jahren wirklich ganz außerordentlich wertvolle Arbeit für die Kirche geleistet hat, so können wir es wohl nicht ohne Weiteres hinnehmen, daß hier einer der fähigsten Köpfe dauernd kalt gestellt wird.

Vielleicht kann diese Verfügung im Rahmen sonstiger Befriedungsmaßnahmen wieder aufgehoben werden. Ich trage Dir dieses Anliegen von mir aus ohne besonderen Auftrag vor, weiß aber, daß es Dir auch noch von anderer Seite nahe gebracht wird. Es ist auch gleichzeitig der große Bibelkursus für Laien mit verboten worden. Hier geht es also um die wirkliche Arbeit der Verkündigung und Unterweisung, die dadurch unmöglich gemacht wird. Ist die Person oder die Sache gemeint? Vielleicht kannst Du das Deine dazu tun, daß dies Stück unserer kirchlichen Arbeit im Wesentlichen erhalten bleibt.

Mit herzlichem Gruß
Dein

Bodelschwingh an Braune[36]

Bethel bei Bielefeld, den 17. Dez. 1937.

Lieber Bruder Braune!

... Über die Apo werde ich heute mit Bruder Wenzel sprechen. Als Bruder Philipps mir neulich von dem Eingriff telefonisch berichtete hatte er wohl den Gedanken, ob ich etwas tun könne. Bei der nicht geringen Zahl ähnlicher Anregungen, die an mich kommen, habe ich, wie Du verstehen wirst, gewisse Grenzen innehalten müssen. Ich kann mich nur für Dinge einsetzen, die ich persönlich kenne und für die ich darum eine gewisse

---

36 AHSL EA 108; HAB 2/39–53.

Bürgschaft übernehmen kann. Auf Grund meiner persönlichen Beziehungen zu Bruder K.[37] und der Kenntnis seiner letzten Schrift habe ich bei den letzten Berliner Unterredungen mich kräftig für ihn eingesetzt. Die Apo selbst aber, ihre Kurse und Mitarbeiter kenne ich persönlich nicht, habe nie einen Kursus mitgemacht und kaum Schriften gelesen. So fehlt mir eigentlich die Voraussetzung für ein Eintreten. Der allgemeine Hinweis darauf, daß eine solche Stelle für die Kirche unentbehrlich sei und ihr nicht bestritten werden könne, reicht schwerlich aus ...

Mit herzlichem Gruß
Dein getreuer

Bodelschwingh an Braune[38]

Bethel bei Bielefeld, den 8. Jan. 1938.

Lieber Bruder Braune!

... Aus der Haltung von Sch.[39] mußte man den Eindruck gewinnen, daß er und H.[40] bei der Stellungnahme der Behörde gegen Spandau[41] nicht unbeteiligt gewesen ist. Wie kann er wirksam eine Verhandlung führen, wenn er selbst in unserem Kreise ohne Einschränkung den Satz ausspricht: „Die Schließung war berechtigt." Darum ist mir auch seine weitere Mitwirkung bei den Verhandlungen sehr sorgenvoll ...

Mit herzlichem Gruß
Dein getreuer

---

37 Walther Künneth.
38 HAB 2/61–43.
39 Horst Schirmacher.
40 Johannes Heinrich.
41 Gemeint ist die Apologetische Zentrale (Apo), die ihren Sitz im Evangelischen Johannesstift in Berlin-Spandau hatte.

Braune an Bodelschwingh[42]

Lobetal, den 24.2.1938

Lieber Bruder!

... Von der Apo wurde nur mitgeteilt, daß die Gestapo dauernd weiter untersuche, so daß weitere Verhandlungen nicht zu führen sind, Frick ist bisher beim Kirchenminister[43] nicht angekommen. Es dürfte ja bereits deutlich sein, daß er in dieser Angelegenheit auch nicht ankommen wird. Die bekannte Besprechung bei Riethmüller über die Apo hat mir allerdings gezeigt, daß Künneth ziemlich allein steht und weder beim Lutherischen Rat noch bei der VKL Gehör findet. Beide Vertreter verhielten sich sehr reserviert. Knak wollte alle Schuld auf den CA schieben, wobei ich wenigstens die Haltung des CA verständlich zu machen suchte. Im übrigen war es mir interessant, daß Künneth Pastor Philipps gar keine Vorwürfe über die Kündigung macht, obwohl die ganze geistige und wirtschaftliche Verbundenheit mit dem Johannesstift viel enger gewesen ist als mit dem CA. Künneth wundert sich aber, daß gar nichts passiert, daß keine Bewegung entsteht, so daß die andere Seite Zeit hat, zu arbeiten. Ich fürchte auch, daß hier nicht mehr viel zu ändern ist, da niemand da ist, der sich für die Apo einsetzt. Der CA wird es bei seiner gebrochenen Haltung nicht tun, denn die Stellung der Verwaltung ist uns ja bekannt ...

Mit herzlichem Gruß
Dein

---

42 AHSL EA 108; HAB 2/61–43.
43 Hanns Kerrl.

Bodelschwingh an Braune [44]

Bethel bei Bielefeld, den 27.6.1938

Lieber Bruder!

... Überall besteht die Sorge, daß Bruder Frick die Dinge in gewohntem Optimismus gehen läßt, daß aber daneben, und vielfach ohne sein Wissen, von Schirmacher und Heinrich Verhandlungen geführt werden, die schließlich zu einer Preisgabe der I.M. führen ...

Wenn wir auch wahrscheinlich weder die Entwicklung aufhalten, noch im Augenblick an der Geschäftsführung des C.A. etwas ändern können, meinte Bruder v. Lüttichau doch, daß wir angesichts der überall in der I.M. wachsenden Beunruhigung nicht den Vorwurf auf uns laden dürften, einfach geschwiegen zu haben. Dem stimme ich zu.

Mit herzlichem Gruß
Dein getreuer

Braune an Bodelschwingh [45]

30. Juni 1938.

Lieber Bruder!

... Von allen Seiten wurde davon gesprochen, daß das bekannte Gesetz in Vorbereitung sei, das auf Aufsicht und Planwirtschaft hinziele. Wir haben im CA. nach etwa dreistündigen einmütigen Verhandlungen uns daraufhin geeinigt, daß alle derartigen Pläne abzulehnen seien, denn wenn das erwartete Gesetz käme, dann könnten wir nicht vorher neue und verschiedenartige Verhältnisse schaffen. Natürlich wurden auch die wesensmäßigen

---

44 AHSL EA 108.
45 AHSL EA 108.

Gründe eingehend formuliert, die eine Selbständigkeit der IM. notwendig machen. Es ist ein fertig formulierter Beschluß festgelegt worden ...

Du machst mit Recht darauf aufmerksam, daß sich in die Verhandlungen über dies Gesetz bisher niemand von uns hat einschalten können. Es ist aber etwa 8 Tage vor der Sitzung in Vereinbarung mit Frick ein klares Schreiben von Präsidenten Werner an das RIM. abgegangen, mit der Bitte, an den Verhandlungen über dies Gesetz beteiligt zu werden. Andere Wege haben bisher zu keinem Ziele geführt, und es wurde festgestellt, daß niemand etwas darüber wisse.

Sorgenvoll ist gewiß die ganze Angelegenheit, aber ich glaube, daß im Augenblick der Vorstand des CA. nichts anderes tun kann. Daß man Bruder Frick immer wieder den Rücken stärken muß, ist selbstverständlich ...

Mit herzlichem Gruß
Dein

Bodelschwingh an Braune[46]

Bethel bei Bielefeld, den 19. März 1940.

Lieber Bruder Braune!

Das Ausbleiben jeder Nachricht von unserm Patienten[47] beunruhigt nicht mich allein, sondern viele andere. Auch ihm Nahestehende nehmen an, er werde sich kaum von dieser Attacke erholen. So erwägt man bereits in Süddeutschland die Frage seines Ersatzes. Ich fürchte, daß auch E.[48] nach diesem Schock nicht mehr sehr mutig und handlungsfähig sein wird. So sieht die Lage ziemlich schwierig aus. Ist Fichtner bereits in sein neues Amt übergetreten?

---

46 AHSL EA 108.
47 Gemeint ist Horst Schirmacher.
48 Wilhelm Engelmann.

Wenn Du mir bis Ostern noch einmal über die Lage und Deine Auffassung berichten könntest, wäre ich dankbar. Wir haben von Dienstag nachmittag bis Donnerstag früh in Soest unsere westfälische Konferenz Theologischer Berufsarbeiter. Dort wird man mich lebhaft in dieser Sache interpellieren und insbesondere fragen, welche Konsequenzen daraus für die Provinzial-Ausschüsse erwachsen.

Gott segne Euch die ernsten und freudevollen Tage, die vor uns liegen, und schenke uns immer wieder innerste Sammlung im Licht seines Wortes und in der Zucht seines Geistes!

In treuem Gedenken grüßt Dich und die Deinen
Dein

Braune an Bodelschwingh [49]

Lobetal, den 21.3.1940

Lieber Bruder!

... Deine Anfrage will ich Dir gern umgehend beantworten. Entscheidendes hat sich an der Situation für unseren Patienten nicht geändert. Er kann ausgehen, soll sich aber mit anderen Leuten nicht über seine Lage unterhalten. Immerhin wissen wir soviel, daß er die Situation ähnlich beurteilt wie wir. Es könnte sich allerdings vielleicht auch um eine akute Angelegenheit handeln, die in Stuttgart ihren Anfang genommen hat. Dort hat er vor 130 Menschen gesprochen. Seine Frau ist bis zu den höchsten Stellen durchgedrungen und hat dadurch sein persönliches Schicksal sofort erleichtert. Auch sonst ist seine Behandlung tadellos gewesen, auch von dem ihn behandelnden „Chefarzt". Ich bin nun vorgestern bei der mir besonders zugänglichen Stelle gewesen, sie können aber nichts tun, ehe nicht die Operation durch den Chefarzt beendet ist. Man sieht aber dort seine

---

49 AHSL EA 252.

Krankheit durchaus als harmlos an und meint, wir brauchten uns wegen der Gesamtsituation nicht zu sorgen.

Unser Patient hat uns aber selbst seine Sorge mitteilen lassen, ob er nachher noch weiter aktionsfähig sei. Da er aber keineswegs verzagt, sondern nur verärgert ist über die unnötig lange Behandlung, so haben wir jedenfalls zur Zeit nicht den Mut, ernsthaft über seinen Abgang zu sprechen. Wir wollen noch bis nach Ostern warten, um festzustellen, ob er dann die Gesundheit völlig wieder erlangt hat. Wenn nicht, dann wollen wir noch andere Stellen zu Rate ziehen, und haben schon diesbezüglich mit einer Fühlung genommen. Es wird sich dann auch entscheiden, ob die anderen Stellen des Landes zweckmäßig Beileidstelegramme an die Stelle nach Berlin schicken, um die Unruhe und Sorge des ganzen Landes dadurch zum Ausdruck zu bringen. Dazu bedürfte es einer Besprechung im größeren Kreis.

In der Anlage schicke ich Dir ferner Abschrift einer mir zugegangenen Mitteilung, die natürlich wie ein Wetterleuchten aussieht. Man löst jetzt scheinbar die noch vorhandenen Beziehungen, um dann mit gesetzlichen Maßnahmen neue zu schaffen. So beurteile ich jedenfalls den Brief. Fast möchte ich einen Zusammenhang mit der anderen Situation sehen. Wir werden uns nach Ostern sofort darüber unterhalten müssen, welche Schritte Frick daraufhin tun muß. Ich bin nun allerdings der Meinung, daß der geplante Vertrag mit Werner umso nötiger und dringender ist, damit wenigstens ein formaler Anschluß nach dieser Seite gegeben ist. Es ist uns ja allen klar, daß die Arbeitsgemeinschaft gerade von der Seite immer wieder sabotiert wurde, die sie geschaffen hat. Ich bin der Ansicht, daß das nun auch deutlich zum Ausdruck gebracht werden muß. Vielleicht kannst Du inzwischen mit Marahrens Fühlung nehmen, um diese neuste Situation mit ihm zu besprechen. Vielleicht kann er doch einen schärferen Druck auf Werner ausüben. Beachte bitte bei dem beigelegten Schreiben das Diktatzeichen. Es heißt für uns „Cordt". Semper idem!

Mit herzlichem Gruß
Dein getreuer

Nachtrag.
Soeben rief mich Herr Ruppert an und teilte mir mit, daß der OKW und Frau von Schroedter[50] ihn in Sachen Sch.[51] angerufen hätten. Er bäte dringend, nicht wiederum Himmel und Hölle in Bewegung zu setzen, da uns das schädlich sein könne. Ich konnte ihm nur sagen, daß beide Stellen auf Privatinitiative angegangen seien und nicht durch das Präsidium des CA. Wir sollten allen Stellen, die uns gegenüber ihrer Unruhe Ausdruck geben, die Mitteilung machen, daß erst die Untersuchung abgeschlossen sein müsse, ehe behördliche Stellen dazu Stellung nehmen könnten. Wir würden uns nur durch unnötige Beunruhigung die Freunde verscherzen, die wir noch hätten, und es könnte leicht geschehen, daß gegen diejenigen, die nun alle Stellen in Bewegung setzen, besondere Maßnahmen unternommen würden. Er nannte dabei auch Siegert, der allzu geschäftig sei. Ich teilte ihm dann noch mit, daß mir gerade heute die Auflösung der Arbeitsgemeinschaft bekannt geworden wäre, was ihm ebenfalls gerade von Frau von Schr. mitgeteilt worden sei. Er bat mich um Abschrift der Mitteilung von H.[52] Nach seiner Meinung wäre es notwendig gewesen, daß der Stellvertreter des Führers sich mit ihm in Verbindung gesetzt hätte, ehe solche Mitteilung herausging. Er wird sich in dieser Sache vielleicht noch einmal einschalten. Ich sagte ihm, daß nach meiner Meinung diese Auflösungsverfügung nicht ohne Zusammenhang stehe mit den übrigen Vorgängen. Er müsse also die Gesamtlage unter dieser Perspektive sehen. Im übrigen wäre es unsere Pflicht, uns gegen die oben erwähnten Maßnahmen zu wehren, und ich bäte dringend, alles zu tun, daß die Angelegenheit Sch. möglichst bald bereinigt würde, da es sonst nicht verhindert werden könnte, daß andere Stellen angegangen würden. Er versicherte noch einmal, daß er nichts tun könne, ehe nicht die polizeiliche Untersuchung abgeschlossen sei. Daß solche Dinge in der gegenwärtigen Situation länger dauern als bisher, sei nicht zu verwundern. Wir brauchten uns deshalb keine Sorgen zu machen. Er hätte im übrigen Anweisung bekommen, nicht eher etwas zu tun, als bis die Untersuchung abgeschlossen sei.

Ich teile das zu Deiner Kenntnis mit. Es nötigt uns immerhin zur Vorsicht bei der Anrufung anderer Stellen, und beim Unternehmen neuer

---

50 Eva von Schröder.
51 Horst Schirmacher.
52 Erich Hilgenfeld.

Schritte. Er möchte wohl, daß es durchaus auf die Person Sch. konzentriert bleibt.

D.O.

Bodelschwingh an Braune[53]

Bethel bei Bielefeld, den 14. Mai 1940.

Lieber Bruder Braune!

... Sehr sorgenvoll ist das, was Du über die Verhandlung mit Bruder Frick schreiben mußtest. Es ist nur gut, daß Du ihm einmal Deine Bedenken offen ausgesprochen hast. Die Sorge, daß er in seinem grundsätzlichen Optimismus zu schnell Konzessionen macht und daß solchen weitragenden Besprechungen der genügende Ernst fehlt, bewegt weite Kreise der Inneren Mission. Um so mehr Hoffnung wird auf Deine Mitarbeit gesetzt. Aber ich verstehe gut, daß bei grundsätzlich falschem Ansatz einer solchen Verhandlung die Einschaltung anderer Maßstäbe und Gesichtspunkte schwer möglich ist ...

Mit herzlichem Gruß
Dein getreuer

---

53 AHSL EA 108; HAB 2/61–25.

Braune an Bodelschwingh[54]

Lobetal, den 12. Juni 1940

Lieber Bruder!

In der gestrigen Vorstandssitzung des CA. wurde ich gebeten, Dir den Entwurf über ein Abkommen mit der NSV mit einigen erklärenden Worten zu übersenden. Das Gespräch, das wir neulich bei der Reichsleitung der NSV. gehabt haben, und mein nachfolgender Brief an Frick haben in ihm den sehr starken Wunsch aufkommen lassen, endlich einmal den Entwurf für ein Abkommen vorzulegen, damit nicht wieder solche planlosen Verhandlungen geführt werden. Diesen Entwurf hat zum großen Teil Bruder Ohl formuliert, und ich kann nur mein weitgehendstes Verständnis zum Ausdruck bringen ... es kommt letzten Endes darauf an, daß die Hauptarbeitsgebiete der Inneren Mission anerkannt werden. Wenn es gelingen würde, das Abkommen, so wie es ist, durchzubekommen, würde es einen erheblichen Fortschritt bedeuten. Es hat aber niemand von uns den Optimismus, an eine Annahme in dieser Form zu glauben.

Die Notwendigkeit des Abkommens ergibt sich auch immer mehr aus der Grundhaltung, daß man glaubt, die IM. in aller Kürze ganz fordern zu können. Auch mein Freund R.[55] im RIM machte derartige Andeutungen, daß er für unsere Zukunft schwarz sehe. Mir scheint der stärkste Gegenspieler in Conti vorhanden zu sein. In seinem Gefolge arbeitet aber alles, was Gesundheitsfürsorge ist, sodaß schließlich auch alle Aufgaben an Schwachsinnigen, Krüppeln usw. unter dem Gesichtspunkt der Gesundheitsfürsorge betrachtet werden. Entweder werden sie euthanasiert oder durch Kommunalbehörden untergebracht. Fast hat sich die Lage dahin verändert, daß die NSV. in dieser Beziehung eine bessere Bundesgenossin sein könnte als die öffentliche Wohlfahrtspflege. Daß es eine Fahrt zwischen scylla und charybdis ist, läßt sich nicht bestreiten. Bei der damaligen Besprechung in der NSV. wurde der Wunsch geäußert, daß wir einmal den Entwurf für solch ein Abkommen vorlegen möchten. Es ist dann schon besser, wenn wir den Entwurf machen, als daß ihn die anderen vorlegen.

---

54 AHSL EA 582.
55 Fritz Ruppert.

Dieser Entwurf soll zunächst im Vorstand des CA beraten werden und gleichzeitig soll dem geistlichen Vertrauensrat davon Kenntnis gegeben werden. Wenn Vorstand und Vertrauensrat ihr Einverständnis dazu geben, dann wollen wir ihn der NSV übergeben. So bitte ich Dich, den Entwurf durchzusehen und etwaige Äußerungen dazu an Bruder Frick zu richten ...

Mit herzlichem Gruß
Dein

Bodelschwingh an Braune[56]

Bethel bei Bielefeld, den 2. Mai 1941.

Lieber Bruder Braune!

... Auch ich bin der Meinung, daß der von Bruder Frick verschickte Entwurf in dieser Form unbrauchbar ist. Es wird überhaupt nicht möglich sein, diese Dinge schriftlich festzulegen, weil jede der beteiligten Seiten auf anderer Fläche denkt und in anderer Sprache spricht. Eine solche Erklärung würde man drüben als bedingungslose Kapitulation ansehen. Der erhoffte Erfolg der Rettung eines Teils unserer Werke könnte darum in das Gegenteil umschlagen.

Da der Entwurf ausdrücklich als „vertraulich" bezeichnet ist, können wir am nächsten Freitag im größeren Kreis nicht darüber sprechen. Vielleicht ist es aber möglich, daß im Anschluß an die Versammlung die anwesenden Vorstandsmitglieder des C.A. die Frage vertraulich überlegen.

Eine eingehende schriftliche Stellungnahme ist kaum möglich. Ich werde darum Bruder Frick nur kurz mitteilen, daß ich den Entwurf in dieser Form nicht für brauchbar hielte, aber gern zu mündlicher Aus-

---

56 AHSL EA 108.

sprache im kleineren Kreis bereit sei. An der nächsten Vorstandssitzung des C.A. werde ich ohnehin wohl nicht teilnehmen können ...

Mit herzlichem Gruß
Dein getreuer

Braune an Bodelschwingh[57]

Lobetal, den 16.8.1941.

Lieber Bruder!

Heute habe ich meinen ersten Arbeitstag in Lobetal und möchte Dir gleich etwas mitteilen von den Sorgen, die mich schon während der letzten Tage bedrückt haben. Du wirst inzwischen wohl gehört haben, daß das große Krankenhaus Bethanien in Berlin der NSV. übereignet ist, ebenso die Herbergen in Brandenburg und Guben. Überall gehen die örtlichen Einzelaktionen los. Man hört so allerlei, besonders auch von Schlesien, daß möglichst in aller Kürze die gesamten Anstalten überführt werden sollen. Du wirst auch die neue Ergänzung des Seelsorgererlasses in Krankenhäusern und Pflegeheimen gelesen haben, der ja auch in den eigenen Anstalten die Seelsorge fast unmöglich macht. Ihr werdet die Dinge inzwischen auch längst beachtet haben und werdet auch Eure eigenen Sorgen dazu bekommen haben. Ich möchte aber fragen, ob es nicht an der Zeit ist, daß wir vom CA. unter Deiner besonderen Mitarbeit wenigstens beim KiMi[58]. vorstellig werden sollten, ob dies denn nun wirklich der allgemeingültige Wille sein soll. Ich habe deswegen bisher noch keine Fühlung aufgenommen, da ich augenblicklich erst die eigenen Aufgaben in die Hand nehme.

---

57 AHSL EA 108.
58 Reichs- und Preußischer Minister für die kirchlichen Angelegenheiten, Hanns Kerrl.

Gott, der Herr, helfe in Gnaden weiter und gebe uns allenthalben die rechte Weisung.

In alter Treue
Dein

Braune an Bodelschwingh[59]

Lobetal, den 25.9.1941.

Persönlich!

Lieber Bruder!

... In Ergänzung der Kindergartenmitteilung muß ich nun, leider mitteilen, daß sich vorgestern die Haltung des RIM. völlig gewandelt hat. Es bestand Aussicht, daß der Erlaß vom 21. März aufgehoben würde. Jetzt ist aber auf Druck des Braunen Hauses der Erlaß erneut bestätigt. Daraufhin werden in Berlin und in Brandenburg, wie ich hörte, die Kindergärten zum 1.10.41 voraussichtlich aufgegeben. Die katholischen Kindergärten bleiben unberührt, weil sie erklärt haben, daß sie nur der Gewalt weichen und nichts freiwillig aufgeben. Weil man keine Unruhe schaffen will, bleiben also die katholischen Kindergärten weiter bestehen. Man könnte schon sagen, daß dies ein Stückchen Gegenreformation ist. Hier zeigt sich wieder einmal, daß unserer Kirche der Bischof oder sagen wir einmal die geistliche Leitung, in entscheidender Stunde fehlt.

Mit herzlichem Gruß
Dein

---

[59] AHSL EA 108.

Braune an Bodelschwingh [60]

(2) Lobetal, den 10. Oktober 1944.

Lieber Bruder!

... Im C.A. geschehen keine grossen Dinge. Man kann nur das Laufende halten und erhalten, Schwierigkeiten aus dem Wege räumen und im wesentlichen nachher jedem Gebiet doch wohl die eigene Entscheidung überlassen. Von zentraler Stelle sind weder Weisungen noch Ratschläge im einzelnen möglich. Hagen reist zwar noch immer trotz aller Schwierigkeiten, aber das bedeutet ja auch nur lose Verbindung. So mag es Gott der Herr uns schenken, dass wir alle gemeinsam mit unserer Arbeit durch diese Stürme gnädig hindurchgetragen werden.

Mit herzlichem Gruss, auch an Deine Frau und Deine Schwester [61]
Dein getreuer

Braune an Bodelschwingh [62]

Lobetal, den 21. September 1945

Lieber Bruder!

... Im CA geht unsere Arbeit erfreulich weiter. Wir haben uns als Liga mit den anderen Verbänden wieder zusammengetan und verhandeln in der Flüchtlingsfrage gemeinsam. Ich habe soeben an Frick einen längeren Brief geschrieben, um mit ihm die Verbindung zu bekommen. Gern hätte ich grundsätzliche Fragen der Kirche und IM einmal mit Euch besprochen. Dibelius möchte wohl gern noch stärkere Personal-Union, ich aber halte

---

60 AHSL EA 108.
61 Frieda von Bodelschwingh.
62 AHSL EA 108.

fest an der Selbständigkeit der IM. Ich glaube, daß wir genug gelitten haben durch Vereinigung aller Gewalten in einer Hand ...

In herzlicher Verbundenheit
Dein

Bodelschwingh an Braune [63]

Bethel b. Bielefeld, den 28.9.1945

Lieber Bruder Braune!

... Die Sitzungen des westlichen C.A. finden hier in Bethel statt. Wir erwarten Bruder Frick und die anderen Brüder am nächsten Donnerstag wieder bei uns. Sie bleiben dann den ganzen Tag hier, wohnen zusammen im Konvikt. Das gibt einen festeren Zusammenschluß als bei den oft so zerstreuten Sitzungen in Berlin. Wir werden diesmal hauptsächlich über den Ausbau des evangelischen Hilfswerkes zu sprechen haben. Ausser den Mitgliedern des C.A. kommen die führenden Berufsarbeiter aus der ganzen britischen Zone.

In Liebe und Treue grüsst Dich
Dein

---

63 AHSL EA 108.

Braune an Bodelschwingh [64]

Lobetal, den 23. Oktober 1945.

Lieber Bruder!

... Vom C.A. habe ich leider ein Protokoll über unsere Tagung am 7. Oktober nicht zur Hand. Es war eine fruchtbare, brüderliche Zusammenkunft. Wir erhielten gerade Eure Beschlüsse vom 23. August und haben uns im wesentlichen angeschlossen. Für uns scheint nur der rechtliche Zusammenhang mit der Kirchenleitung noch von grösserer Bedeutung zu sein als bei Euch, da es in Sachen Bodenreform wichtig ist, dass wir Bestandteil der Kirche sind. Mit dem evangelischen Hilfswerk habe ich vor 3 Wochen insofern Konflikte gehabt, als die neuen Herren in ihrer Unwissenheit und Anmassung etwa glaubten, die ganze Innere Mission damit schlucken zu können. Die vollmündigen Richtlinien von Gerstenmaier, die ja auch in Treysa keineswegs durchgedacht sind, geben Anlass zu vielen Konflikten. Ich wollte daher die ganze Aktion gleich unter die Verantwortung des C.A. bringen, damit Reibungen vermieden werden. Inzwischen bin ich nicht wieder in Berlin gewesen, und Wenzel hat in meinem Sinne die Besprechungen weiter geführt. Ich habe ihn inzwischen zum geschäftsführenden Direktor des C.A. berufen und Hagen an die zweite Stelle gesetzt. Der offizielle Beschluss soll übermorgen herbeigeführt werden. Die Umschaltung geht in grösster Harmonie vor sich und entspricht dem wirklichen Kräfteverhältnis ...

Mit herzlichem Gruss
Dein getreuer

---

64 AHSL EA 108.

Sammlungen und Spendenwerbung – vor dem Aus

Die Einrichtungen der freien Wohlfahrtspflege mussten bei ihrer Sammlungstätigkeit und ihrer Spendenwerbung erhebliche Einschränkungen, bis hin zu Verboten erfahren. Das hatte zwangsläufig Auswirkungen auf die Finanzierung der diakonischen Arbeit. Ein Problem, so zeigen es mehrere Briefe zwischen 1933 und 1937, mit dem sich auch der Centralausschuss der Inneren Mission immer wieder beschäftigte. Darüber hinaus bedeuteten die Sammlungsverbote und -beschränkungen, dass es immer weniger Möglichkeiten für die Innere Mission gab, ihre Arbeit in der Öffentlichkeit zu präsentieren.

In Bethel hat die Spendenwerbung eine lange Tradition. Schon seit den 1880er Jahren wurde sie mit dem Pfennigverein, der Schriftenversendung oder dem Kreis von Freunden und Förderern immer weiter professionalisiert. Die Einnahmen aus Spenden und Sammlungen erlaubten eine Qualität der Arbeit, die allein mit den Pflegegeldern nicht möglich gewesen wäre. Darüber hinaus war mit der Spendenwerbung und der Sammlungstätigkeit ein wichtiger volksmissionarischer Auftrag verbunden. Durch persönliche Ansprache die Arbeit Bethels in der Öffentlichkeit bekannt zu machen und dabei auch kirchenferne Bevölkerungskreise zu erreichen, das war gerade für Friedrich von Bodelschwingh ein zentrales Anliegen. Deshalb versuchte er auch, das Sammeln über Hauskollekten, das Jahrzehnte zur gängigen Spendenwerbung Bethels gehörte, so lange wie möglich zu erhalten. Kollektanten besuchten die Haushalte innerhalb ihres Sammlungsbezirks, baten um eine Spende, verteilten dazu Broschüren und kamen so ins persönliche Gespräch über die Arbeit Bethels.

Die „Winterhilfe" wurde erstmals 1930/31 reichsweit von verschiedenen Verbänden der freien Wohlfahrtspflege durchgeführt. Diese Haus- und Straßensammlung organisierte im folgenden Herbst/Winter zentral die „Deutsche Liga der Freien Wohlfahrtspflege", ein Zusammenschluss von Wohlfahrtsverbänden. Ende Juli 1933 wurde dann die Nationalsozialistische Volkswohlfahrt (NSV) für die Winterhilfe verantwortlich. Der Leiter der NSV, Erich Hilgenfeldt, wurde auch zum Reichsbeauftragten für die Winterhilfe. Mit der NSV an der Spitze des Winterhilfswerks (WHW) spielten die anderen Wohlfahrtsverbände fortan nur noch eine marginale Rolle. Die Bevölkerung nahm das Winterhilfswerk ohnehin bald als alleinige Institution der NSV wahr. Unter enormem Werbeaufwand war es allgegenwärtig im Straßenbild. Kaum jemand konnte sich einer Spende entziehen, denn das war unter Umständen mit empfindlichen Sanktionen für den Einzelnen verbunden. Schließlich sollten mit dem Winterhilfswerk sozialpolitische Ausgaben getätigt werden, ohne den Staatshaushalt zu belasten.

Früh hatte Friedrich von Bodelschwingh erkannt, dass die Konkurrenz anderer Sammlungen nicht lange geduldet würde, wie schon sein Brief vom 21. September 1933 zeigt. Behördliche Genehmigungen, die ja auch vor 1933 für konfessionelle Sammlungen erforderlich waren, wurden Schritt für Schritt immer restriktiver gehandhabt. Konnten im Herbst und Winter 1933 noch vereinzelt Haussammlungen oder Lebensmittel- bzw. Naturaliensammlungen stattfinden, so wurden diese nach dem Sammlungsgesetz vom 4. November 1934 nur noch räumlich stark begrenzt oder ganz kurzfristig für wenige Tage genehmigt. Was das für Auswirkungen auf Anstalten wie Bethel und Lobetal hatte, macht der Brief vom 25. Mai 1935 deutlich. Zudem stieg der Einfluss der NSV bei der Antragstellung, denn ob eine Sammlung bei der zuständigen Behörde – in Preußen etwa beim Regierungspräsidenten – genehmigt wurde, hing von der Stellungnahme der jeweiligen Gauamtsleiter ab. Am 20. Juni 1935 wurden schließlich alle Genehmigungen für Hauskollekten widerrufen.

Zum Ausgleich für die Einschränkungen bei den Hauskollekten hatten verschiedene Wohlfahrtsverbände, darunter auch die Innere Mission, ab 1934 eine reichsweite Sammelwoche für Straßen- und Haussammlungen zugestanden bekommen. Dieser „Volkstag der Inneren Mission" wurde dann 1936 auf zwei Tage eingeschränkt, vielerorts begleitet von Störungen durch die Parteigliederungen der NSDAP, und im Frühjahr 1937 vom Reichsinnenministerium ganz untersagt.

Aus dem Winterhilfswerk konnten auch konfessionelle Einrichtungen finanzielle Mittel beantragen. Eine hochbrisante, nicht zuletzt politische Frage, die in der Verbandsspitze des Centralausschusses der Inneren Mission zu kontroversen Diskussionen führte, wie auch der Brief vom 17. April 1937 zeigt. Die Skeptiker warnten vor einem Verlust der Glaubwürdigkeit in evangelischen Kreisen, wenn für eine christliche Arbeit Geld

Friedrich von Bodelschwingh mit seiner Ehefrau Julia, geb. von Ledebur, Ende der 1930er Jahre.

aus dem nationalsozialistisch ausgerichteten Winterhilfswerk genommen würde. Außerdem befürchtete man eine weitere Einflussnahme seitens der NSV. Die Befürworter vertraten die Ansicht, schon aus finanziellen Gründen diese Gelder gar nicht ausschlagen zu können. Und bei einer generellen Ablehnung befürchteten sie, in Konflikt mit dem nationalsozialistischen Staat zu geraten. Schließlich wurde es den Einrichtungen der Inneren Mission freigestellt, einen Antrag beim Winterhilfswerk zu stellen oder nicht.

Um die Defizite bei den Sammlungen auffangen zu können, forcierten viele Einrichtungen die Werbung bei ihren Freundeskreisen, ihren Mitgliedern oder Hilfsvereinen. Allerdings unterlag das nach dem Sammlungsgesetz von November 1934 ebenfalls erheblichen Einschränkungen. Der Öffentlichkeitsbegriff war in diesem Gesetz so definiert, dass solche Formen der Spendenwerbung als öffentliche Sammlung galten und damit genehmigungspflichtig waren. Nach 1936 wurden die Genehmigungen für das Versenden von Bittbriefen oder Werbeschriften mit immer mehr

Auflagen versehen. So musste der Kreis, der angeschrieben wurde, ein wirklich privater sein und beschränkte sich damit auf die Personen, die durch ihre regelmäßigen Spenden der jeweiligen Anstalt bereits lange bekannt waren. Mit welcher Genauigkeit das vom nationalsozialistischen Staat kontrolliert wurde und zu welchen Raffinessen Bethel gezwungen war, um weiterhin den wertvollen Kontakt zu seinen Freunden und Förderern zu erhalten, davon geben die Briefe zwischen Sommer 1937 und Sommer 1942 ein beredtes Zeugnis.

Bodelschwingh an Braune [65]

Bethel bei Bielefeld, den 21. Sept. 1933.

Lieber Bruder!

Ich las jetzt die von Herrn Hilgenfeldt und dem betreffenden Gauleiter für Westfalen erlassenen Bestimmungen über das Winterhilfswerk. Nachdem es nicht gelungen ist, die Arbeitslosigkeit in dem früher erhofften Maß zu senken, soll jetzt durch das Hilfswerk in größtem Umfange die Not gelindert werden. Es ist erstaunlich, mit welcher Energie auch diese Sache angefaßt wird. Die Sammlungen stehen unter so starkem Druck, daß sie einer Steuer fast gleichkommen.

Dadurch werden unsere bisherigen Sammlungen natürlich stark gefährdet. Auf einen Ertrag unserer Naturalienkollekte ist kaum mehr zu hoffen. Aber ich fürchte auch Schwierigkeiten für die Haussammlungen. Ob man uns die brieflichen Bitten auf die Dauer gestatten wird? Beifolgend schicke ich Dir eine Abschrift der für unsere Sammlungen etwa in Betracht kommenden Bestimmungen.

Auf eine Anfrage bei Bruder Niemann in Münster, der leider nicht sehr aktiv ist, hatte dieser sich mit dem westfälischen Gauleiter des Winterhilfswerks in Verbindung gesetzt, der ihm sagte, vielleicht könne Bethel als Ablösung der bisherigen Sammlungen ein Patenkreis zugeteilt werden. Damit ist uns aber nicht gedient. Abgesehen von dem erheblichen finanziellen Ausfall würde es auch ein Abreißen aller persönlichen Fäden bedeuten.

Habt Ihr diese Frage wohl vom Central-Ausschuß schon geprüft? Oder wäre es nicht nützlich, daß Du mit Herrn Hilgenfeldt Fühlung nimmst? Für einen baldigen Rat in dieser Sache, die unter Umständen für unsere Anstalt von weittragender Bedeutung werden kann, wäre ich Dir sehr dankbar.

Mit herzlichem Gruß
Dein

---

65 AHSL EA 108; HAB 2/38-175.

Braune an Bodelschwingh[66]

Lobetal, den 26. September 1933.

Lieber Bruder!

Auf einen Anruf von Bruder Jasper hin habe ich mich heute sofort mit Regierungsrat Dr. Vöhringer in Verbindung gesetzt. Er teilte mir mit, daß vor kurzem ein Erlaß von Hilgenfeldt herausgekommen wäre, daß alle gewohnten Sammlungen für Anstalten und ähnliche Einrichtungen ungestört ihren Verlauf nehmen sollen. Einen Abdruck schickt Dr. V. Dir heute noch zu. Er sagte weiter, es wäre infolgedessen eine Sonderbescheinigung für Bethel keineswegs erforderlich, sondern dieser Erlaß sei ganz eindeutig zugunsten aller Anstalten ausgefertigt. Ueber den Fortgang der Sammlungen durch Werbebriefe ist noch keine restlose Klarheit geschaffen, aber Dr. V. glaubt, daß auch diese ungestört weitergehen können. Im Augenblick ist die Winterhilfe voll im Aufbau, so daß man noch nicht alle Dinge grundsätzlich klären kann. –– Ich habe ihm ferner vorgeschlagen, daß ein Modus gefunden werden müsse, wonach von den Landes- und Reichsergebnissen der Winterhilfe 10–20% an die Anstalten gegeben werden, die wie etwa die Anstalten der Wandererfürsorge notleidende Menschen betreuen. Ich werde diese Angelegenheiten im Auge behalten ...

Mit herzlichem Gruß
Dein

---

66 AHSL EA 108; HAB 2/38–175.

Bodelschwingh an Braune[67]

Bethel b. Bielefeld, den 30. September 1933.

Lieber Bruder!

... Auch wir haben den Eindruck, daß die allgemeinen Verfügungen von oben her wenig nützen. Die untergeordneten Stellen denken in ihrem Übereifer nur an ihre Sache und schalten nach Möglichkeit jede unbequeme Konkurrenz aus ... Ich fürchte, daß auch durch eine von Herrn Hilgenfeldt aus ausgestellte allgemeine Bescheinigung kaum viel zu erreichen sein wird.

Wenn wir aus diesem Grunde wohl mit einem starken Rückgang unserer Naturaliensammlung zu rechnen haben, so läßt sich das schliesslich noch ertragen. Katastrophal wird es aber, wenn die Haussammlungen völlig unterbunden werden und vollends, wenn man die brieflichen Bitten verbietet ...

Mit herzlichem Gruß
Dein getreuer

Braune an Bodelschwingh[68]

Lobetal, den 6. Oktober 1933.

Lieber Bruder!

Zur Orientierung über unsere Verhandlungen wegen Hauskollekte u.a. möchte ich doch folgendes Ergebnis kurz mitteilen. Dein Neffe[69] kann einzelnes noch ergänzen. Der Geschäftsführer des Staatskommissars für

---

67 AHSL EA 108; HAB 2/38-175.
68 AHSL EA 108; HAB 1/K 67b.
69 Friedrich von Bodelschwingh III.

Wohlfahrtspflege, Oberregierungsrat Busch, mit dem wir eingehend sprachen, teilte uns mit, dass Bethel die Sammelerlaubnis vom Kommissar selbst erhalten hat und nicht von den einzelnen Oberpräsidenten. Diese von ihm erteilte Genehmigung ist in keiner Weise eingeschränkt. Er legt ausdrücklich Wert darauf, dass Bethel weiter sammelt. Bei der Besprechung stellte sich heraus, dass Hoffnungstal nicht mit Bethel identisch ist, sondern eine eigene Genehmigung vom hiesigen Oberpräsidenten hat. Darauf sagte er, auch Hoffnungstal soll weitersammeln, weil wir Winterhilfsarbeit praktisch leisten. Der Oberpräsident wird von ihm angewiesen, das Verbot zurückzunehmen. Wenn ebenso Bethelanstalten noch Einzelgenehmigung vom Oberpräsidenten haben, so werden auch diese Oberpräsidenten angewiesen, etwa erfolgte Widerrufe zurückzunehmen. Es ist der eindeutige Wille des Kommissars und auch der Reichsleitung der Winterhilfe, dass die Bethelanstalten uneingeschränkte Sammeltätigkeit ausüben sollen.

Dieser Wille ist keineswegs eindeutig vorhanden bei anderen Anstalten der Inneren Mission, sondern da müssen wir mit Einschränkungen rechnen, besonders bei denen, deren Tätigkeit nicht ohne weiteres als Winterhilfsarbeit angesehen werden kann. Bei uns sieht man die Wandererfürsorge als solche Arbeit an ...

Mit herzlichem Gruss
Dein

Bodelschwingh an Braune[70]

Bethel b. Bielefeld, den 2. Dez. 1933.

Lieber Bruder!

... Immer mehr häufen sich Einzelbeobachtungen, die zeigen, daß jedenfalls die untergeordneten Stellen des Winterhilfswerks sich auf eine Dauer-

---

70 AHSL EA 108.

arbeit einrichten mit der starken Tendenz, alle anderen Sammlungen zu unterbinden. Dahinter taucht ganz naiv die Vorstellung auf, daß ja doch auch die jetzt noch freien Anstalten der Liebestätigkeit allmählich von der N.S.Volkswohlfahrt übernommen würden ...

Mit herzlichem Gruß
Dein

Braune an Bodelschwingh[71]

Lobetal, den 12. Juli 1934.

Lieber Bruder!

In Ergänzung der Kollektenbesprechungen teile ich Dir mit, dass Schirmacher mich anrief, dass er sehr lebhaft mit der Reichsleitung der N.S.V. verhandelt, die ihrerseits durch das Sammelverbot in allergrösste Verlegenheit geraten ist. Er hat für die gesamte Innere Mission bereits einen Antrag, den er mir telephonisch zur Genehmigung vorlas, an die Reichsleitung der N.S.V. geschickt, durch den gemeinsam der Vorstoss bei Hess erfolgt. Er glaubte aber seinerseits festzustellen, dass Hess wiederum entscheidend beraten wird von Hilgenfeldt, so dass in Wirklichkeit vielleicht Hilgenfeldt der Mann ist, der die Genehmigung zur Weitersammlung erteilt. Hilgenfeldt und seine Getreuen sind der Meinung, dass die caritativen Anstalten unter allen Umständen weiter sammeln müssten, da sonst eine Erhöhung des Pflegegeldes notwendig würde. Hilgenfeldt war im Urlaub, muss aber jeden Augenblick zurückkommen, und man ist dann wohl flott bei der Arbeit um die Genehmigungen herauszubringen. Auch Oberpräsidenten haben sich in grösseren Mengen dorthingewandt. Ich glaube, rein gefühlsmässig sagen zu können, dass doch in den allernächsten Tagen eine Entscheidung fällt ...

Mit herzlichem Gruss
Dein getreuer

---

71 HAB 2/37–189.

Braune an Bodelschwingh[72]

Lobetal, den 25. Mai 1935.

Lieber Bruder!

Durch Anfrage beim Innenministerium (Busch) stelle ich soeben fest, dass vor wenigen Tagen eine Reihe Genehmigungen von Hauskollekten vom Schatzmeister der N.S.D.A.P. in Berlin eingegangen sind. Unter diesen Genehmigungen befinden sich auch Bethel und Hoffnungstal. Herr Busch will in der jetzt kommenden Woche uns die Genehmigungen schriftlich zustellen, ich hoffe, dass er sich mit seinen Angaben nicht irrt. So dürfen wir hoffen, dass schliesslich doch noch ein Erfolg vorhanden ist.

Aus anderen Kollekten habe ich ersehen, dass die Genehmigung meist nur für sechs bis acht Wochen erteilt wird, es bedarf also technisch sehr erheblicher Aufwendungen, um den Erfolg auch wirklich auszunutzen. Wir haben keinen Kollektanten zur Verfügung und sind nur auf die Mithilfe der Pfarrämter oder der Frauenhilfen angewiesen. Da Du von einem starken Vorrat an Kollektanten sprachst, wäre ich dankbar für Auskunft darüber, ob Ihr eventuell von den Bethel-Kollektanten uns drei bis vier zur Verfügung stellen könntet, damit wir etwa Berlin, Potsdam, Eberswalde und einige grössere Städte absammeln können. Sollte das völlig ausgeschlossen sein, so bitte ich bald um Nachricht, damit wir uns auf andere gangbare Wege vorbereiten können ...

Mit herzlichem Gruss
Dein

---

72 HAB 2/39–141.

Braune an Bodelschwingh[73]

Lobetal, 17.4.1937

Lieber Bruder!

... Es ist mit aller Dankbarkeit festzustellen, daß sowohl Frick wie Schirmacher sich redlich bemüht haben die Genehmigung zur Volkstagssammlung zu erlangen. Als die ersten Nachrichten über die bevorstehende Ablehnung kamen ist ein persönlicher Besuch in der Reichskanzlei gemacht. Es wurde sodann ein langes Telegramm an den Führer direkt geschickt, ebenfalls eine lange Eingabe an zwei bis drei Ministerien gemacht, auch Meißner wurde besucht und immer wieder wurde sowohl auf die finanzielle Notlage als auch auf die Notwendigkeit der inneren Verbundenheit mit unseren Gemeindegliedern hingewiesen. Dann gab der Führer den Befehl, daß sämtliche Sammlungen mit Ausnahme von zweien im Sommer eingestellt würden. Auch die Parteistellen, NSV, Frauenschaft dürfen keine Sammlungen veranstalten. Die Wirkung war dann aber die, daß von vier Ministerien der Befehl gegeben würde, die Innere Mission und wahrscheinlich auch alle anderen Verbände für den Ausfall zu entschädigen. Dieser Befehl ist auch Hilgenfeldt überraschend gekommen und er sagte: „Ich habe ihn als einen Befehl anzusehen und auszuführen." Es sind dann vom WHW Bedingungen aufgestellt worden, die ich Dir in der Anlage Nr. 1 mitschicke. Nr. 2 haben Frick und Schirmacher durchgesetzt. Auf einem Formblatt sollen die Anstalten ihre Anträge einreichen. Sie sollen zentral gesammelt und bis zum 30.6. zur Erledigung gebracht werden. Der ganze Ernst dieser Situation ist von uns in einer sehr lebhaften fünfstündigen Besprechung in der Geschäftsführerkonferenz und vorher zu zwei Stunden im Vorstand behandelt worden. Es ist m.E. in diesen 5 Stunden alles gesagt worden, was gesagt werden konnte. Von einigen ist ein sehr deutliches Nein gefordert worden, aber sobald die Konsequenzen deutlich aufgezeigt wurden, konnte auch dieses Nein nicht aufrecht erhalten werden. Schließlich ist das Ja zu den Verhandlungen des Vorstandes gegeben worden, aber es wäre uns allen wohl lieber gewesen, wir wären in diese Situation nicht hineingeraten.

---

73 AHSL EA 108; HAB 2/37–189.

Bei der Entscheidung muß bedacht werden, daß wir einen Vierjahresplan haben, nach welchem das Eingehen einer Anstalt aus finanzieller Notlage heraus verboten ist. Lebensnotwendige Betriebe dürfen nicht gestört werden. Würde also durch unser Nein in irgend einer Anstalt eine Katastrophe eintreten, so würde das WHW von sich aus diese Anstalt finanzieren. Man muß sogar annehmen, daß das WHW über den Kopf des CA hinweg an Anstalten und Verbände der Inneren Mission herantreten, ihnen Mittel anbieten und so die Innere Mission aufspalten würde. Dazu kommt, daß zahlenmäßig der größte Teil der Anstalt ohne Bedenken ja sagt, denn Staatszuschüsse sind immer genommen worden von Wichern an. Dein Vater hat sich nie gescheut. Seit 1922 sind dauernd Staatszuschüsse empfangen und auch die Kirche nimmt sie bis zur gegenwärtigen Stunde. Das WHW ist bei der Art seiner jetzigen Struktur nichts anderes als das Organ des Staates, das die Wohlfahrtsmittel sammelt und nun auf seine Weise Zuschüsse gibt. Hier liegt ja ein grader Weg mindestens seit 1922 vor. Das Nein müßte jetzt als Sabotage am Vierjahresplan angesehen werden. Dazu kommt, daß der Weg zu unseren Freunden uns dadurch nicht abgeschnitten werden soll, denn die Versendung von Werbebriefen soll weiter genehmigt werden, wenn auch nach dem allerneusten Erlaß die Genehmigungen im Sommer nicht mehr gegeben werden sollen, vielleicht sogar die bereits gegebenen zurückgezogen werden sollen. Es muß jetzt vielmehr darauf ankommen, die Freiheit, zu werben, wiederzuerlangen. Der Volkstag an sich ist nicht so sehr entscheidend. Würden wir jetzt nein sagen, so würde dann allerdings konsequent auch jede Genehmigung von Werbeschreiben verweigert werden. Hilgenfeldt selbst hat wiederholt gesagt, daß es ihm lieber wäre, wir sammelten allein, als daß wir jetzt durch ihn versorgt werden sollen ...

In herzlicher Verbundenheit und mit vielen Grüßen
auch von meiner Frau an Dich und Deine liebe Frau
Dein getreuer

Braune an Bodelschwingh[74]

Lobetal, den 17.7.1937

Lieber Bruder!

... 3. Ich war heute bei Ruppert und habe auch mit dem neuen Sammlungsreferenten, Herrn Regierungsrat Gehrels gesprochen, die Frage Eurer Werbebriefe und überhaupt die Frage der kirchlichen Sammlungen besprochen. Herr Gehrels riet mir, daß Ihr wieder einen Antrag auf weitere Genehmigung zum Versand der Werbebriefe und des Boten von Bethel einreicht. Es wird sich empfehlen, den Antrag wieder zu begründen, da immer neue Referenten mitarbeiten.

Er gibt offen zu, daß die Entscheidung im Hauptamt für Volkswohlfahrt fällt. Eine Rücksprache mit Althaus würde sich also empfehlen. Er hält es nicht für ausgeschlossen, daß die Versendung von Werbeschreiben zur Weihnachtszeit wie bisher bewilligt wird, aber vom CA ist noch kein Antrag eingegangen. Jetzt im August und September sind für alle anderen Einrichtungen die Termine zum Versand von Werbebriefen abgelaufen. Auch für diese Zeit sei ein Antrag nicht aussichtslos. Er empfiehlt jedenfalls, die Anträge immer zu befristen, d.h. die Genehmigung nur für eine bestimmte Zeit zu beantragen ...

Mit herzlichem Gruß Dein getreuer

---

74 AHSL EA 108; HAB 1/K 67c.

Braune an Bodelschwingh[75]

Lobetal, den 3.11.1938.

Lieber Bruder!

Heute gelang es mir endlich, mit Herrn Gehrels wegen der Weihnachtsbitte Fühlung zu nehmen. Vor zwei Tagen war ich ziemlich eingehend bei Herrn Ruppert und Herrn Dieffenbach, konnte aber damals Herrn G. nicht erreichen. Ich habe heute nur telefonisch mit ihm verhandelt. Er gab sehr freundlich Auskunft und sagte ganz offen, er wäre diesmal skeptisch. Wir wüßten ja, daß das WHW. ganz ernste Anstrengungen machen müßte, um den ihm auferlegten erhöhten Betrag aufzubringen. Infolgedessen würden alle öffentlichen Sammlungen abgelehnt. Es erhalte sich auf diese Weise sozusagen seine Monopolstellung. So würde er annehmen, daß auf diese Weise auch ein Antrag von Bethel evtl. der Ablehnung verfallen würde. Auf meine Frage, wo denn die letzte Entscheidung fiele, sagte er prompt und sicher „bei mir". Als ich ihm wieder sagte, er hole sich doch die Zustimmung von Herrn Hilgenfeldt ein, gab er das zu, und man darf ja wohl auch sagen, daß nach den Eingangsworten Herr Hilgenfeldt den Ausschlag gibt. Er fügte aber auch hinzu, er möchte nicht abraten, einen Antrag einzureichen, denn es könne ja auch anders laufen, wir sollten nur nicht traurig sein, wenn er dann doch abgelehnt würde.

Ich möchte Dir auf Grund dieses Gespräches doch raten, den Antrag einzureichen und vielleicht im besonderen darauf hinzuweisen, daß durch Eure Werbebriefe keineswegs die öffentlichen Sammlungen gestört werden, da es wirklich jedem Empfänger Eures altbekannten Boten freistünde, ihn in den Papierkorb zu werfen oder daraufhin eine Gabe zu senden. Vielleicht kannst Du auch mit geschickten Worten darauf aufmerksam machen, daß durch den Ruf von Bethel Eure Freunde nur immer mehr ermuntert würden, auch für das WHW. Gaben zu geben ...

Mit herzlichem Gruß
Dein getreuer

---

75 HAB 2/37–188b.

Bodelschwingh an Braune[76]

Bethel bei Bielefeld, den 3. April 1940.

Lieber Bruder Braune!

... Übrigens sind manche andere Leute der Inneren Mission weniger zurückhaltend wie wir. Ich bekam jetzt noch ein Rundschreiben von D. Schöffel an die Freunde der Hamburger Stadtmission. Dieses Schreiben endete ganz deutlich mit einer Bitte um den Jahresbeitrag. Auch war eine Zahlkarte beigefügt. Letzteres tun manche Stellen. Wir konnten bisher darauf verzichten, weil viele unserer Freunde noch Vorrat von früher hatten. Jetzt mehren sich die Fragen, warum man keine Zahlkarten mehr schicke. Mancher wird sich dadurch abhalten lassen. Die Mehrzahl der Freunde kommt auch über diese Schwierigkeit hinweg. Immerhin sind im vorigen Jahr die Liebesgaben um RM 80 000,- zurückgegangen. Das wird hauptsächlich daran liegen, daß im September der Versand unserer Drucksachen gerade in die erste Kriegsunruhe hineinfiel.

Mit herzlichem Gruß
Dein

Bodelschwingh an Braune[77]

Bethel bei Bielefeld, den 24. Aug. 1942

Lieber Bruder Braune!

... Bruder Ronicke erhielt im vorigen Jahr das Anerbieten einer westfälischen Verlagsanstalt, uns eine größere Menge von Bild- und Spruchkarten zu liefern ...

---

76 HAB 2/37-188b.
77 AHSL EA 108; HAB 2/37-188b.

Jetzt, als der Versand beinahe fertig war, hat die Bielefelder Staatspolizei dagegen Einspruch erhoben. Sie ist der Meinung, es handele sich um einen Verstoß gegen das Sammlungsgesetz. Die Karte enthalte zwar keine ausgesprochene Bitte. Diese sei aber durch den Inhalt angedeutet, insbesondere durch den Vordruck der Postschecknummer. Sie haben zwar den Rest der Auflage nicht beschlagnahmt, verlangten aber die Einstellung des weiteren Versandes und die Beantwortung bestimmter Fragen, die Herr Diekmann in der anliegenden Form gegeben hat. Ich habe die Herren darauf hingewiesen, daß wir auch im Lauf der letzten Jahre wiederholt unbeanstandet Mitteilungen an unsere Freunde verschickt hätten. Eine Bitte sei nur dann hinzugefügt worden, wenn eine ausdrückliche Sammelerlaubnis vorgelegen habe. Zahlreiche andere Anstalten im ganzen Reich hätten noch bis in die letzte Zeit hinein gedruckte Berichte an ihre Freunde versandt, dabei selbstverständlich auch die Postschecknummer angegeben. Manche haben darüber hinaus auch ein Postscheckformular beigefügt (Vergl. den beifolgenden Bericht von Bethesda, Stettin-Züllchow). Ich könne darum die Berechtigung des Einspruchs nicht anerkennen. Meines Wissens habe auch der Sachbearbeiter im Innenministerium bisher gegen den Versand solcher Mitteilungen aus der Arbeit keine Einwendungen erhoben.

Begreiflicherweise sprachen darauf die Herren den Wunsch aus, ich möchte eine schriftliche Stellungnahme des Ministeriums zu der Frage herbeiführen. Ich habe zwar gesagt, daß ich versuchen würde, die Sache in Berlin zur Sprache zu bringen, eine baldige Antwort aber nicht in Aussicht stellen könne. Hältst Du es für richtig, die Frage mit Herrn Berner mündlich zu besprechen? Oder soll ich ihm durch Deine Hand einen schriftlichen Bericht einreichen? Mir ist es freilich sehr zweifelhaft, ob er unsere Auffassung ausdrücklich bestätigen kann ...

In treuem Gedenken grüßt Dich
Dein

Braune an Bodelschwingh[78]

Lobetal, den 28. August 1942.

Lieber Bruder!

Da ich zu meiner eigenen Freude die kleinen und leichten dienstlichen Angelegenheiten fortlaufend erledige, will ich Dir gleich zu Deiner Anfrage wegen der Sammlungsangelegenheit antworten. Ich habe vor etwa einem Jahr bei meinem Weihnachtsbrief ja auch eine Beanstandung erlebt, wurde vor die Stapo geladen und musste auch nochmals zum Staatsanwalt zur Vernehmung kommen. Das Postscheckkonto wurde dabei letzten Endes nicht beanstandet, obwohl es immerhin als verdächtiges Anzeichen der Sammlungsabsicht betrachtet wurde. Man beanstandete vielmehr eine Wendung in meinem Brief, die man unbedingt als Bitte ansprechen müsse. Ich habe bei einer mündlichen Besprechung bei Herrn Berner seinerzeit festgestellt, dass ein Gruss mit einfachem Postscheckkonto nicht zu beanstanden sei. Aber er fügte, wenn ich nicht irre, hinzu, es wäre besser, wenn man solche Sachen nicht direkt amtlich klären liesse.

Ich mache daher folgenden Vorschlag: Du richtest ein entsprechendes Schreiben an das Innenministerium, legst zwei der Karten bei und fragst harmlos, ob gegen die Versendung solcher Karten wohl Einwendungen zu erheben wären. Nach Deinem Eindruck verstösst es nicht gegen das Sammlungsgesetz, da eine Bitte nicht enthalten ist und auch eine Zahlkarte nicht beigefügt wird. Aus den und den Gründen aber sei es notwendig, immer wieder die Verbindung mit dem Freundeskreis aufrecht zu erhalten. Der Gruss ginge auch nur an Leute, die in der Kartei eingetragen seien. Ich würde nichts hinzuschreiben, dass das von der Stapo beanstandet ist. Wenn dann etwa das I.M. positiv antwortet, gegen die Versendung der Karten sei nichts einzuwenden, dann hast Du gewonnen. Ich würde nicht eine allgemeine Anfrage richten, ob Grüsse versandt werden dürfen, da das wiederum zu generell ist.

Damit man sich aber keinen Korb holt, ist es natürlich notwendig, dass dieser Antrag ans I.M. entweder von Dir oder von mir überbracht wird. Ich

---

78 AHSL EA 108; HAB 2/37–188b.

bin also gern bereit, im Laufe des September dorthin zu gehen. Ich hoffe, dass ich dann inzwischen soweit wieder gekräftigt bin, dass ich den Gang machen kann. Vielleicht datierst Du das Schreiben etwa vom 10. September. Wenn Herr B. dann der Meinung ist, dass eine glatte Antwort nicht erfolgen kann, dann muss man den Antrag als nicht gestellt wieder mit nach Hause nehmen. Gehst Du persönlich hin, so könnte es geschehen, dass er Dir eine mündliche Zustimmung gibt, womit Dir nicht gedient ist ...

Mit herzlichem Gruss, auch von unserem ganzen Haus,
Dein getreuer

Wandererfürsorge – christlicher Auftrag und polizeistaatliche Disziplinierung

Am Ende der Weimarer Republik war die evangelische Wandererfürsorge aufgrund der Weltwirtschaftskrise und der gestiegenen Arbeitslosigkeit besonders gefordert. Daher stellten sich drängende Finanzierungsprobleme schon vor der Machtübernahme der Nationalsozialisten. Wie die beiden Briefe vom 14. und 18. Januar 1933 zeigen, liefen entscheidende Verhandlungen mit den Kostenträgern: Einzelanträge oder pauschale Summen, Vergütung nach Anzahl der Plätze oder für jeden Klienten, eine Unterstützung aus Reichsmitteln – Fragen, die so oder ähnlich auch in den folgenden Jahren immer wieder verhandelt wurden und die in den Briefen zwischen Bodelschwingh und Braune stets eine Rolle spielen.

Seit dem Ende des 19. Jahrhunderts hatte sich ein umfassendes Netz von Herbergen, Wanderarbeitsstätten und Arbeiterkolonien etabliert. Wer auf der Suche nach Arbeit umherzog, konnte hier Übernachtung und Verpflegung sowie Hilfe bei der Stellensuche finden. In den Arbeiterkolonien war auch ein längerer Aufenthalt möglich. Arbeits- und obdachlose Wanderer gingen in der dort angegliederten Landwirtschaft und den Handwerksbetrieben einer regelmäßigen Tätigkeit nach. Sie sollten so an ein geordnetes Leben gewöhnt werden, um sich dann wieder in das Arbeitsleben integrieren zu können. Die drei Zweige des Fürsorgesystems waren in jeweils eigenen Fachverbänden organisiert, für die Paul Gerhard Braune geschäftsführende Funktionen hatte. Daher liefen die Fäden der gesamten Wandererfürsorge der Inneren Mission in Lobetal zusammen. Friedrich von Bodelschwingh hielt als Vorsitzender des „Deutschen Herbergsvereins" vor allem die Kontakte in den westfälischen Raum. Zudem hatte sein Vater, als Gründer der ersten deutschen Arbeiterkolonie im Jahr 1882, die inhaltliche Ausrichtung der Wandererfürsorge entscheidend geprägt. Mit der Unterstützung in den Herbergen, Wanderarbeitsstätten und Arbeiterkolonien sollte der arbeits- und obdachlosen Bevölkerung der Weg ins Vagabunden- und Bettlerdasein erspart bleiben und damit weitere straf-

Paul Gerhard Braune, Pastor in Lobetal, Anfang der 1940er Jahre.

rechtliche Konsequenzen, die bei Bettelei und Landstreicherei drohten. Im Blick war dabei in erster Linie der arbeitswillige Wanderer. Wer die Bereitschaft zur Arbeit nicht mitbrachte, sollte durchaus polizeiliche Maßnahmen zu spüren bekommen – ausgenommen kranke und alte Wanderer, die in den Arbeiterkolonien auch dauerhaft aufgenommen wurden.

In dieser Tradition stehend, wurde das schärfere Vorgehen des nationalsozialistischen Staates gegen Bettler und Landstreicher von der evangelischen Wandererfürsorge grundsätzlich befürwortet. Das zeigt sich auch in einem Brief von Paul Gerhard Braune vom 31. August 1933. Dennoch war Skepsis an der Dominanz des polizeilichen Handelns angebracht, wie sie Bodelschwingh in seinem Brief vom 5. August 1933 bereits ausgedrückt hatte, denn die fürsorgerischen Ansätze gerieten immer weiter aus dem Blick. Schließlich gingen die Einrichtungen der Wandererfürsorge weiterhin davon aus, gerade für die Wiedereingliederung der Wanderer in den Arbeitsmarkt dringend gebraucht zu werden.

Außerdem hofften die Verbände, ihre jahrzehntelangen Bestrebungen nach einer reichseinheitlichen Regelung der Wandererfürsorge und nach einem Bewahrungsgesetz, das die Anstaltsunterbringung von bestimmten Fürsorgeempfängern erleichtern sollte, würden nun vom nationalsozialistischen Staat vorangetrieben. Zentrale Themen, die auch bei den beiden übergreifenden Tagungen der Wandererfürsorgeverbände, 1933 in Goslar und 1936 in Bielefeld, zur Sprache kamen.

In den Briefen von 1938 und 1940 werden die zunehmenden polizeilichen Maßnahmen gegen Arbeits- und Wohnungslose sowie die Auswirkungen auf die Einrichtungen der Wandererfürsorge anschaulich geschildert. Das rigorose Vorgehen des nationalsozialistischen Staates hatte sich schon im September 1933 bei den Bettlerrazzien gezeigt, wo die Polizei, unterstützt von SA und SS, zehntausende Bettler und Landstreicher inhaftierte. Bis 1938 war das „geordnete Wandern" auf Wanderstraßen und mit Wanderbüchern, in denen lückenlos die Übernachtungen, Beschäftigungen und erhaltenen Unterstützungen eingetragen werden mussten, noch einigermaßen möglich. Danach gerieten die Wanderer immer mehr in das Räderwerk der nationalsozialistischen Ausgrenzungs- und Vernichtungspolitik. Zwei Verhaftungswellen der Gestapo und der Kriminalpolizei im Jahr 1938 endeten für mehr als Zehntausend sogenannte „Arbeitsscheue" und „Asoziale" im Konzentrationslager. Dadurch veränderte sich auch die Klientel in den Einrichtungen der Wandererfürsorge. So kamen in die Arbeiterkolonien fast nur noch Wanderer, die kaum mehr in der Lage waren, dort einen Arbeitsbeitrag zu leisten, weil sie alt waren oder eine körperliche oder geistige Behinderung hatten. Die Arbeiterkolonien verloren ihre eigentliche Funktion, gegen eine Arbeitsleistung Unterbringung und Verpflegung zu gewähren und wurden immer mehr zu Pflegeheimen.

Ein besonders repressives Modell zum Umgang mit Wanderern hatte seit 1934 Alarich Seidler in Bayern entwickelt. Danach sollten Wanderer systematisch erfasst, zwangsweise in Arbeitsstellen vermittelt und „Arbeitsscheue" in geschlossene Einrichtungen überwiesen werden. Der einstigen Arbeiterkolonie Herzogsägmühle kam die Stellung eines Zentralwanderhofes zu, wo über Arbeitsfähigkeit oder Bewahrung entschieden wurde. In den Briefen zwischen Februar 1934 und Ende des Jahres 1938 schildert vor allem Paul Gerhard Braune – merklich hin- und hergerissen – das bayerische Vorgehen. Auch wenn die evangelische Seite der Wandererfürsorge an der Kompetenz des SA-Mannes Seidler zweifelte, so enthielten seine Vorstellungen doch vieles von dem, was man sich schon lange gewünscht hatte.

Wenn Braune in seinen Briefen 1940 und 1941 vom Bewahrungsgesetz schreibt, so meint er das „Gemeinschaftsfremdengesetz", das erarbeitet werden sollte, nachdem ab Sommer 1938 keine Notwendigkeit mehr bestand, das ursprünglich geplante Bewahrungsgesetz weiter voranzutreiben. Das „Gemeinschaftsfremdengesetz" sollte sich nunmehr auf die übrig gebliebenen arbeitsunfähigen „Asozialen" konzentrieren. Grundsätzlich befürwortete die evangelische Wandererfürsorge solch ein Vorhaben, doch ging ihr die dort vorgesehene polizeiliche Entscheidungsgewalt zu weit, während fürsorgerische Elemente so gut wie fehlten. Zu einer Verwirklichung dieses Gesetzes kam es allerdings bis Kriegsende nicht mehr.

Braune an Bodelschwingh[79]

Lobetal, den 14. Januar 1933.

Lieber Bruder!

In der Anlage übersende ich Dir die Abschrift eines Briefes an Herrn von Meyeren, der Dir im wesentlichen die hoffnungsvolle Nachricht geben soll, dass es nun vielleicht doch möglich ist, dass das Arbeitsministerium Mittel für die Kolonien gewährt, da es Herr Bracht für ausgeschlossen hält, aus seinem Etattitel etwas abzuzweigen. Herr Ruppert sagte mir noch dazu, dass er auch bei dem Referenten Markull des Finanzministeriums auf Granit gebissen habe bezüglich dieser Reichs-mittel. Bei Herrn Syrup denkt man daran, dass er aus Mitteln der Reichsanstalt, die Überschüsse hat, und zwar aus besonderen Mitteln der Krisenfürsorge den erbetenen Betrag ohne Schwierigkeit zur Verfügung stellen kann. Es scheint auch den Vorteil zu haben, dass man hier nicht erst die Zustimmung des Finanzministers einzuholen hat. Ich möchte Herrn von Meyeren nicht gerade reizen, sich an Herrn Syrup zu wenden, obwohl die beiden ein gutes Verhältnis haben, würde es aber infolge Eurer guten Beziehungen unter Umständen für ratsam halten, dass Du an Herrn Syrup einen persönlichen Brief schreibst. In dem persönlichen Brief von Bracht ist zum Ausdruck gebracht, dass es sich in erster Linie um die Erhaltung der Arbeiterkolonien, aber auch in zweiter Linie um eventuelle Schaffung von Neueinrichtungen handelt. Beantragt sind 1–2 Millionen. Ich habe die starke Hoffnung, dass nun doch noch etwas aus unserem Vorgehen wird. Diese Hoffnung mag Dich in dem beabsichtigten Urlaub auch noch stärken und ermuntern.

Mit herzlichem Gruss
Dein

---

79 AHSL EA 574.

Bodelschwingh an Braune[80]

Bethel b. Bielefeld, den 18. Januar 1933.

Lieber Bruder!

Gestern traf ich in Eckardtsheim mit Landesrat Köpchen, Hannover, zusammen. Er hatte sich gemeinsam mit Bruder Müller, Kästorf, dort zum Besuch von Wilhelmsdorf, Heimathof usw. angemeldet. Bruder Müller lag offenbar daran, Herrn Köpchen, der Vorsitzender seines Kolonievorstandes ist, einige andere Arbeiten zeigen zu lassen. Bruder Dietrich, der sich ihnen ganz widmen wollte, bekam gerade gestern einen Fieberanfall, so daß ihm nur eine kurze Besprechung möglich war. Darum fuhr ich abends zu den Herren hinaus. Während Herr Köpchen[81] in Hannover gewöhnlich etwas steif ist, schloß er gestern, soweit das ihm möglich ist, seine menschlichen Seiten auf. Er betonte wiederholt, daß er nicht als Vertreter des Landesfürsorgeverbandes komme, sondern als Vertreter von Kästorf, um sich für die bevorstehenden Verhandlungen der preußischen Provinzen zu unterrichten, die in Erfurt über die Vorschläge von Landesrat Schulte sprechen wollen.

Eure neue Formulierung, die ich gestern bekam, kannte er schon. Er meinte, daß er diesen Sätzen im wesentlichen zustimmen könne. Im einzelnen bewegte sich unsere Besprechung etwa in folgenden Linien:

1. Die Provinzen haben kein Recht, den Kolonien Art und Umfang ihrer Arbeit vorzuschreiben. Sie können höchstens sagen: Für die und die Leute geben wir eine Beihilfe und für andere nicht.

2. Inbezug auf die Art der Unterstützung sprach sich Herr Köpchen aus begreiflichen Gründen lebhaft für die in Hannover übliche Pauschalvergütung und gegen Einzelpflegesätze bei voll arbeitsfähigen Kolonisten aus. Wegen der engen Verbindung, die zwischen Kästorf und dem Landesdirektorium in Hannover besteht, ist die Pauschale dort wohl im Verhältnis wesentlich höher als bei uns. Insgesamt hat Kästorf mit seiner neuen Filiale gegenwärtig etwa 285 Kolonisten, während wir in Freistatt allein 520 haben.

---

80 AHSL EA 108.
81 Ernst Koepchen.

3. Daß für die Alten und ebenso für die körperlich und geistig wesentlich geschwächten Kolonisten auf Grund von Einzelfürsorgeanträgen Pflegegeld zu bezahlen sei, erkannte Herr Köpchen durchaus an. Dabei hielt er die zahlenmässige Kontingentierung, wie sie Landesrat Schulte bei uns versucht, für unmöglich, besonders aber den Maßstab, den Herr Schulte immer wieder anzulegen versucht: Nur solche Leute dürften unterstützt werden, die auch bei normaler Wirtschaftslage keine Arbeit mehr finden könnten. Die „normale Wirtschaftslage" etwa des Jahres 1924 kommt im Industriegebiet nach menschlichem Ermessen niemals wieder. Sie bei der Beurteilung zugrunde zu legen, ist darum völlig abwegig.

4. Auch der Sorge von Herrn Schulte, die ja seinen ganzen Artikel bestimmt, daß nämlich durch Schuld der Kolonien örtliche Wohlfahrtserwerbslose zum Wandern verlockt und so allmählich in Landeshilfsbedürftige verwandelt werden, stimmte Herr Köpchen nicht zu. Wir erwogen, ob man dieser Sorge vielleicht dadurch begegnen kann, daß, wenn in einzelnen Fällen solche bisher örtlich unterstützte Wohlfahrtserwerbslose wirklich einmal unmittelbar in die Kolonie kommen, dann jedesmal sofort ein Fürsorgeantrag gestellt wird, um so die Unterstützungspflicht des bisherigen Fürsorgeverbandes aufrecht zu erhalten. Das könnte ein brauchbares Abwehrmittel gegen etwaige Abwehrtendenzen sein, falls diese bei einzelnen Kommunalverwaltungen, wie Herr Schulte befürchtet, sich bemerkbar machen sollten.

Herr Köpchen will an der Verhandlung in Erfurt teilnehmen und hofft, dort die Vorschläge des Herrn Schulte zu Fall bringen bezw. im Sinne Eurer Formulierungen abändern zu können.

Mit herzlichem Gruß
Dein

Bodelschwingh an Braune[82]

z.Z. Degersheim, Kt. St. Gallen den 1.2.33

Lieber Bruder Braune.

... Der Wechsel der Regierung beschäftigt mich lebhaft, auch im Gedanken an unsre Arbeit. Was mag aus unsrer letzten Frage im Reichsarbeitsministerium geworden sein? Zu dem neuen Mann[83] dort habe ich gar keine Beziehungen.

Mit herzlichem Gruss
Dein

Bodelschwingh an Braune[84]

Bethel bei Bielefeld, den 1. April 33.

Lieber Bruder!

Am Montag hatten Bruder Dietrich und ich wieder einmal eine Verhandlung mit dem Herrn Landeshauptmann und Herrn Schulte. Dieser behauptete zunächst kühn, in Erfurt sei die Verhandlung durchaus zu seinen Gunsten ausgefallen. Als er dann merkte, daß wir von anderer Seite unterrichtet waren, schränkte er diese Darstellung in der Weise ein, daß angeblich jeder von beiden Seiten halbwegs Recht bekommen hätte. Immerhin war er schließlich unseren Wünschen auf erweiterte Anwendung des Fürsorgerechtes für körperlich und geistig nicht vollwertige Kolonisten etwas zugänglicher.

---

82 AHSL EA 108.
83 Franz Seldte.
84 AHSL EA 574.

Wir möchten einstweilen mit Rücksicht auf die uns gewährte Pauschale wie bisher davon absehen, für „normale" Kolonisten Fürsorgeanträge zu stellen. Dann muß aber die zahlenmäßige Beschränkung fortfallen, die man in Münster bisher für die schwachen Leute forderte. Da man bei der Stellung des Antrages ja gar nicht wissen kann, wer an letzter Stelle verpflichtet ist, läßt sich schon technisch eine Kontingentierung auf 60 landeshilfsbedürftige Fälle nicht durchführen. Ebenso halten wir die bisherige Forderung für unberechtigt, daß wir durch ärztliches Zeugnis nachweisen sollen, die Leute seien mindestens 50% erwerbsbeschränkt.

Bei den Verhandlungen spielte wieder die noch ausstehende Entscheidung des Bundesamtes für Heimatwesen in dem pommerschen Streitfall eine Rolle. Sagtest Du mir nicht einmal, daß man die Absicht habe, Herrn Schulte und Dich zu diesem Fall als Sachverständige zu hören? Er schien davon nichts zu wissen, benutzte aber diese schwebende Verhandlung, um dem Landeshauptmann zu sagen, es stände eine baldige grundsätzliche Klärung der Frage bevor. Bis dahin möchte alles beim alten bleiben. Nur zu gern benutzt der Landeshauptmann diesen Ausweg, um einer befürchteten weiteren finanziellen Belastung auszuweichen.

Da die Verhandlungen in der zweiten Hälfte der nächsten Woche fortgesetzt werden sollen, wäre ich Dir sehr dankbar, wenn Du mir möglichst umgehend Nachricht geben könntest, ob tatsächlich diese Entscheidung des Bundesamtes in nächster Zeit zu erwarten ist. Vielleicht ist es Dir möglich, bei Herrn Ruppert anzurufen, der ja gewiß über den Stand der Sache unterrichtet sein wird. Könnte er nicht auf Beschleunigung drängen, falls man den Eindruck hat, daß das Bundesamt die Entscheidung unnötig hinausschiebt?

Mit herzlichem Gruß
Dein getreuer

Braune an Bodelschwingh[85]

Lobetal, den 13. Mai 1933

Lieber Bruder!

In Ergänzung unserer heutigen Verhandlung über Deinen eventuellen Besuch beim Finanzminister, betreffend Zuschuss der Arbeiterkolonien möcht ich Dir nur die wichtigsten Zahlen wiederholen, die ich mit Herrn Reg.Rat Dr. Gase besprochen habe und die er vielleicht seiner weiteren Verhandlung mit dem Minister zugrunde legen wird.

Ich habe ihm gesagt, dass die Kolonien 7 000 Plätze zur Verfügung haben, sehe aber soeben, dass ich seinerzeit in meinem Antrag von 6 000 Plätzen gesprochen habe, weil wir ja im wesentlichen nur die Einrichtungen der freien Wohlfahrtspflege berücksichtigen möchten. Es wird also das beste sein, dass wir von 6 000 ausgehen. 6 000 x 365 ergibt rund 2,3 Millionen Verpflegungstage. Da wir seinerzeit 2 Mill. angefordert hatten, von denen 1 Mill. für Neueinrichtungen verwendet werden sollte, während die andere Million für die laufende Betriebsführung verwendet werden sollte, so würde unser Antrag jetzt dahin zu reduzieren sein, dass wir den Betrag für Neueinrichtungen ganz streichen, also nur 1 Mill. Zuschuss für 2,2 Mill. Verpflegungstage beantragen. Das ergibt pro Pflegetag ungefähr einen Zuschuss von 0,45 RM. Da wir, wie ich anfangs schon sagte, von 7 000 Plätzen ausgingen, so landeten wir rund bei 0,35 RM. Das tut nicht viel zur Sache, ich sag's nur zu Deiner Orientierung, falls bei der Besprechung diese andere Ziffer genannt wird.

Ich bin ferner davon ausgegangen, dass uns jeder Pflegetag 1.30 RM kostet, was Herrn Gase sehr teuer erschien, da die Reichswehr nur 0,60 RM Verpflegung braucht. Er dachte dabei natürlich nur wieder an die reine Beköstigung. Somit würden für 2,2 Mill. Verpflegungstage insgesamt rund 3 Mill. verbraucht, wovon wir 1 Mill. erbitten. Auf seine Frage, woher die übrigen Gelder kommen, habe ich sehr stark auf die Liebesgaben hingewiesen und ihm dann die Fürsorgeanträge und ihr Ergebnis kurz geschildert. Er fragte ferner nach den Erträgnissen der eigenen Arbeit. Ich habe ihm

---

85 AHSL EA 114.

auseinandergesetzt, dass die schon bei 1,30 RM abgerechnet wären. Die wirklichen Versorgungskosten eines Mannes betragen 1,80 RM, wobei 0,50 RM als Arbeitsverdienst abzuziehen seien. In den Kosten von 1,80 RM sind etwa 0,20 RM Kapitaldienst enthalten, so dass die gesamte sonstige Versorgung 1,60 RM ausmacht ...

Mit herzlichem Gruss
Dein getreuer

Braune an Bodelschwingh [86]

Lobetal, den 2. August 1933

Lieber Bruder!

... Wir würden dann eine Vorstands- und Geschäftsführerkonferenz des DHV einberufen, um im kleinen Kreise die schwebenden Fragen zu besprechen. Ich habe nämlich den Eindruck, dass durch die sehr heftig geförderte Arbeitsschlacht sich das Bild in der Wandererfürsorge sehr spürbar verändert. Der Besuch in den Herbergen ist allgemein sehr viel schwächer. Unsere Kolonien hier sind zwar voll, aber wir sind ja jetzt überwiegend mit erwerbsbeschränkten Kräften belegt. Gesunde Menschen kommen seltener. Andererseits habe ich mit Herrn Reichswalter Hilgenfeldt von der NS-Volkswohlfahrt die Frage der Landhelfer besprochen. Es ist damit zu rechnen, dass im Herbst tausende von jungen Landhelfern zurückfluten und dann auf die Landstrasse kommen. Dafür denkt man wieder an die Benutzung unserer Einrichtungen. Aber all diese Fragen sind im Augenblick so ungeklärt, dass grössere Vorträge vielleicht unangebracht sind ...

Mit herzlichem Gruss
Dein getreuer

---

86 AHSL EA 108; HAB 1/K 67b.

Bodelschwingh an Braune[87]

Bethel bei Bielefeld, den 5. August 1933

Lieber Bruder Braune!

Heute besprach ich mit Bruder Spelmeyer die laufenden Fragen der Wandererfürsorge. Auch bei uns lässt sich die Entwicklung jetzt schwer übersehen. Die neuen Regierungsstellen haben offenbar Neigung und Mut, mit kräftigen Polizeimassnahmen gegen Bettelei und Wanderschaft vorzugehen. Man wird gut tun, rechtzeitig darauf aufmerksam zu machen, dass mit blossen Repressalien nicht geholfen ist. Ich würde es für gefährlich halten, wenn man versuchte, die Leute unter allen Umständen von den Landstrassen abzudrängen. Denn dann ziehen sie sich hier bei uns in das Industriegebiet hinein und können dort zu politisch gefährlichen Elementen werden ...

Mit herzlichem Gruss
Dein getreuer

Braune an Bodelschwingh[88]

Lobetal, den 31. August 1933

Lieber Bruder!

... Schreibe mir bitte offen, was Du über die Referenten denkst, Pastor Dietrich, und auch darüber, dass ich ein Hauptreferat übernehme. Ich glaube von mir aus, mich so weit positiv zu den Gedankengängen des Nationalsozialismus zu stellen, dass ich ohne Furcht und Zagen auftreten kann. Bei mir wird das Ja zu der neuen staatlichen Richtung langsam stärker.

---

87 AHSL EA 108; HAB 2/12-22.
88 HAB 2/12-22.

Dann muss vielleicht erneut daran gedacht werden, dass unter Umständen von irgendeiner Seite der Gedanke auftaucht, einen Reichsführer der Wandererfürsorge zu wählen. Es käme das ja auf eine Vereinheitlichung der Verbände hinaus, die ich zum grossen Leidwesen von Koepchen schon einmal unvorbereitet vorgeschlagen hatte. Ich würde von mir aus gerade jetzt keine Änderung der Organisation vorschlagen, aber es kann natürlich kommen, dass einige Herren die gewisse Zwiespältigkeit und auch Überschneidung der Organisationen wieder einmal bemerken und bei der heutigen Bereitschaft zu Revolutionen dann vorschlagen: Wir möchten jetzt einen Verband und einen Reichsführer ...

In herzlicher Verbundenheit
Dein getreuer

Braune an Bodelschwingh[89]

Lobetal, den 6. Oktober 1933.

Lieber Bruder!

... Ich habe ferner im Preussischen Innenministerium den Verfasser der Bettelverbote aufgesucht und ebenso unseren neuen Wohlfahrtsreferenten Dieffenbach, der sich eigentlich um solche Verbote seiner Behörde kümmern sollte; aber die Wohlfahrtsabteilung wusste gar nichts vom Polizeiverbot. Der Verfasser des Bettelverbotes, der ein sehr einsichtiger Mann ist, hat dieses ganze Unglück nicht gewollt, sondern sagte mir, dass der Druck von oben gekommen sei und dass vor allem der Missbrauch durch das Propagandaministerium geschehen sei, die nun beim Werben für die Winterhilfe den Bettel als einen gefährlichen Konkurrenten hinstellen. „Ich empfehle Ihnen nur, dort Geld für die fürsorgerische Arbeit anzufordern".

---

89 AHSL EA 108; HAB 1/K 67b.

Also immer dasselbe Ziel, wir müssen die Wandererfürsorge mit Mitteln der Winterhilfe finanzieren. Näheres in Goslar...

Mit herzlichem Gruss
Dein

Braune an Bodelschwingh [90]

Lobetal, den 9. Oktober 1933.

Lieber Bruder!

... Fraglich ist nun, welche Methode man bei der Erlangung des Pflegegeldsatzes anwenden soll. Die rein rechtliche Methode, die die erfolgreichste ist, würde dazu führen, dass für jeden Wanderer ein Fürsorgeantrag gestellt werden muss. Daraus entsteht eine Fülle von Schreibereien, und die Landesfürsorgeverbände werden immer noch über die Zuständigkeit streiten, so dass bei grösseren Kolonien eine tüchtige Kraft dafür tätig sein muss, während bei kleineren Kolonien die Hausväter in Ermanglung solcher Kraft oft reinfallen werden. Es gibt die andere Möglichkeit, dass der Landesdirektor ohne weiteres auf die monatlich eingereichten Listen hin die Beträge zahlt. So ist es in der „Meierei" in Pommern. Da verlangt aber der Landeshauptmann, dass die Wanderer spätestens nach 3 Monaten entlassen werden; also etwas Ähnliches, wie wir es ja mit dem Obdach haben. Dieses Listenverfahren mit dem Obdach ist erheblich bequemer, und ich würde es schliesslich doch wohl für das brauchbarste System halten. Die Gefahr dabei ist nur darin zu sehen, dass die Provinzen glauben, man betrügt sie, indem man allerlei Wanderer aufschreibt, für die gar nicht die Provinz zuständig wäre, sondern die irgendein Kreis zu tragen hätte. Aber vermutlich werden die Provinzen dann schon ein Formular

---

90 AHSL EA 108; HAB 1/K 67b.

ausarbeiten, worin wenigstens die letzten Aufenthaltsverhältnisse geprüft werden ...

In herzlicher Verbundenheit
Dein

Braune an Bodelschwingh[91]

Lobetal, den 15. Februar 1934.

Lieber Bruder!

... Ich habe soeben mit Ruppert ein langes Gespräch gehabt, der von München zurückgekehrt ist von der Verhandlung mit Seidler. Er ist sehr optimistisch, da es ihm gelang, viele Giftzähne aus den Plänen des Herrn Seidler auszubrechen. Seidler wünscht auch durchaus die Mitarbeit der freien Wohlfahrtspflege und möchte die gesamte Wandererfürsorge so aufgezogen sehen, dass die wirklich Arbeitsscheuen in eine Art „Konzertlager" kommen, gutwillige Asoziale in Arbeiterkolonien, die dann ganz deutlich als Bewahrungsanstalten aufzubauen sind. Wandern dürfen nur die vollständig Gesunden auf Grund eines ausgestellten Wanderbuches. Man könnte sagen, dass dieser Plan in seinen Grundzügen ja immer von uns vertreten ist; aber es fehlten bisher die Machtmittel und der Wille, solche Gedanken durchzuführen. Die Denkschrift in München wird verändert, und in 3-4 Wochen hofft Ruppert einen Fachausschuß von bewährten Kunden der Wandererfürsorge zusammenzurufen, damit unter Umständen eine Reichsgemeinschaft der Wandererfürsorge mit der NSV zusammen geschaffen wird. Er war jedenfalls sehr optimistisch auch in Bezug auf die freie Wohlfahrtspflege ...

Mit herzlichem Gruss
Dein

---

91 AHSL EA 108; HAB 2/39-138a.

Bodelschwingh an Braune [92]

Bethel bei Bielefeld, den 16. Febr. 1934.

Lieber Bruder Braune!

... Im übrigen steht in dem Gedanken des Herrn Seidler manches, nach dem wir wegen mangelhafter Mitwirkung der öffentlichen Organe seit Jahrzehnten vergeblich gestrebt haben. Ob es freilich möglich und richtig ist, das Rad der Geschichte um 6 Jahrzehnte zurückzudrehen und den alten wandernden Handwerksburschen in solchem Umfange neu zu schaffen, ist mir doch zweifelhaft. Wäre es nicht gut, Du würdest den Herrn Seidler einmal zum Besuch in Hoffnungstal einladen?

Mit herzlichem Gruß
Dein

Braune an Bodelschwingh [93]

Lobetal, den 4. Juni 1935

Lieber Bruder!

In der Anlage übersende ich Dir den Durchschlag eines Artikels, den ich für die Innere Mission geschrieben habe. Er behandelt im wesentlichen das Ergebnis der Wandererzählung vom 10. Dezember 1934. Ich habe durch eigene Kontrolle von uns aus die Zahlen richtig gestellt ... Das Bild hat sich wohl so verändert, dass tatsächlich viele Wanderer in den Einrichtungen, Kolonien, Gefängnissen und Betrieben sitzen, während der eigentliche Strom der Selbstzahler sehr viel kleiner geworden ist. Daraus ergibt sich leider ja für uns der notwendige Schluss, dass die sog. Selbstzahler in den

---

92 AHSL EA 441.
93 AHSL EA 108; HAB 1/K 67c.

letzten Jahren sehr viel mehr gebettelt haben als man gerne zugesteht. Es ist also, ganz offen gesagt, mir keineswegs sicher, dass die Selbstzahler zu den geordneten Wanderern gezählt werden müssen, während die Obdachlosen zu den ungeordneten rechnen. Es kann auch in weitem Maße umgekehrt gewesen sein. Der Obdachlose in unseren ostdeutschen Gebieten hat sicherlich oft nicht betteln wollen und ist darum eben obdachlos geworden, während der Selbstzahler tapfer drauf los gebettelt hat. Anders liegt es in Gebieten mit Wanderordnung. Was jetzt als Selbstzahler auftritt, lebt wohl im allgemeinen aus eigenen Mitteln. Diese internen Erkenntnisse möchte ich aber nicht in voller Form veröffentlichen, da sie ja auch nur Vermutungen sind und unsere Arbeit sehr unnötig in Misskredit bringen würden. Jedenfalls hat die Bettelbekämpfung dazu geführt, dass die „Selbstzahler" in grösstem Umfang verschwunden sind, während die Besucher der Wanderarbeitsstätten wohl auch heute noch in grossem Umfange vorhanden sind ...

Mit herzlichem Gruss
Dein getreuer

Braune an Bodelschwingh[94]

Lobetal, den 3. Juli 1936.

Lieber Bruder!

... Unsere Tagung in Bayern ist wirklich eine Spitzenleistung gewesen. Fast sämtliche deutschen Kolonien sind vertreten gewesen, die katholischen nur durch zivile Vorstände; im ganzen hundert Personen. Wir haben zwei Tage verhandelt und Seidler hat uns seine Gedanken in vollem Umfange entwickelt. In Bayern ist tatsächlich eine Neuordnung geschaffen, wie sie straffer nicht gedacht werden kann. Die Wanderer werden regelmäßig „an

---

94 AHSL EA 108; HAB 1/K 67c.

die Strippe" genommen und sofort gesammelt, erfaßt und in Gemeindearbeiten geschickt. Nur etwa 100 Wanderer sind noch auf der Landstraße, aber auch sie dürfen im Juli und August nicht wandern, sondern müssen arbeiten. Die Kolonie Herzogsägmühle hat Seidler mit 150 000,- RM ausgebaut, viele neue Plätze geschaffen und kaserniert nun alles dort hinein. – Dietrich war begeistert. Ich mache viele Fragezeichen. Geld spielt gar keine Rolle. Auch Spelmeyer ist skeptisch, auch viele Hausväter. Immerhin ist an der neuen Idee vieles brauchbar. Wir dürfen aber nicht unsere alten Einrichtungen gegenüber solcher Gewaltkur zerschlagen, sondern müssen organisch die Dinge für uns anwenden. Ich glaube, daß die Bayrischen Wanderer fluchtartig das Land verlassen und sich nach Preußen in die Gefilde der Barmherzigkeit retten. Die ganze Aktion Seidlers wird uns aber noch viel beschäftigen müssen. – Der ganze Rahmen der Tagung war auch sehr komfortabel. Wir sind sogar geschlossen auf die Zugspitze gefahren. Seidler hat allein dafür 1 100,- RM Reisegeld bezahlt. Oben war Nebel und Regen, aber immerhin bedeutet das ganze Erleben viel für unsere Hausväter und Hausmütter. – Eure Betheler Mitarbeiter waren auch zahlreich vertreten, ebenso wie unsere Hoffnungstaler ...

Mit herzlichem Gruß in treuem Gedenken
Dein

Braune an Bodelschwingh[95]

Lobetal, den 28. Oktober 1936

Lieber Bruder!

Über Erfurt will ich Dir kurz Bescheid geben. Wir dürfen die Tagung aufs Ganze gesehen als einen vollen Erfolg für die Wandererfürsorge buchen. Ich habe nun den Eindruck, daß wir tatsächlich in wenigen Wochen zu einem klar formulierten gesetzlichen Vorschlag kommen. Inhaltlich sind die Dinge so vorgesehen, daß die Einrichtungen der Wandererfürsorge,

---

95 AHSL EA 108; HAB 2/12-23.

insbesondere unsere Arbeiterkolonien das bleiben, was sie sind, und auch die Trägerschaft behalten. Es wird dann für das ganze Reich ein Netz von Wanderarbeitsstätten vorgesehen, das aber weitmaschiger ist als etwa das Netz von Württemberg oder Westfalen. Einige größere Stätten sollen Wanderhöfe, oder wie wir es früher nannten, Hauptstationen werden. Jeder Wanderer erhält einen Wanderausweis. Merkwürdig war, daß die Polizei, die ebenfalls teilnahm, und zwar die Gestapo wie auch die Sicherheitspolizei, es von sich aus ablehnt, die Ausweise auszustellen. Ihre Beamten hätten dafür nicht genug Zeit und auch nicht genug Verständnis, so daß dann die Ausstellung der Wanderausweise doch in die Hände der provinziellen Wanderdienste kommt. Der Sachverständigenausschuß setzt sich aus vielen Vertretern der verschiedenen Ministerien und Behörden zusammen, die Reichsanstalt, ferner Präsident Kneip, vom Bundesamt für das Heimatwesen, der oberste Chef der SS u.a. sind vertreten. Ruppert führt sehr nachdrücklich und zielbewußt, und hat erreicht, daß wir durchweg sehr einmütige Beschlüsse faßten ...

Wer sich der Wanderordnung nicht fügt, wird rücksichtslos von der Polizei erfaßt. Wenn man den Unterschied zwischen einst und jetzt auf eine kurze Formel bringen will, kann man sagen: vor 1933 wurde der Wanderer, der außerhalb der Wanderordnung lief, nach der Fürsorgepflichtverordnung betreut, jetzt wird dieser Wanderer durch die Polizei genötigt. Die Polizei will ihn aber zunächst nicht einsperren, sondern weist ihn in die Wanderhöfe bzw. in die Arbeiterkolonien ein. Erst, wenn er sich da weigert, kann er in Haft bzw. das Arbeitshaus gebracht werden. Ebenso kann von der Polizei ein Aufenthaltszwang ausgesprochen werden. – Es ist also eine glückliche Verbindung zwischen Polizei und Fürsorge oder von Zucht und Liebe gefunden. Ich war vor allen Dingen froh, daß ohne Schwierigkeiten die Selbständigkeit der vorhandenen Einrichtungen anerkannt wurde ...

Gott gebe, daß nun die gesamte Regelung der Wandererfürsorge endlich in dem Sinne geschieht, wie wir es immer erstrebt haben in Zucht und Liebe, und er schenke uns Weisheit und Festigkeit, die neuen Aufgaben so durchzuführen, daß wir unserm Volk einen wertvollen Dienst damit tun dürfen.

Mit herzlichem Gruß
Dein

Braune an Bodelschwingh[96]

Lobetal, den 26. August 1938.

Lieber Bruder!

... Ich war dann noch längere Zeit bei Ruppert und habe mit ihm über den neusten Stand der Wandererfürsorge gesprochen. Der Entwurf zum Wanderergesetz ist also völlig aufgegeben, da die Polizei, wie er meinte, unter Seidlerschem Einfluß, ihre Stellungnahme dahingehend geäußert hat, daß das Wandern völlig aufhören müßte und demgemäß Wandererfürsorge nicht mehr nötig sei. Es wird also die ganze Wandererfrage von der polizeilichen Vorbeugungshaft her aufgerollt, d.h. der Zustand, in dem wir schon seit Monaten leben, wird langsam zu einem gesetzlichen Zustand erhoben.

Er versuchte dabei zu erreichen, daß die arbeitsfähigen Arbeitsscheuen von der Polizei in ihre entsprechenden Lager übernommen werden sollen, während die irgendwie beschränkt arbeitsfähigen Asozialen, also die vielen Typen, die in unseren Kolonien sind, auch in Zukunft von der Polizei in Haft genommen, aber dann den Fürsorgeverbänden bzw. unseren Fürsorgeeinrichtungen überwiesen werden sollen. Soweit sich solche Asozialen freiwillig in die Einrichtungen der Arbeiterkolonien begeben, steht dem nichts entgegen. Da nach unseren hiesigen Erfahrungen die Polizei in Berlin und Brandenburg sehr froh ist, daß sie harmlose Asoziale in unsere Einrichtungen einweisen kann, so sehe ich diesen Zustand nicht als besorgniserregend an, zumal in dem eigentlichen Wandererfürsorgegesetz auch immer wieder die Einweisung durch die Polizei vorgesehen war.

Wir haben in unserer Besprechung heute versucht, einen letzten Rest der Wandermöglichkeit in der Weise festzuhalten, daß die Polizei ordentliche Wanderer eben nicht als asozial betrachtet. Als Kriterium für die Polizei habe ich ihm vorgeschlagen, das Arbeitsbuch der Leute einzusehen, so wie es bereits unsere hiesigen Gendarmen tun. Das bedeutet: Hat jemand bis in die letzte Zeit hinein Arbeitsstellen gehabt, so interessiert sich die Polizei nicht für ihn. Beweist dagegen das Arbeitsbuch, daß er seit langem, etwa länger als 3 oder 6 Monate keine Arbeit gehabt hat und sich

---

[96] AHSL EA 108; HAB 2/63–55.

nun auf der Landstraße herumtreibt, so hat die Polizei allerdings Anlaß, sich seiner anzunehmen. Die Kosten für diese Fürsorgeleistungen sollen wie bisher von den Fürsorgeverbänden getragen werden.

Das muß aber alles noch in einem Gesetz geregelt werden, und er hofft bestimmt, daß wir es in diesem Jahr noch bekommen. Wir beabsichtigen beide, mit der Reichskriminalbehörde etwa durch eine Besichtigung von Hoffnungstal diese Fragen weiter zu klären. Ich ahnte längst, daß es so kommen würde, da eine gesetzliche Regelung für hilfsbedürftige Wanderer bei der gegenwärtigen Lage kaum denkbar ist ...

Mit herzlichem Gruß
Dein getreuer

Braune an Bodelschwingh [97]

Lobetal, den 3.11.1938.

Lieber Bruder!

... Du könntest auch im Hinblick auf die Wandererfürsorgeeinrichtungen darauf hinweisen, daß hier infolge der bekannten Maßnahmen der Polizei gegen Asoziale und gefährdete Männer auf den Landstraßen eine große Zahl von halbschwachen, aber noch arbeitseinsatzfähigen Männern aufgenommen werden, für die kein Fürsorgeverband eintritt und für die auch sonstige Mittel nur in ganz geringen Maßen zur Verfügung stehen. So würde eben ein großer Teil Menschen durch diese Gaben bedient, die zu den Ärmsten und Bedürftigsten gehören und auf diese Weise dem Arbeitsleben wieder zugeführt werden. Man darf bei der gegenwärtigen Mentalität diese Gruppe unserer Pfleglinge ja nicht allzu hilfsbedürftig schildern, weil ja die Tendenz sehr stark ist, die Insassen unserer Arbeiterkolonien als asozial minderwertig usw. zu bezeichnen ...

Mit herzlichem Gruß
Dein getreuer

---

[97] HAB 2/37-188b.

Braune an Bodelschwingh [98]

Lobetal, den 15.12.1938

Lieber Bruder!

Herzlich danke ich Dir für die Mitteilung über Seidlers Buch ... Die Grundhaltung gegenüber unserer Arbeit ist nicht unfreundlich, aber man nimmt keine Kenntnis davon. Die Gefahr dieses Buches sehe ich darin, daß der Typ der Wanderer auf Grund bayrischer Beobachtungen einseitig kriminalistisch betrachtet wird. Wir müssen aber von unseren Gesichtspunkten her sagen, daß eine solche Fülle von vorbestraften Typen deswegen in Bayern unterwegs war, weil es dort eben noch keine wirkliche Wandererfürsorge der Inneren Mission gegeben hat. Das, was in Bayern vorher an Kolonien und Herbergen war, war wirklich immer ein Torso. Ich habe daher gestern mit Herrn Dr. Busse überlegt, ob wir nicht durch sorgfältige Bearbeitung unseres Materials eine kleine, sehr viel dünnere Schrift herausbringen können mit der Tendenz, daß gerade die freiwillige Wanderer- und Bewahrungsfürsorge viele Menschen wieder seßhaft gemacht hat und noch gegenwärtig macht, so daß die Früchte aufs Ganze gesehen wahrscheinlich ebenso gut sind, wie in Bayern. Es wird sich dabei empfehlen, Hinweise auf Bayern freundlich zu gestalten, aber es muß wohl schon etwas Ähnliches erarbeitet werden, weil sonst die polizeiliche Linie völlig siegt ...

Mit herzlichem Gruß
Dein

---

98 AHSL EA 108; HAB 2/63-103.

Braune an Bodelschwingh[99]

Lobetal, den 12.1.1940

Lieber Bruder!

... Wir sind in sämtlichen Anstalten so voll, wie wir es 1931–1932 waren. Dazu erschien vor wenigen Tagen der uns sehr befreundete Leiter des Berliner Arbeitshauses Rummelsburg und bat, daß wir ihm in wenigen Wochen noch weitere Hundert Menschen abnehmen möchten. So haben wir alle Nebenräume mit Betten bestellt. Vorgestern haben wir 10 Mann nach Friedrichswille geschickt, wo noch Platz war. Dreibrück und Reichenwalde sind auch bis auf den letzten Platz besetzt, kurzum, wir sind noch nicht überflüssig geworden. Interessant war mir bei der Besprechung mit den Berliner Herren, daß sich eigentlich die ganzen energischen Maßnahmen der Berliner Behörden ziemlich tot gelaufen haben. Die eigenen Stadtgüter, die doch für Wanderer und Arbeitsentfremdete eingerichtet waren, haben aus Mangel an pädagogischen Kräften diese Arbeit aufgegeben. Die rein landwirtschaftliche Haltung der Stadtgüter hat so stark das Übergewicht gewonnen, daß die Fürsorgebehörden die Beziehungen zu den Stadtgütern abgebrochen haben. Dazu kommt gleichzeitig, daß die Provinz Brandenburg 4 Wandererheime geschlossen hat. So drückt alles auf uns. Das Arbeitshaus Rummelsburg ist durch ständigen Zugang aus Berlin so überfüllt, daß es Abnehmer sucht. Es soll daraus keine große Aktion gemacht werden, sondern das Ganze einfach auf Grund der geltenden Pflegegeldabmachungen 1,– bis 1,40 RM durchgeführt werden. Ebenso bat dieselbe Berliner Stelle dringend um Zuweisung von Altersheimplätzen, weil es daran von Monat zu Monat immer drückender fehlt ... Den anderen deutschen Arbeitskolonien geht es scheinbar nicht so, sondern die eingehenden Statistiken zeigen mir im allgemeinen, daß die Belegung nur etwa 2/3 der Plätze ausmacht. Im übrigen wird hier auch regelmäßig gewandert. Wir haben täglich 8–10 Obdachlose, von denen auch immer 3–4 gern hier bleiben möchten.

---

99 AHSL EA 108.

Weniger günstig regelt sich die Frage der Kostenregelung. Wir haben etwa 500 Kolonisten fast völlig umsonst hier. Der Oberpräsident zahlt im Durchschnitt nur 20 Rpfg. pro Pflegetag ...

Mit herzlichem Gruß
Dein getreuer

Braune an Bodelschwingh[100]

Lobetal, den 3.2.1940

Lieber Bruder!

... Mit Herrn Ruppert habe ich vorgestern über verschiedene Fragen gesprochen ... Dann sprachen wir auch über die Bewahrungsfürsorge. Er redet noch immer von einer bald kommenden neuen Verordnung. Danach soll die Teilung, die sich bei uns schon praktisch ausgewirkt hat, auch gesetzlich geregelt werden. Die gesunden, arbeitsfähigen Asozialen sollen von der Polizei übernommen und den KZ. zugeführt werden, während die geistig beschränkten und arbeitsbehinderten Asozialen den Fürsorgeverbänden überlassen und damit weitgehend in die Arbeitskolonien kommen sollen. Die Kosten sollen auf Fürsorgeverbände und Reich verteilt werden, und zwar so, daß die Fürsorgeverbände auch weiterhin soviel Mittel wie bisher aufbringen, während das Reich alle hinzukommenden Erhöhungen übernehmen soll. Die Schwierigkeit besteht aber darin, daß erst der Status quo festgesetzt werden muß, welche und wieviel Mittel die Provinzen aufbringen. Die Beteiligung des Reiches hat sich für uns erfahrungsgemäß günstig ausgewirkt. Wir bekommen jetzt von Berlin fast wöchentlich 10 Bewahrungsfälle zugeschickt. Die Hälfte sind alte Kolonisten, die mehrere Jahre in Rummelsburg gesessen haben. Es sind also die schwächeren, nur sehr gering arbeitsfähigen Typen. Zumeist sind sie geistig etwas beschränkt.

---

100 AHSL EA 108.

Wir haben aber den Eindruck, daß wir sie durchaus in der Kolonie verkraften können. So füllen sich unsere Häuser weiter ...

Mit herzlichem Gruß
Dein getreuer

Braune an Bodelschwingh[101]

Lobetal, den 16.11.1940.

Lieber Bruder!

Vorgestern bin ich beim Reichsarbeitsministerium gewesen und habe dort die letzten ungeklärten Fragen betr. Unterstützung der Arbeitskolonien aus dem Reichsstock für Arbeitslosenhilfe besprochen ... denn die Provinzen sind verpflichtet, alle sogenannten arbeitseinsatzfähigen Arbeitslosen, wenn sie mehr als 1/3 Arbeitsfähigkeit besitzen aus ihrer Fürsorge zu streichen. Die meisten Provinzen haben das schon von sich aus getan, so daß die andern Kolonien sehr dankbar sind, daß wir Ersatz auf diesem Wege beschafft haben. Ich halte es sogar nicht für ausgeschlossen, daß Westfalen, wie es z.B. Brandenburg jetzt überwiegend tut, vom 1.1.1940 ab rückwirkend die Fürsorgemittel streicht bezw. kürzt und Rückzahlung fordert. Die Einteilung 2/5 zu 3/5, die ich der Berechnung zugrunde gelegt habe, ist von den Reichsbehörden angenommen, sodaß sie als Maßstab für die Arbeitskolonien gilt ...
   Eine Sorge von Bruder Dietrich schien darin zu bestehen, daß auf Grund der eingereichten Liste die Arbeitsämter sofort kommen würden, um die letzten arbeitsfähigen aus den Kolonien herauszuholen. Ich habe das gestern ausdrücklich besprochen. Diese Absicht besteht nicht, unsere Betriebe etwa auf diese Weise zu gefährden, sondern man ist sich darüber klar, daß die Arbeitsvermittlung nur organisch in Zusammenarbeit zwi-

---

101 AHSL EA 108.

schen Kolonie und Arbeitsamt erfolgen kann, und daß der arbeitserzieherische Einfluß, den wir ausüben, gewisse Zeit bestehen muß. – Man schenkt uns das volle Vertrauen, daß wir wie bisher mit den Arbeitsämtern weiter in Verbindung stehen und etwa brauchbare Kräfte der Wirtschaft zuführen. Ich glaube, daß damit diese Hauptsorge in positivem Sinne entschieden ist ...

Mit herzlichem Gruß
Dein

Braune an Bodelschwingh [102]

Lobetal, den 1. Februar 1941

Lieber Bruder!

... Nach Stimmen, die ich vor wenigen Tagen hörte, soll ein Bewahrungsgesetz in diesem Jahr bestimmt herauskommen. Ich muß bei Herrn R.[103] deswegen sehr bald einmal vorsprechen. Hoffentlich bleibt dann noch Raum für die Fürsorge. Sonst soll alles polizeilich erfaßt werden. Wenn die Polizei dann die Wahl hat zwischen Fürsorge und eigenen polizeilichen Lagern, dann wird es weitgehend von der Fühlung mit den örtlichen Stellen abhängen, wie die Scheidung der Geister erfolgt. In Brandenburg liegt es gegenwärtig so, daß 840 Wanderer und Kolonisten in unseren Hoffnungstaler Anstalten einschließlich Friedrichswille sind, während die Provinzialbehörden nur 240 haben. Die Provinz will scheinbar einen Rest behalten, aber vielleicht noch weiter abbauen, weil man dort der Meinung ist, daß wir die Arbeit richtiger machen. Das wurde mir in diesen Tagen wörtlich als Zitat des Chefs unserer Provinzialverwaltung gesagt. Man wartet auf das neue Bewahrungsgesetz, um sich danach in Zukunft zu richten. Es ist nicht ausgeschlossen, daß Seidlersche Bewahrungsgedanken

---

102 AHSL EA 247.
103 Fritz Ruppert.

und die Frucht seines dicken Buches doch das Vorbild für das Bewahrungsgesetz sind ...

Mit herzlichem Gruß
Dein

Braune an Bodelschwingh [104]

Lobetal, den 24.4.1941.

Lieber Bruder!

... Ferner habe ich Freund R.[105] dort wieder einmal aufgesucht und habe einiges mit ihm durchgesprochen. Er rechnet damit, daß demnächst das Bewahrungsgesetz einmal endgültig herauskommt. Die Einweisung der Bewahrungspfleglinge soll ein polizeilicher Akt werden. Die Durchführung der Bewahrungsfürsorge bleibt aber bei den harmlosen Fällen den Landesfürsorgeverbänden überlassen. Er sieht also praktisch die Durchführung so an, daß Lobetal bezw. Seidler usw. mit den Landesfürsorgeverbänden in gleicher Weise wie bisher zusammenarbeiten. Die mildeste Form des Eingreifens gegenüber den Bewahrungspfleglingen ist die polizeiliche Schutzaufsicht, die schärfere Form die Einweisung in die Anstalten der Landesfürsorgeverbände bezw. Arbeitskolonien, und die schärfste Form die Einweisung ins KZ. Kostenträger für Nr. 2 sind endgültig die Landesfürsorgeverbände. R. nimmt an, daß unsere Arbeit ungehindert weitergehen wird, da die sonst interessierten Stellen an dieser Arbeit kein Interesse haben. Die Seidlerschen Anstalten gelten wohl als die idealen Einrichtungen für diese Aufgabe ...

Mit herzlichem Gruß
Dein

---

104 AHSL EA 108; HAB 2/63–95.
105 Fritz Ruppert.

Braune an Bodelschwingh [106]

Lobetal, den 19.9.1941

Lieber Bruder!

... Heute traf übrigens bei uns eine Urne eines Kolonisten ein, der im Jahre 1940 aus Hoffnungstal entlaufen ist, leicht geistesschwach, der schließlich als mehrfach Vorbestrafter im Konzentrationslager Buchenwald gelandet ist, Nr. 1386 ...

Gott behüte Dich und schenke Dir gute Erholung in Reichenhall

Mit herzlichen Grüßen
Dein getreuer

---

106 AHSL EA 108.

Kirchenpolitik – staatliche Eingriffe und innerkirchliche Auseinandersetzungen

Ob er wollte oder nicht, Friedrich von Bodelschwingh wurde sofort in die kirchenpolitischen Auseinandersetzungen involviert. Das zeigt schon sein Brief vom 6. Mai 1933, wo es um die gerade eingeleitete Reform des deutschen Protestantismus und die Schaffung einer einheitlichen Reichskirche geht. Bodelschwingh war auch in den darauffolgenden Jahren in der Kirchenpolitik auf Reichsebene gefordert, während Braune eher auf regionaler Ebene tätig war, etwa in der Sydower Bruderschaft. Deshalb kommen im Briefwechsel bis Ende der 1930er Jahre kirchenpolitische Aspekte nur ansatzweise zur Sprache. Das gilt auch für die kurze Phase Friedrich von Bodelschwinghs als Reichsbischof im Mai/Juni 1933. Von der „Jungreformatorischen Bewegung", die sich gegen die „Deutschen Christen" gebildet hatte, war Bodelschwingh als Kandidat für das Reichsbischofsamt benannt worden und konnte die Mehrheit der Stimmen erlangen. Doch die noch ungeklärte verfassungsrechtliche Situation für eine Reichsbischofswahl hatten die Deutschen Christen zum Vorwand genommen, gegen Bodelschwingh zu agitieren. Als sein Rückhalt zusehends schwand, gab er am 24. Juni 1933 den ihm erteilten Auftrag zurück. Im September wurde der Kandidat der Deutschen Christen, der Wehrkreispfarrer Ludwig Müller, zum neuen Reichsbischof gewählt. Müller war bereits seit April 1933 von der NSDAP zum Bevollmächtigten für die Fragen der evangelischen Kirche eingesetzt.

Als im Mai 1938 die Eidesfrage in den Briefen eine Rolle spielt, war die evangelische Kirche bereits in sich zerrüttet. Gegen die Deutschen Christen und die nationalsozialistische Kirchenpolitik hatte sich eine innerkirchliche Opposition gebildet: Von der Gründung des „Pfarrernotbundes" im September 1933, in dem sich bekenntnistreue Pfarrer zu einer überregionalen, bruderschaftlichen Vereinigung zusammengeschlossen hatten, über die Konstituierung der „Bekennenden Kirche" (BK) auf der Barmer Bekenntnissynode Ende Mai 1934 bis zur zweiten Bekenntnissynode in

Postkarte von Paul Braune an Friedrich von Bodelschwingh aus dem Urlaub in Bad Liebenstein, am 30. Juli 1940 in Bethel eingetroffen.

Berlin-Dahlem im Oktober 1934, wo das kirchliche Notrecht ausgerufen wurde. Die Bekennende Kirche schuf sich eigene Leitungs- und Verwaltungsstrukturen, unter anderem mit den Bruderräten sowie der ersten und zweiten „Vorläufigen Leitung der Deutschen Evangelischen Kirche" (hier: VKL). In den einzelnen Landes- und Provinzialkirchen, ja von Kirchengemeinde zu Kirchengemeinde, entstanden völlig unterschiedliche kirchliche Verhältnisse.

Den Konfrontationskurs gegen die deutschchristliche Kirchenregierung wollte Bodelschwingh nicht mitgehen. Er sympathisierte zwar mit dem gemäßigten Flügel innerhalb der Bekennenden Kirche, legte sich aber nicht für eine kirchenpolitische Gruppierung fest. Für ihn hatte die Einheit der Kirche oberste Priorität. Dabei war sich Bodelschwingh bewusst, dass ihm Unentschiedenheit vorgeworfen wurde und dass seine Vorstellungen oft im Widerspruch zu denen der Bekennenden Kirche standen. Statt in die Offensive zu gehen, war er um Vermittlung bemüht, sah immer Gesprächsmöglichkeiten und zog den diplomatischen Weg vor. Dabei war er durchaus bereit, mit staatlichen Behörden und Ministerien zu kooperieren, um im Kirchenstreit zu einer Lösung zu gelangen. Das galt auch, als das nationalsozialistische Regime im Sommer 1935 mit der Gründung eines Reichskirchenministeriums versuchte, zu geordneten Verhältnissen innerhalb der Deutschen Evangelischen Kirche zu kommen. Bodelschwingh bot dem Reichskirchenminister Kerrl seine Beratung an. Doch über die Frage, inwieweit eine Zusammenarbeit mit den vom nationalsozialistischen Staat neu eingesetzten Kirchenausschüssen möglich war, spaltete sich die Bekennende Kirche immer mehr. Der gemäßigte Flügel sah darin eine Chance zur Befriedung der Kirche; während die Teile der Bekennenden Kirche, die sich den Beschlüssen von Dahlem verpflichtet fühlten, den Weg des Reichskirchenministeriums als unrechtmäßigen Eingriff des Staates in kirchliche Angelegenheiten ablehnten.

Immer wieder ging es darum, ob und wie weit sich die Kirche gegen den Staat und dessen eingeschlagene kirchenpolitische Richtung stellen konnte. Auch Paul Gerhard Braune sah sich zu Kompromissen mit der staatlichen Kirchenpolitik bereit, was sich unter anderem in seiner Mitarbeit in der Landeskirchlichen Konferenz der Altpreußischen Kirche der Union (hier: Preußische Konferenz) zeigt, die als „Mitte" galt. Ebenso veranschaulichen die Briefe zum Treueid 1938 seine kirchenpolitische Haltung. Auf Anordnung des Evangelischen Oberkirchenrates waren die Pfarrer aufgefordert, einen Treueid auf Adolf Hitler zu leisten. Zwar löste das kontroverse Diskussionen in den Landeskirchen und Kirchenprovinzen aus, was jedoch die Mehrheit der Pfarrer letztendlich nicht davon abhielt, den Treueid abzulegen.

Die verfahrene Lage in der evangelischen Kirche wird wieder häufiger zum Thema, als beide, Bodelschwingh und Braune, an den Arbeiten zum Kirchlichen Einigungswerk beteiligt sind. Inzwischen hatten auch die Repressalien von Partei und Staat auf die Kirche ein bedrohliches Ausmaß angenommen. Das und die angespannten innerkirchlichen Verhältnisse hatte den württembergischen Landesbischof Theophil Wurm dazu veranlasst, Ende 1941 ein sogenanntes Kirchliches Einigungswerk ins Leben zu rufen. Die in sich gespaltene Bekennende Kirche sollte wieder zusammengeführt und den sogenannten Neutralen eine Positionierung erleichtert werden, um möglichst ein legitimes Kirchenregiment herstellen zu können. Bodelschwingh, der von vornherein eine Mitarbeit im engeren Kreis ablehnte, blieb dem Einigungswerk gegenüber zögerlich. Die Verhandlungen verliefen äußerst langwierig. Angesichts der unterschiedlichen theologischen Auffassungen und der verschiedenen Vorstellungen vom taktisch „richtigen" kirchenpolitischen Weg war es schwierig, eine gemeinsame Position zu finden. Eine Grundkonzeption konnte Ostern 1943 mit den 13 Sätzen über „Auftrag und Dienst der Kirche" publiziert werden. Zu einem formalen Abschluss kam das Kirchliche Einigungswerk nicht mehr, auch weil die Kriegsauswirkungen eine weitere kontinuierliche Arbeit verhinderten. Trotzdem lieferte es eine wichtige Grundlage für die Gründung der Evangelischen Kirche in Deutschland nach Kriegsende.

Bodelschwingh an Braune[107]

Bethel bei Bielefeld, den 6. Mai 1933.

Persönlich!

Lieber Bruder Braune!

Als ich heute im Kirchenbundesamt war, stellte sich heraus, daß Hosemann sich bereits gestern, ehe von unseren Verhandlungen etwas bekannt war, mit Marahrens und Hesse geeinigt hatte, zur Unterstützung des Drei-Männer-Kollegiums vier „Unterführer" zu berufen. Der Arbeitsverteilungsplan, den mir Hosemann vorlegte, war etwas merkwürdig: D. Schöffel Hamburg, sollte die Fragen der Pädagogik bearbeiten, Riethmüller die Jugendarbeit, Jeep die Fragen der Rasse (!), ich die Innere Mission u. Sozialpolitik. Wir sollten in diesem Kreis erstmal am nächsten Mittwoch Nachmittag mit Marahrens und Hesse zusammentreten. Hosemann und noch dringender Heckel verlangten, ich solle dann gleich vier Wochen in Berlin bleiben. Nachher habe ich dann noch mit Jeep gesprochen, der die Uebernahme des Rassereferates inzwischen schon abgelehnt hatte. Wir haben uns vorläufig über einen kleinen Arbeitskreis verständigt, dessen Vorsitz ich übernehmen sollte, während Jeep Stellvertreter würde. Praktisch wäre es so, daß wir beide uns gewissermaßen in das kirchliche Kommissariat für diese Dinge teilen und uns je nach Bedarf ablösen.

Hosemann machte einen sehr abgekämpften Eindruck, noch mehr Kapler, bei dem ich nachher war. Dieser ist am Ende seiner Kraft. Die daraus erwachsende Not hat sich mir als große Verantwortung auf das Herz gelegt. So werde ich mich den Wünschen wohl nicht ganz entziehen können, obwohl ich gar nicht sehe, wie ich dann hier durchkommen soll.

Vor dem Besuch im Kirchenbundesamt hatte ich eine kurze Besprechung mit dem Wehrkreispfarrer Müller. Diesem schien auch der Vorschlag Jeep nicht zu genügen und er sprach mir – anscheinend unabhängig von den Hosemannschen Vorschlägen – den Wunsch aus, ich möchte doch den Dienst übernehmen. Wir konnten sehr vertrauensvoll über die

---

107 AHSL EA 108; HAB 2/39-176.

innerste Seite seiner Aufgabe sprechen. Das Beste, was er hat, knüpft an seine westfälische Arbeit an. Daraus ergeben sich für uns ohne weiteres die persönlichen Beziehungen. Vielleicht muß ich diese für einige Zeit zugunsten der Kirche nutzbar machen ...

Wenn nicht in Berlin noch eine gnädige Wendung eintritt, die mich von dieser Last befreit, nehme ich an, daß ich Mittwoch nachmittag wieder dort bin ...

Mit herzlichem Gruß
Dein getreuer

Braune an Bodelschwingh[108]

Lobetal, den 21. Juni 1933

Lieber Bruder!

Nach dem Jahresfest habe ich bereits wieder lebhaft in der kirchlichen Bewegung gestanden und möchte Dir nur meine Niederschläge dieser Arbeit mitteilen aus Spandau und Eberswalde. Spandau wurde durch Parteibefehl unmöglich gemacht, findet nun aber Ende Juni statt, während Eberswalde sehr lebhaft und frisch war. 9/10 der Versammlung war geschlossen für die Kirche und für den Bischof von Bodelschwingh, nur 1/10, Partei und SA, klatschte bei der anderen Seite. Aber wie mir nachher von einem Mitglied gesagt wurde, habe ich ihnen doch gehörig zu denken gegeben dadurch, dass ich ihnen den Ungehorsam gegen Hitler vorhielt und nachwies. Ich habe das starke Gefühl, dass durch den Kampf auch hier in Brandenburg überall das Gemeindebewusstsein erwacht. Wir brauchen hier den Kampf und wollen uns nicht fürchten. Die Sache des Evangeliums wird siegen, und der politische Missbrauch der NSDAP wird sehr bald zuende sein. Hoffentlich haltet auch Ihr und die Kirchenregierung in voller Zuversicht durch.

---

108 AHSL EA 108. Bodelschwingh ist in Berlin-Charlottenburg.

Es fehlt m.E. noch immer eine sachliche klare Ausführung über die Bischofswahl. Die jungreformatorische Bewegung müsste das Material herausgeben, wenn es die Kirchenbehörde nicht tun will.

In herzlicher Verbundenheit und Kampfgenossenschaft
Dein getreuer

Braune an Bodelschwingh [109]

Lobetal, den 23. Sept. 1933.

Lieber Bruder!

...

P.S. ... Vor 3 Tagen war bei uns die Pfarrertagung, etwa 40 Pfarrer waren hier, die fest und treu zum Bekenntnis stehen. Du bist ja nun doch als Vertrauensmann und Führer dieser Gruppe ausersehen und auch in der Verpflichtung erwähnt. Ich würde ja nun raten, dass diese ganze Gruppe nicht „Pfarrernotbund" heisst, sondern dass dann die Bewegung doch einen neuen Namen bekommt, etwa „Die junge Kirche" oder anders, damit auch Laien sich anschliessen können. Der Wille dazu ist doch sehr stark. Der Kampf wird noch schwer werden, aber wir müssen hindurch.

Mit herzlichem Gruss
Dein

---

[109] AHSL EA 108; HAB 1/K 67b.

Bodelschwingh an Braune[110]

Bethel bei Bielefeld, den 17. Dez. 1937.

Lieber Bruder Braune!

... Nachdem Du Dich für die preußische Konferenz eingesetzt hast, wirst Du auch fordern dürfen, daß keine Drucksache ausgeht, ohne daß Du sie gesehen hast. Es muß deutlich bleiben, daß es sich hier nicht um eine Bewegung gegen die B.K. handelt, sondern um eine gute Bundesgenossenschaft, die nicht Anklagen und Vorwürfe in die Öffentlichkeit trägt, wie es leider in dem ersten, wenig glücklich gefaßten Rundschreiben von Zimmermann usw. geschehen ist. Es müßte das Ziel sein, auch die Brüder der B.K. dafür zu gewinnen, daß sie sich stärker für die Sicherheit der Evangelischen Kirche verantwortlich weiß, und ihre Türen über die bisherigen Schranken hinweg auftut für alle, die auf der gleichen Glaubensgrundlage stehen, wenn sie auch nicht unbedingt den Formeln „Barmen" und „Bruderrat" folgen können. Es wird sehr viel Weisheit, Takt und brüderliche Liebe dazugehören, hier den rechten Weg zu finden. Alles muß auf die innerste Sammlung unter dem Wort und im Gebet ausgerichtet sein. Nicht auf die Schaffung eines neuen kirchenpolitischen Machtfaktors. Sonst würde nur neue Zerstörung daraus erwachsen.

Mit herzlichem Gruß
Dein getreuer

---

110 AHSL EA 108; HAB 2/39-53.

Bodelschwingh an Braune[111]

z.Zt. Bad Boll, den 25. Januar 1938.
über Göppingen (Württ.)

Lieber Bruder Braune!

... Die Fortschritte der Preußischen Konferenz können, wie mir scheint, nur dann eine neue Hoffnung erwecken, wenn es Euch gelingt, mit dem brandenburgischen oder Berliner Bruderrat zu einer gewissen Arbeitsgemeinschaft zu kommen und Euch gemeinsam auf eine Persönlichkeit zu einigen, die die geistliche Leitung etwa in der Weise wie bei uns Präses Koch übernehmen könnte ... Im Kirchenministerium würde man, wie ich annehme, der Schaffung einer solchen geistlichen Leitung zustimmen, sobald sie nicht kirchenregimentliche Funktionen im eigentlichen Sinne beansprucht und zur Zusammenarbeit mit dem Konsistorium bereit ist. Ich halte es durchaus für möglich, daß auf solchem Wege alle <u>wesentlichen</u> Anliegen der B.K. erfüllt werden können: Ausbildung der jungen Theologen, Prüfung, Ordination, Kollekte. Gegen die Konsistorien und Finanzausschüsse würde ich nichts einwenden, solange sie nur gewissermaßen die Vermittler für die staatliche Rechtshilfe sind, die wir nicht entbehren und ablehnen können, solange wir Volkskirche bleiben wollen und müssen ...

Dich und die Deinen grüßt in treuem Gedenken
Dein

---

111 AHSL EA 014; HAB 1/K 67c.

Braune an Bodelschwingh[112]

Lobetal, den 2.4.1938.

Lieber Bruder!

... Zum Inhalt der Verhandlungen möchte ich mich sachlich nicht äußern. Ich verstehe vollkommen, daß Du Bedenken hast, kirchenregimentlich zu handeln, weiß aber auf der anderen Seite, daß überall, wo ich hinkomme, die Brüder oft genug von selbst den Wunsch aussprechen: „Wenn doch Bruder von Bodelschwingh bereit wäre, die Leitung der Kirche zu übernehmen, um endlich die getrennten Brüder wieder zusammenzubringen". Man stößt doch immer wieder auf eine gewisse Kampfesmüdigkeit, die die Notwendigkeit der scharfen Trennung der BK von den anderen, theologisch gleichgesinnten Brüdern nicht begreift.

Auf der anderen Seite verstehe ich voll Deine Gegengründe, freue mich aber um so mehr, daß Du Dich zur Verfügung stellst, das Gespräch einzuleiten. Ich bin mir dabei vollkommen klar, daß die drei Sprecher der Preußischen Konferenz nicht gerade begeistern können, um eine kirchliche Bewegung in Gang zu bringen.

Ich darf jedenfalls auf jeden Fall damit rechnen, daß wir uns vorher sprechen und daß ich auch an den weiteren Verhandlungen in Berlin oder in Lobetal teilnehme ...

Alles Weitere mündlich.

Mit herzlichem Gruß
Dein getreuer

---

112 AHSL EA 108; HAB 2/39-84.

Braune an Bodelschwingh [113]

Lobetal, den 3. Mai 1938

Lieber Bruder!

Gestern nahm ich in Berlin an der Konferenz der Brandenburgischen Superintendenten teil, die sich u.a. auch mit der Eidesfrage befaßten ... [Es wurde] von Werner und Hymmen ausdrücklich dargelegt, daß der Eid ein Staatseid ist, daß also keinerlei kirchenpolitische Absichten damit verbunden seien, so daß die Beobachtung der Gesetze nicht die Beobachtung der Wernerschen Verordnungen bedeute. Präsident Werner erklärte, daß er diesen Eid als Vertreter des Staates abnehme und daß er volles Verständnis dafür habe, wenn die kirchenpolitisch andersdenkenden Gruppen, also etwa die BK, Sorge hätten, daß sie dadurch in ihrer kirchenpolitischen Haltung gebunden werden sollten. Der Eid sei ausdrücklich dazu da, um die bekannte Deklassierung der Pfarrer soweit wie möglich zu beseitigen, daher auch der Wortlaut in der allgemeingültigen Form. Änderungen am Wortlaut sollen nicht erfolgen, um den Eid weder zu erleichtern noch zu erschweren. Er sehe auch keine grundsätzlichen Bedenken dagegen, wenn etwa wie in der Braunschweigischen Kirche vor der Leistung des Eides ausdrücklich auf das Ordinationsgelübde Bezug genommen wird. Dadurch soll aber der Wortlaut des Eides nicht verändert werden. Im übrigen ist man dabei, eine Eidesbelehrung auszuarbeiten, die alle diese Bedenken zerstreuen soll. Jedenfalls waren Riehl und seine Vertreter von den Auskünften eigentlich restlos befriedigt. Es scheint auch so, als ob Praetorius und selbst Asmussen ihre Bedenken im wesentlichen zurückgestellt haben. Töricht sind nur einzelne radikale Vertreter der BK, die da sagten, sie wollten den Eid lieber in die Hand des Ortsgruppenleiters leisten als in die Hand ihres Superintendenten. Welche Würdelosigkeit liegt in diesem Radikalismus! Man stelle sich das in vielen kleinen Dörfern vor. Ich habe vorgeschlagen, wenn durchaus der Superintendent abgelehnt würde, dann solle man den Eid vor dem Landrat leisten. Auch darüber will Werner anscheinend unter Fühlungnahme mit den entsprechenden Brü-

---

113 HAB 2/39-53.

dern eine Belehrung ausgehen lassen. Übrigens hatten auch einige BK-Brüder gefordert, daß sie den Eid nicht mit anderen Pfarrern zusammen leisten wollten, die ihrerseits etwa die Bezugnahme auf das Ordinationsgelübde ablehnten. Man darf aber hoffen, daß letztlich die Vernunft doch bei allem siegt, und daß vor allem eine eindeutige Erklärung von den kirchlichen Stellen abgegeben wird, daß es sich lediglich um einen staatlich zu verstehenden Eid handelt ...

Mit herzlichem Gruß
Dein getreuer

Braune an Bodelschwingh [114]

Lobetal, den 21.5.1938.

Lieber Bruder!

... Die BK. hat also einzig und allein hier in Brandenburg die Leistung des Eides entschlossen abgelehnt. Es hat bereits gestern die Vereidigung der Kurmark stattgefunden, wozu scheinbar die BK nicht gegangen ist. Ich habe keine Aufforderung erhalten, ebenso Bruder Engelke nicht, da die Vereinsgeistlichen bisher davon ausgenommen sind. Das ist übrigens ein Zeichen dafür, daß der Eid im Wesentlichen die öffentlich rechtliche Seite des Pfarramtes betrifft, und wir beide haben ja kein Amt im Sinne dieses Amtsbegriffes ... Leider habe ich keine Übersicht, wieviele Pfarrer in Brandenburg bisher im ganzen den Eid verweigert haben. Aus dem Rundschreiben der BK geht hervor, daß dem Staat an dieser Eidesleistung nichts liegen soll, sondern daß es lediglich ein Unternehmen von Werner ist. Immerhin würde es für die Geltung der BK große Schwierigkeiten bereiten, wenn sie jetzt eklatant als Verweigerin des Treueides auf den Führer gebrandmarkt wird.

---

114 HAB 2/39-86.

Ich habe den Eindruck, daß die BK besonders in der rheinischen Erklärung den Eid viel schwerer nimmt, als er gemeint ist. Man kann mit scharfsinniger Theologie bekanntlich alles zerstören und für unrichtig erklären. Ich fürchte, daß auch hier des Guten zuviel getan ist. Riehl hat schon Recht, wenn er darauf hinweist, daß die BK den Eid im tiefsten Grunde nur deshalb ablehnt, weil sie die Kirchenleitung von Werner nicht anerkennt. Es wäre aber ganz unangebracht, den Streit über das Recht der Kirchenleitung v. Werners an diesem Punkte auszufechten, denn in den anderen Kirchen, auch in Bayern und Hannover haben die BK-Brüder ohne Bedenken den Treueid auf den Führer geleistet...

Mit herzlichem Gruß
Dein getreuer

Braune an Bodelschwingh [115]

z.Zt. Bad Altheide, Glatzer Bergland
Haus Helene

25.3.39 [116]

Lieber Bruder!

... Ich bekam hierher den Brief eines jungen B.K.ler, der sich beim Konsistorium zum Kolloquium gemeldet hat. Ihm sind keine geistlichen Bindungen auferlegt, sondern nur die gleichen Fragen, wie in der B.K. Prüfung vorgelegt. – Aber nun beginnt die Verfolgung der B.K. Er bekommt von alten Freunden Briefe wo er als Verräter, Christusleugner Simonist angeredet wird; ein junger B.K. sagt ihm die erst im Januar angenommene Patenstelle bei seinem Kindlein auf u.s.w. Diese Verblendung ist doch entsetzlich. So zerstören sie durch das Bekenntnis die Gemeinde Jesu und entleeren bald Kanzeln und Pfarrhäuser von jungen, an sich tapferen Zeugen

---

115 HAB 2/63–87. Handschriftlicher Brief.
116 Eingangsstempel.

Jesu. Aber nun ist plötzlich die „Kirchenleitung" wichtiger als das Evangelium selbst. Kannst Du da helfen, etwa durch Präses Koch...?

Mit herzlichem Gruß
Dein getr.

Braune an Bodelschwingh[117]

z.Zt. Bad Liebenstein
Haus Edelweiß

30.7.1941[118]

Lieber Bruder!

... Erschütternd arm ist der Gottesdienst des hiesigen D.C. Pfarrers. Es heißt übrigens nun „Gottesfeier". Christus ist nicht mehr zu spüren, nur noch „Gottgläubigkeit". Statt Liturgie gibt es ein langes Gesinge. Ich hätte nicht gedacht, daß die D.C. so armselig sind. Erfreulich die Predigt des Nachbarpfarrers, eines Neutralen, aber biblisch ausgerichteten Mannes. 1948 soll Thüringen Kirchenfrei sein! Dann haben aber die D.C. das meiste dazu geschafft. Auch die Gäste spüren doch stark den Unterschied...

Grüß Deine liebe Frau und auch „Tante Bertha" herzlich und sei Du selbst herzlich gegrüßt von Deinem getreuen Braune u. Frau.

---

117 HAB 2/18-2. Handschriftliche Postkarte.
118 Eingangsstempel.

Braune an Bodelschwingh [119]

Lobetal, den 10.2.1942.

Lieber Bruder!

Du wirst wohl über die gestrige Tagung von verschiedenen Seiten Bericht bekommen. So soll auch meiner nicht fehlen. Das Ergebnis ist leider ziemlich negativ. Es waren außer Wurm und Meiser etwa 10 Vertreter der BK, darunter Asmussen, Dibelius, Knak, v. Rabenau u. Buhre vom Berliner Bruderrat da und von der Altpreußischen Konferenz Burghart, Borrmann, Karow und ich. Wurm gab eine nette Einleitung und schilderte die Sachlage, die Dir bekannt ist. Er sprach von dem Vertrauen und dem herzlichen Wunsche aller, wieder zusammenzukommen. Er überging aber die Schwierigkeiten, und wie sich später herausstellte, ist er auch so wenig über unsere preußischen Nöte unterrichtet, daß er sie kaum begreifen kann. Von unserer Seite sprach zunächst Borrmann und brachte die notwendigen Einleitungen und Dankbezeugungen und dann im wesentlichen die dringende Bitte vor, daß die BK. auf gewisse Ansprüche der geistlichen Leitung verzichten müsse, im besonderen möge sie verzichten auf Prüfungen, auf selbständige Kollekten und möge ihren Brüdern den Rat geben, sich legalisieren zu lassen. Um diese drei Punkte, die die andere Seite Forderungen nannte, ging dann eigentlich die ganze Aussprache. Asmussen verharmloste alles und meinte, darüber könnten wir uns völlig beruhigen, diese Dinge wären eigentlich auch für sie Lapalien. Geprüft würde nicht mehr, über die Kollektenfrage rede man schon miteinander, die Legalisierung müsse man den einzelnen Brüdern selbst überlassen. Wir könnten nicht von ihnen verlangen, daß sie den Brüdern dazu zureden sollten.

Burghart unterstrich dann nochmals mit ziemlichem Temperament diese Forderungen. Er irrte sich in der Ausdrucksweise und sagte, daß die VKL. ruhen müsse. Es müsse bei dem bleiben, was ihnen durch Held und Cloppenburg [120] schon schriftlich zugesagt sei. Asmussen sagte dann, die VKL. könnte wirklich ruhen, daran läge auch ihnen nicht viel. Sie ruhe ja in der Tat schon, aber die Bruderräte müßten auch weiterhin bleiben und

---

119 AHSL EA 247; HAB 2/39–213.
120 Heinrich Kloppenburg.

leiten. Gemeint war von uns natürlich die geistliche Leitung von Bruderräten und VKL. Anscheinend haben sich dort die Befugnisse zugunsten der Bruderräte verschoben.

Ich wies in längeren Ausführungen darauf hin, daß wir Theologen mit den Brüdern der BK. bekenntnismäßig hundertprozentig übereinstimmen und daß auch weithin im Land die Sache so zu beurteilen ist, daß auch in unserer zerrissenen Provinz mehr als 80% der Amtsbrüder bekenntnismäßig auf dem gleichen Standpunkt stünden. Das, was uns von der BK. im wesentlichen trennt, ist der Anspruch auf die geistliche Leitung, der sich schon teilweise bei Konventen, bei Predigtvertretungen und bei Pfarrstellenbesetzungen auswirkt, nach der Seite der inneren Zerrissenheit. Ich sprach dann aus, es müsse dahin kommen, daß wir uns zusammenfinden und das Schwergewicht des geistlichen Einflusses sich dann auch langsam bei den Kirchenbehörden durchsetzt. Wir wüßten alle, daß dort eine Reihe von Männern tätig seien, die mit uns eines Sinnes sind. Ihre Position gilt es zu festigen und auf diesem Wege langsam zu einer brauchbaren Leitung zu kommen. Hierbei platzte die Bombe, und Knak drückte es so aus: Ihm käme das graue Entsetzen an, wenn er mich dahin verstehen müßte, daß wir sie unter die Leitung der Behörde bringen wollten. Dibelius fiel in die gleiche Stimmung ein: Laßt alle Hoffnung fahren, wenn Ihr mit diesen Behörden zusammen arbeiten wollt. Als Beispiele würden natürlich unsere Freunde Hymmen und Dr. Hei.[121] genannt.

Ich glaube, daß an dieser Stelle im tiefsten Grunde der unüberbrückbare Gegensatz liegt. Wurm meinte, wir sollten uns da einmal zusammensetzen und diese lokalen Schwierigkeiten für Berlin und Brandenburg allein beseitigen.

Meiser wies ausführlich hin auf die neue Lage, die am 1.4.42 in Bayern eintrete. Sämtliche Staatszuschüsse würden gestrichen und die Kirchenbehörden müßten für das Aufkommen der Gelder durch eigene Steuerämter sorgen. Das Gleiche steht für Preußen wahrscheinlich bevor. Man stelle sich vor, welche Stärkung das für die Behörden bedeuten würde, wenn das ganze Kirchensteuerwesen allein in ihren Händen liegt, und von da aus die Besetzung der Pfarrstellen, die Finanzierung der Gemeinden und dergl. mehr besorgt wird. Gerade unter diesem Aspekt können wir nur umso

---

121 Johannes Heinrich.

dringender bitten, sich jetzt zusammenzufinden, damit, wenn die Stunde für uns kommt, wenigstens eine einigermaßen geschlossene Kirche dasteht.

Die ablehnende Haltung gegenüber diesen Behörden war bei den Hauptsprechern auf der anderen Seite so geschlossen, daß ich zunächst keine Möglichkeit einer weiteren Verständigung sehe. Wenn ich daran denke, daß für Brandenburg Dib. Vorsitzender des Bruderrates ist und wir sollen versuchen, uns mit ihm über diese Fragen zu verständigen, dann kann ich allerdings auch nur sagen: Laßt alle Hoffnung fahren. Es kommt bei ihm einfach auf eine Katastrophenpolitik hinaus. Trotzdem ist noch einmal für den 27.2. um 14 Uhr die gleiche Besprechung angesetzt. Bis dahin sollen Einzelverhandlungen stattfinden, für Berlin bereits übermorgen. Ich habe soeben mit Bruder Knak telefoniert. Wir werden ihn noch besonders bearbeiten müssen. Daß unsere BK. hier noch nichts zugelernt hat, ergab sich neuerdings wieder aus der Besetzung der Superintendentur Beeskow. Dort wurde von der Behörde ein m.E. sehr verständiger Mann präsentiert, ein früherer Sydower Bruder und BK-Mann. Der Kirchenkreis, überwiegend BK, lehnte ihn ab und präsentierte einen anderen aus ihrer Mitte. Auf die Anfrage der Behörde, ob er sich ihren Anordnungen fügen würde, antwortete er „Nein". Nun kann man doch unmöglich verlangen, daß die Behörde einen Superintendenten ernennt, der ihr von vornherein den Gehorsam aufsagt. Du magst daraus ersehen, daß wir hier noch ein sehr schweres Arbeitsfeld haben. Wenn nun die Altpreußische Konferenz, zu der der größte Teil der Superintendenten gehört, ein Einigungswerk, oder wie ich es gern nennen möchte, ein Konkordienwerk mitmachen möchte, dann kann man ein Zusammengehen mit der BK. solange nicht empfehlen, wie der Anspruch der geistlichen Leitung in diesen brennenden Fragen nicht aufgegeben ist. Hinzu kommt, daß auch hier in weiten Kreisen der Pfarrerschaft das Urteil über die BK. allmählich hart und bitter geworden ist, weil sie immer wieder die brüderliche Gemeinschaft gefährdet. Die andere Seite redet davon, man könne die Geschichte nicht aufgeben und all die großen geistlichen Werte, die errungen sind, nicht einfach fahren lassen. Ich habe aber den Eindruck, daß weithin im Land viele BK-Brüder bereit wären, vieles aufzugeben, wenn sie dafür die Einigung mit den anderen gleichgesinnten Brüdern erreichen. Es ist gegenwärtig die letzte Minute, in der die Kirche sich noch zusammenfinden kann, und diese Minute dürfen wir nicht verpassen.

So bitte ich Dich, doch auch Deinen Einfluß in dieser Richtung geltend zu machen. Vielleicht werden wir zunächst einen Mann wie Knak gewinnen können. Herntrich war auch dabei. Er ging aber m.E. an den für uns brennenden Fragen vorbei. Aber immerhin ist auch er leichter für eine versöhnlichere Haltung zu haben, weil auch bei ihm das Geschichtsbewußtsein in Sachen BK wohl noch nicht so ausgeprägt ist. Burghart war in seinen Äußerungen manchmal sehr temperamentvoll, aber m.E. auch in der Sache klar und fest.

So ist es infolgedessen gar nicht mehr dazu gekommen, die 12 Punkte durchzusprechen. Wir sollen uns schriftlich zu diesen Sätzen äußern. Deine Meinung wurde andeutungsweise mitgeteilt. Ich halte es grundsätzlich für ziemlich verfehlt, über solche Sätze gemeinsame Erklärungen abzugeben oder einen gemeinsamen Aktionsausschuß zu bilden, wenn nicht von vornherein auch klar gesagt wird, wir verzichten in Sachen Prüfung, Kollekten und Legalisierung auf die besonderen Ansprüche der geistlichen Leitung. Die Preußische Konferenz stellt keine eigene geistliche Leitung auf, sondern will Bewegung sein, die in den Leitungsfragen mit der Behörde zusammenzugehen versucht, dort aber ihrerseits sehr laut und deutlich ihre Forderungen vorträgt. Die BK. will aber immer eigene Kirche sein, die bei jeder Gelegenheit laut und deutlich erklärt, das Konsistorium interessiert uns nicht, auch die Superintendenten interessieren uns in der Theorie nicht. Bei solcher Haltung aber ist ein Zusammengehen unmöglich. Das aber wollen die BK-Brüder noch nicht einsehen.

Gott helfe uns, daß wir in den nächsten Wochen doch noch einen spürbaren Schritt weiterkommen.

Mit herzlichem Gruß
Dein getreuer

Bodelschwingh an Braune[122]

Bethel bei Bielefeld, den 24.2.1942.

Lieber Bruder Braune!

Dein Bericht über die Berliner Versammlung war mir neben zwei andern Darstellungen, die ich von den Brüdern Knak und Herntrich bekam, sehr wertvoll. Verlauf und Ergebnis entsprach dem, was ich befürchtet hatte. Wiederholt hatte ich den alten Herrn bitten lassen, vor einer solchen Zusammenkunft das Terrain durch eingehende Einzelbesprechungen kennenzulernen. Die Leute in Süddeutschland können sich von den Schwierigkeiten in der altpreußischen Kirche nur schwer eine Vorstellung machen. Der neulich versammelte Kreis gibt auch noch kein Bild, das für die andern Provinzialkirchen maßgebend ist. Hier in Westfalen z.B. sind die beiden damals vertretenen Gruppen praktisch nicht wirksam. Die preußische Konferenz ist ganz unbekannt, und hinter den Männern um unsern großen Freund D.[123] steht nur noch eine verschwindende Minderheit von trefflichen Leuten, auf deren Warnung und Mahnung man zwar wohl noch hört, die aber aus der Leitung der kirchlichen Dinge ganz ausgeschaltet sind. In bezug auf das Verhältnis zum Konsistorium hat man hier etwa die Wege beschritten, die Du in der Sitzung angedeutet hast. Das Ergebnis ist noch in keiner Weise ideal, und es gibt mancherlei Reibungen und Schwierigkeiten vor allem dann, wenn gewisse Stellen im EOK durch Münster in die hiesigen Dinge eingreifen. Aber der Zustand ist doch erträglich, und auf manchen Gebieten kommt eine immer fruchtbarere und einheitlichere Arbeit zustande. Daß man bei den Berliner Verhältnissen vor dem Beschreiten dieses Weges zurückschreckt, verstehe ich, habe aber auch bei unserm Freund K.[124] den Eindruck, daß ihm eine Besserung der persönlichen Faktoren im Konsistorium kaum erwünscht scheint, weil man seine eigene Haltung nun einmal auf den Gegensatz eingestellt hat und gewissermaßen davon lebt.

---

122 AHSL EA 108.
123 Otto Dibelius.
124 Siegfried Knak.

Ich beschränke mich heute auf diese kurzen Andeutungen. Über die für den 27. geplante Fortsetzung der Besprechung ist mir aus Stuttgart eine Mitteilung nicht zugegangen. Man rechnet also wohl nicht mit meiner Beteiligung. Sie wäre auch an dem Tage nicht möglich, weil ich da durch die Beerdigung einer hier gestorbenen Verwandten gebunden bin. Vielleicht läßt Du mich gelegentlich wissen, ob Du den Eindruck hast, daß durch die inzwischen geführten Einzelgespräche die Sache hat gefördert werden können.

In treuem Gedenken und mit herzlichen Grüßen
Dein

Braune an Bodelschwingh[125]

Lobetal, den 27.2.1942.

Lieber Bruder!

Die neue Besprechung ist verlegt von Freitag, den 27.2. auf Dienstag, den 3. März nachmittag 2 Uhr am üblichen Ort (Lutherischer Rat). Auf Deine Antwort, für die ich Dir herzlich danke, erwidere ich Dir, daß inzwischen zwischen dem Berliner Bruderrat und unseren Vertretern Verhandlungen stattgefunden haben, die einen kleinen Schritt weitergeführt haben. Man gestand auf der anderen Seite, im besonderen Bruder Asmussen, zu, daß sie ihrerseits von den eigenen Forderungen nur so wenig durchführten, daß eigentlich kaum eine Substanz vorhanden wäre. Unsererseits wurde ihnen die Ordination und Nachbestätigung ohne weiteres zugestanden, auch die gegenseitigen amtlichen Besuche als fortgesetzte Visitationen, vor allem aber geistliche und theologische Arbeitsgemeinschaften in jeder Weise, aber die eigentlichen kirchlichen Leitungsansprüche sollten sie doch fallen lassen. Man ist also dort etwas weitergekommen.

---

125 AHSL EA 108.

Ich versuchte inzwischen, mit Dib.[126] allein zu verhandeln. Leider war er an den entscheidenden Tagen verreist. Ich habe inzwischen die Fragen auf dem Konsistorium besprochen. Man ist dort auch unserer Meinung, rät aber nach der eigenen Einstellung zu großer Vorsicht. Telefonisch hörte ich soeben noch, daß vor wenigen Tagen eine Superintendentenkonferenz gewesen ist, die sich anscheinend auch geschlossen hinter die Forderungen unserer Konferenz stellte. Man sagte mir, daß nur noch etwa 100 renitente Kandidaten vorhanden seien, immerhin eine beträchtliche Zahl wertvoller Menschen, aber keineswegs mehr die Majorität. Man muß immer wieder sagen, daß die BK. mit ihren Kandidaten eine viel zu teure Munition verschießt. Ich bin also der guten Hoffnung, daß wir langsam weiterkommen ...

Mit herzlichem Gruß
Dein getreuer

Braune an Bodelschwingh[127]

Lobetal, den 5.3.1942.

Lieber Bruder!

Vorgestern war die 2. große Sitzung des Einigungswerkes. Sie verlief erfreulicherweise völlig anders als die erste. Wir haben diesmal in großer Einmütigkeit die zwölf Thesen über die Kirche durchgearbeitet, nachdem die anderen strittigen Punkte aus der letzten Sitzung durch Vorbesprechungen einigermaßen befriedigend geklärt waren. Die BK. gibt tatsächlich zu, daß nicht mehr geprüft wird, trägt sich aber mit dem Gedanken, als Ersatz eine Eignungsfeststellung zu treffen. Zur Forderung der Legalisierung haben sie allerdings noch keine klare Stellung genommen.

Die zwölf Thesen sind sehr eingehend besprochen worden. Wir haben fast an jedem Punkt etwas geändert. Bei uns zeigte es sich, daß Burghart in

---

126 Otto Dibelius.
127 AHSL EA 252.

vielen Punkten nicht recht mit konnte. Er wollte fast überall die Hörner und Zähne ganz herausbrechen. So kam es, daß ich im wesentlichen der Sprecher der Konferenz wurde und Di.[128] der Hauptredner der anderen Seite. Das Endergebnis war, daß wir beide die Sätze endgültig formulieren sollen, eine für mich überraschende Wendung der Dinge. Mit gewissem Bedauern stellte ich fest, daß Wurm die Sätze überhaupt nicht vertreten konnte, sondern alles Dib. überließ.

Ich bat eingehend darum, die Stellung zu Staat und Obrigkeit in irgendwie möglicher Form zu formulieren. Das wurde nach längerem Hinundher als Quadratur des Zirkels erklärt und darum müsse man davon Abstand nehmen. Ich verstehe diese Schwierigkeit vollkommen, fürchte aber, daß daraufhin viele nicht mitmachen werden. Ob es uns gelingt, zumindestens den Dienst an Volk und Vaterland und die Fürbitte für beide in schicksalsschwerer Zeit so hineinzuarbeiten, daß es tragbar ist, bleibt noch offen. Das schien aber der einzige Weg zu sein ...

Mit herzlichem Gruß
Dein getreuer

Braune an Bodelschwingh[129]

Lobetal, den 17.3.1942.

<u>Vertraulich!</u>

Lieber Bruder!

Anliegenden Bericht an D. Burghart und Borrmann, den ich nach meiner gestrigen Besprechung mit Dib.[130] gab, möchte ich Dir zur Kenntnis übersenden. Du magst daraus ersehen, daß wir in den entscheidenden Fragen nicht weitergekommen sind. Dib. hatte sich wohl den Umgang mit mir

---

128 Otto Dibelius.
129 AHSL EA 252.
130 Otto Dibelius.

leichter gedacht und glaubte wohl ebensowenig Widerstand zu finden, wie es scheinbar in seinen BK-Kreisen der Fall ist. Er hatte eine halbe Stunde allein innerlich damit zu tun, daß ich ihm seine Sätze und Vorschläge immer nüchtern und ruhig ablehnte. Im übrigen ist seine Haltung in den entscheidenden Fragen ja so unmöglich, daß ich heute mehr denn je der Ansicht bin, daß ein Einigungswerk nur ohne ihn möglich ist. Aber W.[131] ist in seiner Hand. Das ist eine peinliche Lage.

Ich werde versuchen, ihn zu bearbeiten und wäre dankbar, wenn Du das Gleiche tätest. Sonst müssen wir den Versuch als gescheitert ansehen.

Mit herzlichem Gruß
Dein getreuer

Bodelschwingh an Braune[132]

Bethel bei Bielefeld, den 20. März 1942.

Lieber Bruder Braune!

Soeben Deinen Brief erhalten. Für den Fall, daß Du vor Dienstag noch etwas in der Sachen unternehmen mußt, heute nur ein kurzes Wort: Der alte Herr brachte die von D.[133] ihm übergebenen Sätze mit. In der Fassung waren anscheinend Deine Änderungsvorschläge zumeist aufgenommen. In ein oder zwei Fällen waren sie als zweiter Vorschlag angefügt. Wir haben den Text gemeinsam mit Präses Koch durchgesehen. Dabei wurden einige Kürzungen vorgeschlagen. Die Präambel wird noch einer gründlichen Bearbeitung bedürfen.

Im ganzen aber verstärkte sich mein Eindruck, daß auf diesem Wege überhaupt kaum vorwärts zu kommen ist. Den Stuttgarter Freunden habe ich von vornherein gesagt, es schiene mir unmöglich, die von D. verfaßten Sätze zugrunde zu legen und sie durch immer neue Umarbeitung für den großen Kreis der andern tragbar zu machen.

---

131 Theophil Wurm.
132 AHSL EA 252; HAB 2/39-213.
133 Otto Dibelius.

Die Verhältnisse in den preußischen Provinzen sind so verschieden, daß man weder von Berlin noch von Stuttgart aus die Dinge beurteilen und regeln kann. Von dem allen hat unser alter Freund nur eine sehr undeutliche Vorstellung. Hier habe ich ihn nicht nur mit dem Präses, sondern auch andern Brüdern in Verbindung gebracht, insbesondere mit dem jüngsten unserer westfälischen Superintendenten, der jetzt im Einvernehmen mit dem Konsistorium die Vertretung von Koch in der Geistlichen Leitung Westfalens übernommen hat. So gewann W.[134] ein Bild davon, wie man hier in Westfalen vorwärts kommen könnte. Ähnliche Reisen müßten in die andern Provinzen unternommen werden. Da W. selbst dafür keine Zeit und Kraft hat, muß er ein oder zwei verantwortliche Mitarbeiter haben, die von den bisherigen Gruppen möglichst unabhängig sind. Ich habe dem alten Herrn aufs neue nachdrücklich gesagt, ich könne nicht in einem Wagen Platz nehmen, der zwar seine Firma trägt, auf dessen Bock aber D. sitzt. Alles weitere mündlich.

Mit herzlichem Gruß
Dein

Braune an Bodelschwingh[135]

Lobetal, 2. April 1942.

Lieber Bruder!

... Die Tatsache, daß D. Wurm ausgerechnet Dibelius und mich gebeten hat, die Sätze zu formulieren, wäre zumindestens ein Beweis dafür, daß meine Haltung durchaus positiv auch im Sinne der BK. bewertet wurde ...

Mit herzlichem Gruß
Dein getreuer

---

134 Theophil Wurm.
135 AHSL EA 108; HAB 2/18-2.

Braune an Bodelschwingh[136]

Lobetal, den 6.5.1942.

Lieber Bruder!

... D. Wurm hat mir die letzten Sätze und Präambel noch einmal zugeschickt. Aus der Präambel hat er allerdings alles herausgestrichen, was noch irgendwie Bedeutung hat. Wir wollen heute noch einmal darüber beraten. Es ist doch nicht ganz einfach, eine communis opinio über gewisse Dinge herbeizuführen und auszudrücken.

Mit herzlichem Gruß
Dein getreuer

Bodelschwingh an Braune[137]

Bethel bei Bielefeld, den 28. Mai 1942.

Lieber Bruder Braune!

... Aus Stuttgart habe ich nichts wieder gehört. Jetzt fürchte ich, daß durch die Sommermonate mit den wenn auch verkürzten Urlaubsreisen neue Stockungen kommen. Immer bedaure ich, daß unser alter Freund[138] so viel Zeit mit dem Versuch einer Programm-Formulierung verloren hat, statt in den einzelnen Provinzen die Brüder durch persönliche Besprechungen zusammenzuschließen. Nun ist „die frische Farbe der Entschließung durch der Gedanken Blässe angekränkelt" und ein Vorwärtskommen auf diesem Wege immer mühsamer geworden.

In treuem Gedenken grüßt Dich und die Deinen
Dein

---

136 AHSL EA 108; HAB 1/K 50.
137 AHSL EA 108.
138 Theophil Wurm.

Braune an Bodelschwingh [139]

Lobetal, den 16. Juni 1942.

Lieber Bruder!

... Eine gewisse Schwierigkeit entsteht dadurch, dass Wurm zum 22. Juni 3 Uhr in Berlin zu der von uns erbetenen Besprechung einlädt. Zur gleichen Stunde haben wir unseren Vorstand nach Hoffnungstal zusammen berufen und jetzt auch das Komitee. Ich glaube aber, dass die Wurm'sche Besprechung so wichtig ist, dass wir das andere verlegen müssen. Ich versuche daher mit Dir, während ich diktiere, telefonische Verbindung aufzunehmen, ob wir es auf Montagvormittag oder auf Dienstagnachmittag verlegen wollen. Ich vermute, dass Wurm seinerseits Deine Teilnahme sehr begrüssen würde. Ich kann heute noch nicht sagen, ob auch die Kirchenführer vertreten sein werden. Wenn es gelingen sollte, dass am Montag die theologische Grundlage, auf der wir weiter arbeiten wollen, einheitlich gefunden wird, dann werden wir ja schleunigst überlegen müssen, wie wir in der Praxis nachher weiter kommen „ohne Rumor". Ich will Dir das alles schon vor unserem Jahresfest mitteilen, damit Du Dir die Fragen in Ruhe durch den Sinn gehen lassen kannst.

Mit herzlichem Gruss
Dein getreuer

---

[139] AHSL EA 108.

staatliche Eingriffe und innerkirchliche Auseinandersetzungen ———— 137

Braune an Bodelschwingh [140]

Lobetal, den 31. Juli 1942.

Lieber Bruder!

Inzwischen ist unserer Gruppe D. Wurm mitgeteilt worden, dass Du den Ausdruck „nichtevangeliumsgemässe Führung" in der Präambel beanstandet hast. Wir haben einen neuen Vorschlag an Wurm gemacht, haben einen möglichst ähnlichen Ausdruck beibehalten. Gestern wurde ich nun telefonisch gebeten, meine Unterschrift für die Sätze zu geben. Ich habe Bruder Hutten meine grundsätzliche Bereitwilligkeit gesagt, habe aber erst noch um den endgültigen Wortlaut gebeten, da man nun nach den mancherlei kleinen Korrekturen nicht mehr weiss, was endgültig geblieben ist. Ich darf wohl auch annehmen, dass Du bereit bist, jetzt Deinen Namen darunter zu setzen, nachdem immerhin mit einiger Sorgfalt in mehr als sieben Monaten daran gearbeitet ist. Die südlichen Kirchenführer haben wohl auch ihre Unterschrift schon zugesagt. Vielleicht gibst Du mir eine kurze Nachricht, ob Du mit unterzeichnest...

Mit herzlichem Gruss
Dein

———

Bodelschwingh an Braune [141]

Bethel bei Bielefeld, den 3. Aug. 1942.

Lieber Bruder!

Der Leiter der Hannoverschen B.K.-Pastoren fragt bei mir an, wie es mit den 13 Punkten von Wurm stände. Er scheint zu wünschen, daß ich mich bei Marahrens um Wegräumung der noch bestehenden Bedenken bemühen möchte.

———

140 AHSL EA 280.
141 AHSL EA 280.

Vor etwa 3 Wochen schickte mir Wurm die letzte Fassung. Ich habe ihm damals nur noch zu einem Ausdruck in der Präambel etwas geschrieben. Seitdem hörte ich nichts weiteres. Seid Ihr neu mit der Sache beschäftigt worden? ...

Mit herzlichem Gruß
Dein getreuer

Braune an Bodelschwingh[142]

Lobetal, den 6. August 1942.

Lieber Bruder!

Mein Schreiben vom 31. Juli in Sachen Wurm wirst Du wohl inzwischen erhalten haben. Damit ist Deine Anfrage vom 3. August meines Erachtens erledigt. Ich habe inzwischen zwar noch immer nicht die endgültige Formulierung erhalten. Von einem Vorgang in Sachsen ist mir nichts bekannt. Ich könnte nur eines annehmen, dass man in Sachsen allmählich stumpf geworden ist, weil die sogenannte friedliche Mitte allzu inaktiv ist und weil die amtlichen Kirchenbehörden die D.C.-Gruppe allzu sehr fördert. Wurm äusserte sich seinerzeit sehr negativ über die sächsische Situation. Man wird warten müssen, bis die Aktion im Reich vorangekommen ist. Dann wird vielleicht Sachsen in neue Bewegung geraten können ...

Mit herzlichem Gruss
Dein

---

142 AHSL EA 108.

Braune an Bodelschwingh[143]

Lobetal, den 31. Oktober 1942.

Lieber Bruder!

... Zum Schluss war noch Bruder Wenzel bei mir und teilte mir mit, dass er Dir soeben wegen des Einigungswerkes Nachricht gegeben habe. Diese Nachrichten sind aber falsch, wie ich inzwischen feststellte. Die Brandenburger Herren sind vor einiger Zeit bei Hy.[144] gewesen und haben sich mit ihm weitgehend verständigt, so dass er auch seinen Widerstand aufgibt. Es sollte nur in der Präambel eine Stelle geändert werden, was in Aussicht gestellt ist. Ich habe leider direkt noch keinen der fünf Herren sprechen können, aber hoffe das auch in den nächsten Tagen zu erledigen. Dann kam er noch auf dieses Rundschreiben, was Dir von Hagen mitgeteilt ist. Es scheint sich da um ein recht törichtes Schreiben zu handeln, das von Eurem Westfalen Fenz (?)[145] unterzeichnet ist. Dahinter ständen Fiebig bei Euch und Siegert. Also demnach mehr eine D.C.-Erklärung. Da nun ausdrücklich wir beide genannt sind als Vertreter der Inneren Mission, muss ja wohl irgendwie Stellung dazu genommen werden, aber man darf es meines Erachtens nicht zu tragisch nehmen. Man müsste erst einmal das ganze Rundschreiben lesen, um den Gesamttenor zu erkennen. Es ist also nicht von der BK ausgegangen, wie Du dachtest, sondern im Gegenteil von einer Gruppe, die sich überbündische Gruppe nennt. Dahinter aber steht fast niemand. Ich wollte Dir das nur mitteilen, damit Deine Stellungnahme zu den betreffenden Fragen evtl. korrigiert wird bzw. damit man noch abwartet ...

Mit herzlichen Gruss
Dein getreuer

---

143 AHSL EA 108.
144 Johannes Hymmen.
145 So in der Urschrift. Der Name war nicht auflösbar.

Braune an Bodelschwingh[146]

Lobetal, den 14. November 1942
(z.Zt. Eberswalde, Pfeilstr. 21).

Lieber Bruder!

... In der Sache Wurm habe ich von hier aus nichts Neues erfahren. Ich habe nur Bruder Hagen neulich länger besucht, der auch auf dieses Rundschreiben der Gruppe Wentz[147] zu sprechen kam. Er sieht es etwas sorgenvoller an und möchte zum mindesten an den hiesigen Versender des Rundschreibens, Superintendent Schleuning, einige Zeilen richten. Der ganze Unsinn ist wohl leider durch unseren Freund Propst Borrmann entstanden, der vor den Brandenburger Superintendenten über die Aktion sprach, die Sätze vorlegte und dabei wohl erwähnte, dass ich mich um die Redaktion besonders verdient gemacht hätte. Wie nun Dein Name dazu gekommen ist, weiss ich nicht, aber wahrscheinlich wird er ihn miterwähnt haben, um das Gewicht der Aktion zu verstärken. Tatsache ist ja wohl, dass von Dir höchstens ein oder zwei Worte in die Sätze hineingekommen sind, und von meinen Vorschlägen sind wahrscheinlich auch nur noch wenige Worte vorhanden. Die Präambel ist völlig anders geworden, als ich sie in Vorschlag gebracht hatte. Vielleicht ist nur das eine im wesentlichen richtig, dass durch mein Bemühen die scharfen Antithesen der ersten Formulierungen beseitigt wurden. Ich sehe jedenfalls die Sache bis auf weiteres auch als belanglos an. Ich werde vielleicht Superintendent Borrmann von hier aus noch sprechen können ...

Mit herzlichem Gruss
Dein getreuer

---

146 AHSL EA 108.
147 Karl Wentz.

staatliche Eingriffe und innerkirchliche Auseinandersetzungen ———— 141

Braune an Bodelschwingh[148]

Lobetal, den 16. Dezember 1942.

Lieber Bruder!

... Vorgestern tagten wir wieder in der Sache Wurm. Unser Kreis hat gleichfalls beschlossen, den alten Herrn dringend zu bitten, aus seiner Namensliste die Provinzvertreter der BK heraus zu lassen. Andererseits sollen von uns noch mehr Namen zur Verfügung gestellt werden, da. D. Dib.[149] nun doch darunter steht, und zwar ist unser Protest ausführlich von ihm und von Wurm beantwortet. So hätten wir entweder die Konsequenz ziehen müssen, unsere Namen sämtlichst zurückzuziehen, das aber glauben wir nicht verantworten zu können, oder im Gegenteil noch mehr Namen hinzufügen. Auch Burghart will zeichnen, ebenso wahrscheinlich D. Doehring, der immerhin in Berlin für die Laienwelt der bekannteste Prediger ist. Dann soll aus Pommern wahrscheinlich von Scheven gebeten werden und aus Schlesien Superintendent Loheide. Dann wäre jede preussische Provinz durch einen Namen unserer Richtung vertreten. Für Westfalen werdet Ihr die Dinge etwa in Deinem Sinne lösen können, für die Rheinprovinz fehlt uns hier im Augenblick die gute Personalkenntnis, da die preussische Konferenz dort ja kaum bekannt ist. Jedenfalls ist auch das eine bei uns sicher und deutlich: Die Sache darf jetzt nicht mehr rückwärts gehen, sondern wir müssen weiterarbeiten, weil die Verantwortung zu gross wäre, diesen letzten Versuch einer einigen Kirche leichtsinnig aufzugeben. Ich wäre Dir daher auch sehr dankbar, wenn Du Deinen Namen unbedingt dazu geben würdest. Lilje hatte in seiner Darstellung ganz bestimmt recht, dass unter den vielen Namen der Deinige zu den allerwichtigsten gehört.

Mit herzlichem Gruss
Dein

---

148 AHSL EA 108.
149 Otto Dibelius.

Braune an Bodelschwingh[150]

Lobetal, den 8. Mai 1943.

Lieber Bruder!

... Zweimal waren wir jetzt in Berlin in rebus wurmi[151] zusammen. Es ist ein kleiner Schritt weiter, da ja nun endlich die fertige Liste herausgekommen ist. Der alte Herr[152] war gestern hier, hielt seinen Beirat, zu dem ich auch hinzugebeten war. Es ist schon richtig, dass Otto magnus[153] immer wieder die entscheidende Rolle spielt. Wir werden am 21. Mai für unser Gebiet die weiteren Massnahmen besprechen und werden wohl in erster Linie darauf hinauskommen, dass zunächst sine rumor die brüderschaftliche Haltung durch Konvente usw. gefördert wird. Otto wollte den Eingang nach Pommern über unseren Onnasch suchen, wovor ich sic rebus stantibus[154] dringend gewarnt habe. Sein Fingerspitzengefühl ist bei all seiner Klugheit immer nur gering. Der alte Herr aber lässt sich reichlich viel durch ihn beeinflussen ...

Mit dem herzlichen Wunsch, dass der treue Gott Dich weiterhin segnen und kräftigen möge, grüsst Dich in steter Dankbarkeit
Dein

---

150 AHSL EA 108.
151 Gemeint ist das Kirchliche Einigungswerk.
152 Theophil Wurm.
153 Otto Dibelius.
154 Bei diesem Stand der Dinge.

Christen jüdischer Herkunft – Hilfen und Begrenzung

Die Hilfen der evangelischen Kirche für die Gemeindeglieder jüdischer Herkunft im Nationalsozialismus sind, aufs Ganze gesehen, ein wenig ruhmreiches Kapitel ihrer Geschichte. Bereits die auf breiter Front angelegten Boykottmaßnahmen gegen die Juden im April 1933 ließen eine dezidierte Positionierung vermissen. Zwar entzündete sich an der Frage der Ausdehnung des Arierparagraphen auf den Bereich der Kirche im Herbst 1933 der „Kirchenkampf" zwischen Deutschen Christen (DC) und Bekennender Kirche (BK). Aber die Auseinandersetzungen betrafen zunächst Pfarrer und Kirchenbeamte und halfen den betroffenen Gemeindegliedern, die von den DC auf Grund einer schwer definierbaren Rassezugehörigkeit in summa ausgeschlossen werden sollten, wenig; denn obwohl die BK dies aus prinzipiellen theologischen Erwägungen ablehnte, mangelte es von dieser Seite an gezielter, aktiver Unterstützung.

Der Ruf nach Gründung von juden-christlichen Gemeinden oder gar einer juden-christlichen Kirche, der auch Bodelschwingh, wie der Brief vom 18. Januar 1939 zeigt, nicht abgeneigt gegenüberstand, war ein hilfloses Kompromissangebot zwischen Bekenntnistreue und rassistischem Exkommunikationsdruck. Diese, gleichwohl nie realisierte Option, nötigte „nichtarische Christen" (so die Eigenbezeichnung) jedoch zur Bildung von Selbsthilfeorganisationen, um ihre Interessen innerhalb und vor allem außerhalb der Kirche zu vertreten.

Erst 1934 unternahmen vereinzelte Vertreter der BK erfolglose Versuche einer Hilfebündelung von evangelischer Seite. Weitere Bemühungen, die BK zu kontrolliert-koordinierter Hilfe zu veranlassen, scheiterten 1935 im Umfeld der Nürnberger Gesetze. Weder unter dem Dach der Kirche noch unter dem Schirm der Inneren Mission – vergeblich wurde in diesem Zusammenhang auch um Unterstützung bei Bodelschwingh nachgesucht – gelang es, die „Nichtarierhilfe" zu institutionalisieren.

Gleichwohl Bodelschwingh die Verantwortung für eine reichsweite „Nichtarierhilfe" ablehnte, wird aus den Briefen die Art der Hilfeleistungen in Bethel und Lobetal vor 1938 deutlich. Der erste Teil des Briefwechsels

Hoffnungstaler Anstalten
(Bodelschwingsche Anstalten)
in Lobetal über Bernau bei Berlin

Fernsprecher:
Bernau 451
Postscheckkonto:
Berlin 17929
Bahnstation:
Rüdnitz (Mark)
oder Bernau (Vorortverkehr)

Der Anstaltsleiter:
P. Braune, Pastor.

Lobetal, den 10.10.1938.

Eing. 13. OKT. 1938
M4130

B./B.

Herrn Pastor D. Friedrich v. Bodelschwingh
in
Bethel b. Bielefeld

Lieber Bruder!

Auf die Anfrage wegen des Dr. Erlanger kann ich Dir auch nur eine ziemlich unbestimmte Antwort geben. Du hast mich nicht beauftragt, Herrn Erlanger persönlich einzuladen, so daß ich Näheres nicht mit ihm besprechen kann. Ich bin derselben Ansicht wie Du, daß die Umstellung auf wirklich landwirtschaftliche Arbeit für ihn überhaupt nicht mehr möglich sein wird. Er will schließlich doch von der Arbeit leben. Die Umlernung in Eden ist nach meiner Kenntnis der Dinge auch völlig ausgeschlossen, da Eden in Wirklichkeit aus lauter kleinen Privatgärten und Grundstücken besteht. Ferner wird auch Eden jetzt keine Nichtarier mehr dulden, da es völlig gleichgeschaltet ist. In Eden besteht auch das Wesen der Betriebe darin, daß sie ihre eigenen Gärten selbst besorgen und keine fremden Kräfte nehmen können. Mit dem Herbst ist auch die Arbeitszeit zu Ende. Der eigentliche Weg würde der sein, daß Erlanger sich bei einem Landwirt, am besten bei einem kleinen Bauern als Arbeitsmann vermietet und dort die ganze Schwere und Härte der Landarbeit kennen lernt.

Es kommt aber auch die andere Schwierigkeit hinzu, daß er als Nichtarier in Deutschland überhaupt keinen Grund und Boden mehr erwerben darf. Mann kann ihm also eigentlich nur raten, irgendwie den Weg ins Ausland zu suchen, denn ich weiß wirklich nicht, in welchen Betrieben Nichtarier noch Existenzmöglichkeiten haben.

Mit herzlichem Gruß
Dein
Braune

Vor den Novemberpogromen 1938: Paul Braune sieht keine Möglichkeiten, Christen jüdischer Herkunft zu helfen und rät zur Auswanderung.

datiert zwar aus dem späten Zeitraum zwischen dem Erlass der Verordnung über Reisepässe von Juden vom 5. Oktober 1938 und der Reichspogromnacht vom 9./10. November 1938; er ist jedoch ein anschauliches Beispiel der Hilfebemühungen, die schon ab 1933 durch Bethel und Lobetal bei der Anstellung, Vermittlung oder Umschulung zum Zwecke der Auswanderung geleistet wurden. Dies betraf insbesondere den Umgang mit den Hilfeanfragen Intellektueller. Wie im vorliegenden Fall des Dr. Erlanger gab Bodelschwingh ähnliche Gesuche mit entsprechenden Empfehlungsschreiben weiter, wenn Bethel nicht direkt helfen konnte. Die Hilfebemühungen erfolgten auch in Lobetal isoliert und individuell.

Eine organisierte evangelische „Nichtarierhilfe" kam erst im November 1938 zustande, als der Oranienburger Pfarrer Heinrich Grüber im Auftrag der BK die Gründung einer Hilfsstelle betrieb, die seit Dezember unter seinem Namen als „Büro Pfarrer Grüber" firmierte und deren Aufgabe zunächst vor allem in der Auswanderungsförderung liegen sollte. Im Kontext der Gründung des Büro Grüber wurde Fritz von Bodelschwingh um Hilfe gebeten. Er sollte als allgemein anerkannte Persönlichkeit mit prominentem Namen eine Art Schirmherrschaft übernehmen. Aus dem Briefwechsel geht deutlich hervor, wie Bodelschwingh eine öffentliche Übernahme der Verantwortung für die „Nichtarierhilfe" abermals ablehnte, jedoch, ihre Notwendigkeit anerkennend, die praktische Arbeit auf Paul Gerhard Braune übertrug, der sich in dieser Frage zugleich als Bevollmächtigter des Centralausschusses für Innere Mission wähnte.

Die Arbeit des Büro Grüber wurde von den Behörden zwar nicht formal legitimiert – so scheiterte die beabsichtigte Legalisierung durch die Gründung eines e.V. – jedoch zunächst mehr oder minder beargwöhnend geduldet. Die Hilfsstelle stützte sich sowohl auf den eigenen Apparat als auch auf ein Netz von Vertrauensleuten, das eine reichsweite Koordination ermöglichte. Seitens der Inneren Mission stand die Frage der Fürsorge für die nicht auswanderungsfähigen Gemeindeglieder im Vordergrund.

Die sehr aussagekräftige Korrespondenz aus dem kurzen aber ereignisreichen Zeitraum von November 1938 bis Mai 1939 rekurriert vor allem auf den juristisch ungeregelten, jedoch praktisch immer dringlicher werdenden Fragenkomplex der Hilfeleistung in Fürsorgefragen. Es stehen Braunes Mitarbeit im Büro Grüber, dessen Beirat er angehörte, seine Denkschrift zur Lage der „nichtarischen Christen", die das Ergebnis einer, von Bodelschwingh initiierten, Besprechung Braunes in der Reichskanzlei war, besonders gravierende Fragen der Steuerunbedenklichkeit vereinzelter Aufnahmen „nichtarischer Christen" und die vor diesem Hintergrund geplante Errichtung von Sonderheimen für „nichtarische Christen" im Vordergrund. Deutlich wird ein legalistisches Hilfebemühen, das, um der Vermeidung einer Gefährdung der eigenen Arbeit willen, in strittigen Fällen (zum Beispiel Steuerunbedenklichkeit) juristische Absicherung erstrebte und auch benötigte.

Mit dem Umschwenken der nationalsozialistischen Politik von der Vertreibungs- zur Vernichtungszielstellung – der sogenannten „Endlösung" – erloschen alle Voraussetzungen für die Duldung evangelischer Hilfebemühungen, was sich mit der Auflösung des Büro Grüber Anfang 1941 durch die Gestapo auch äußerlich manifestierte.

Nach der Auflösung des Büro Grüber fand in Bethel und Lobetal allmählich ein Wandel von der halblegalen zur konspirativen, streng isolierten und individualisierten Hilfe statt. In seinem Brief vom April 1942 schildert Braune die Deportation der „Nichtarier" aus den Hoffnungstaler Anstalten in das Warschauer Ghetto. Dieses Ereignis war von einschneidender Bedeutung für die weitere Hilfeleistung in Lobetal. In dem Brief vom Mai 1943 wird die gewachsene Bereitschaft zu konspirativen Maßnahmen deutlich, die im Vergleich zur Korrespondenz vom Oktober 1938 einen grundlegenden Wandel im Hilfeverständnis zeigt.

Hilfen und Begrenzung

Bodelschwingh an Braune[155]

Bethel bei Bielefeld, den 5. Okt. 1938.

Lieber Bruder Braune!

Beifolgend einer der vielen Schriftwechsel mit jüdischen Leuten. Ich fürchte, daß dieser gute Doktor sich seine Verwandlung in einen praktischen Landwirt zu leicht vorstellt. Siehst Du eine Möglichkeit, ihm in der Nähe von Berlin einen solchen ländlichen Arbeitsplatz zu verschaffen? Das würde gewiß nur in einem privaten Betriebe möglich sein. Ob man vielleicht in der Kolonie Eden, die vermutlich manche nichtarischen Leute beherbergt, einen Anschluß für ihn finden könnte?

Mit herzlichem Gruß
Dein

Braune an Bodelschwingh[156]

Lobetal, den 10.10.1938.

Lieber Bruder!

Auf die Anfrage wegen des Dr. Erlanger kann ich Dir auch nur eine ziemlich unbestimmte Antwort geben. Du hast mich nicht beauftragt, Herrn Erlanger persönlich einzuladen, so daß ich Näheres nicht mit ihm besprechen kann. Ich bin derselben Ansicht wie Du, daß die Umstellung auf wirklich landwirtschaftliche Arbeit für ihn überhaupt nicht mehr möglich sein wird. Er will schließlich doch von der Arbeit leben. Die Umlernung in Eden ist nach meiner Kenntnis der Dinge auch völlig ausgeschlossen, da Eden in Wirklichkeit aus lauter kleinen Privatgärten und Grundstücken

---

155 HAB 2/38-152.
156 HAB 2/38-152.

besteht. Ferner wird auch Eden jetzt keine Nichtarier mehr dulden, da es völlig gleichgeschaltet ist. In Eden besteht auch das Wesen der Betriebe darin, daß sie ihre eigenen Gärten selbst besorgen und keine fremden Kräfte nehmen können. Mit dem Herbst ist auch die Arbeitszeit zu Ende. Der eigentliche Weg würde sein, daß Erlanger sich bei einem Landwirt, am besten bei einem kleinen Bauern als Arbeitsmann vermietet und dort die ganze Schwere und Härte der Landarbeit kennen lernt.

Es kommt aber auch die andere Schwierigkeit hinzu, daß er als Nichtarier in Deutschland überhaupt keinen Grund und Boden mehr erwerben darf. Man kann ihm also eigentlich nur raten, irgendwie den Weg ins Ausland zu suchen, denn ich weiß wirklich nicht, in welchen Betrieben Nichtarier noch Existenzmöglichkeiten haben.

Mit herzlichem Gruß
Dein

Braune an Bodelschwingh [157]

Lobetal, den 31.10.1938.

Lieber Bruder!

Hiermit gebe ich Dir noch einmal die Korrespondenz mit Dr. Erlanger zurück, mit dem ich heute verhandelt habe. Es ist wieder einer jener ganz tragischen Fälle. Er ist sehr sympathisch, sieht aber jüdisch aus. Nach seiner Darstellung, die in jeder Weise zu stimmen scheint, war er in Liebenwalde außerordentlich angesehen und zwar bei allen Stellen. Er wurde auch von Behörden und Parteileuten als der Arzt in Anspruch genommen. Vor 2 Jahren hat ihm sogar noch eine Behörde Grund und Boden von einem Erbhof verschafft, damit er sich ein Haus bauen könnte. Trotz allem kann ihm jetzt niemand helfen. Ich habe ihm sehr zugeredet, als Arzt ins

---

157 HAB 2/38-152.

Ausland zu gehen. Er schildert aber die entgegenstehenden Schwierigkeiten und hält an seinem Plan fest, Landwirt zu werden. Als Umschulungsstätte kommt eins der jüdischen Umschulungsgüter in Frage, von denen es hier in Brandenburg anscheinend 4 bis 5 gibt. Sie sind aber alle überfüllt und verlangen eine monatliche Zuzahlung bis zu 80 RM. Das kann er nicht leisten, da aus lauter Gutmütigkeit sein Eigenbesitz sehr klein geblieben ist. So entstand die Frage, ob er bei uns umgeschult werden könnte. Ich habe nicht den Mut gehabt, ihm zuzusagen, da wir natürlich aus mancherlei Gründen sehr vorsichtig sein müssen, denn es könnte uns passieren, daß uns die Stapo wegen eines solchen Falles erhebliche Schwierigkeiten macht, besonders, da er ein gesunder, auch glaubensmäßiger Volljude ist. Wir haben allerdings in Lobetal 8 Volljuden, aber alles defekte Erscheinungen, die wohl nicht das Interesse der Behörden erregen. Der gesunde Arzt würde uns dagegen sehr schwer angerechnet. Er sieht das vollkommen ein und ist einer der taktvollsten Juden, die ich in den letzten Jahren kennen gelernt habe.

Nun möchte ich an Euch die Frage richten. Ist es denkbar, daß er in einem Eurer Betriebe diese Umschulung auf Gartenbau und Landwirtschaft durch machen kann? Hast Du bei Deinen guten Beziehungen zur Bielefelder Staatspolizei die Möglichkeit, solche Frage offen mit ihnen zu besprechen? Wenn er auch selbst Volljude ist, so sind doch seine Frau und seine 3 kleinen Kinder arisch bezw. wenigstens evangelisch, so daß wir den Kindern u. der Frau gegenüber eine Verpflichtung haben.

Bei diesem Einzelfall legt sich mir das ganz besonders schwere Problem auf die Seele, ob wir den vielen Nichtariern, die durch die seit Oktober geltenden Bestimmungen getroffen sind, irgendwie durch Umschulung helfen können, oder ob wir diesen Dienst ablehnen müssen. Kannst Du diese Frage einmal als Gegenstand Deiner Verhandlungen beim Kirchenministerium anschneiden? An sich sollte das Dritte Reich dankbar sein, wenn durch die Möglichkeit der Umschulung die Auswanderung erleichtert wird.

Mit herzlichem Gruß
Dein

Braune an Bodelschwingh[158]

Lobetal, den 19.11.1938.

Lieber Bruder!

Gestern habe ich mit Pastor Grüber die Fragen besprochen, die Du bereits mit ihm verhandelt hast. Er legte eine Niederschrift über Eure gemeinsame Besprechung vor. Erfreulich ist sein großer Optimismus, daß Staat und Kirche dies und jenes tun müßten und nach seiner Meinung auch tun können. Bei der eingehenden Überlegung dieser Dinge stellt sich aber zunächst die völlige Unmöglichkeit heraus, irgendwelche staatlichen Stellen zu finden, die die Verantwortung für solche positiven Maßnahmen bei dieser gesamten Notlage übernehmen. Ich sagte Dir schon telefonisch, daß ich im RIM bei den beiden Herren war, allerdings schon bereits vor 14 Tagen. Beide sehen eine völlige Unmöglichkeit, in dieser Beziehung etwas zu tun, und raten mir sogar dringend ab, meinen guten Namen dafür einzusetzen. Das soll uns aber nicht hindern, weitere Wege zu gehen.

Nun sind wir beide der Meinung, daß in erster Linie wieder einmal das Kirchenministerium dafür zuständig wäre. Es besteht ferner die Möglichkeit, zum Chef der Gestapo zu gehen, wo ich allerdings wenig Hoffnung habe. Endlich könnte ich eine Verbindung suchen zum Staatssekretär Hanke, der guter Freund eines mir wiederum sehr guten Bekannten ist. Dies Ministerium hat ja gerade in den letzten beiden Wochen die Hauptverantwortung getragen. Siehst Du eine Möglichkeit, beim Kirchenministerium eine entscheidende Besprechung herbeizuführen? Glaubst Du, daß diese Behörde sich in irgendeiner Form für die Belange der nichtarischen Christen einsetzen wird? Als Staatsbehörde muß sie das Problem rassisch sehen, und als Kirchenministerium müßte sie es auch religiös sehen.

Sachlich ist richtig, daß wir im besonderen für die nichtarischen Schulkinder eine Schule mit Internat schaffen müßten, und ebenso besondere Heime für Alte, Sieche und Geisteskranke. In einer zweiten anschließenden Besprechung wurde mir gestern zufällig mitgeteilt, daß in Lichterfelde-Ost ein großes jüdisches Privat-Krankenhaus seit Monaten zum Verkauf angeboten sei. Es wäre denkbar, daß auf einem Boden, der bisher in jüdischen Händen war, auch mit behördlicher Genehmigung ein solches Heim

---

158 AHSL EA 108; HAB 2/38–150.

errichtet werden könnte, das volksmäßig weiterhin als jüdisches Heim angesehen wird. Ein ehemaliges Krankenhaus mit 3 langen Häusern bietet bestimmt Möglichkeiten genug, ein Internat für Kinder und ferner Altersheim und andere Abteilungen zu schaffen.

Eine weitere Frage ist die: Wer soll das Unternehmen einrichten? Dürfen das arische Kreise tun, also etwa eine Organisation der Inneren Mission, oder müssen die dadurch betroffenen evangelischen Nichtarier sich selbst zu einem Verein zusammenschließen, der schleunigst genehmigt werden müßte, und mit eigenen Mitteln unter staatlicher Kontrolle das Haus betreiben. Ist es zu erreichen, daß hier wenigstens eine christliche oder kirchliche arische Oberleitung anerkannt wird? Jedenfalls würde solcher Plan schon eine greifbare Gestalt haben und man könnte wahrscheinlich seine Durchführung mit den staatlichen Stellen besprechen. Ich will versuchen, mir möglichst bald Auskunft darüber zu verschaffen, ob dies Haus noch zu haben ist, denn gerade ehemaliger jüdischer Besitz ist eigentlich am besten dazu geeignet.

Die anderen Wünsche von Grüber, daß die Kirche ein Wort sagen müsse zur Ehescheidung und zur Gesamtsituation, sind sicherlich auch richtig, aber dies Wort darf m.E. nicht nur ein Trostwort sein, sondern müßte auch schon eine konkrete Lösung enthalten. Ich glaube, daß hier in fast jedem Fall die Haltung der betreffenden Eheleute entscheidend ist. Grüber neigt zu der Ansicht, daß in solchen Fällen die Ehescheidung unter Umständen von Gott geboten ist. Ich habe z.Zt. nicht den Mut, solch Wort klar auszusprechen.

Ich nehme andererseits an, daß nach den Vorgängen der letzten beiden Wochen Verordnungen und Richtlinien von staatlicher Seite erscheinen werden, wie sich in Zukunft die Nichtarier weiter verhalten sollen, d.h. in welcher Form das Ghetto durchgeführt werden soll, Schulfragen, Wohnungsfragen, Heimfragen, fürsorgerechtliche Dinge usw. Fast müssen sie ja in Zukunft die Mittel dafür selbst durch Sondersteuern aufbringen. Es ist jedenfalls eine erschütternde Not, die sich uns auf die Seele legt. Ich wäre dankbar, wenn Du eine Verhandlungsmöglichkeit beim Kirchenministerium eröffnen könntest. Es scheint, als ob dort Herr Stahn die Hauptarbeit leistet, nachdem Herr Muhs scheinbar in Dauerurlaub gegangen ist.

Mit herzlichem Gruß
Dein getreuer

Bodelschwingh an Braune [159]

Bethel bei Bielefeld, den 25.11.1938.

Lieber Bruder Braune!

Während ich gestern in Lobetal war, erschien schon Bruder G.[160] in dem Hospiz. Später kam er dann zum Bahnhof. Er hat ein neues dringendes Anliegen: Anscheinend werden jetzt viele Leute aus den Lagern entlassen unter der Bedingung schleuniger Auswanderung. Die Termine seien so kurz gestellt, daß die Erledigung der Formalitäten einfach unmöglich sei. Anscheinend steht er deswegen auch mit der holländischen Gesandtschaft in Verbindung.

Da es sich hierbei um eine besonders eilige Frage handelt, wäre es gut, wenn Du Dich durch Bruder G. hierüber unterrichten lassen könntest, ehe die verabredete Besprechung stattfindet ...

Mit herzlichem Gruß
Dein getreuer

Braune an Bodelschwingh [161]

Lobetal, den 1. Dezember 1938

Lieber Bruder!

In der Anlage übersende ich Dir Durchschlag des soeben formulierten Antrages. Nach Fertigstellung ist es mir immer klarer geworden, daß es doch sehr wünschenswert wäre, wenn Du den Antrag mit unterschreiben würdest, sodaß wir schließlich beide als die Bittenden erscheinen. Zu dem Zweck würde ich bitten, daß Du immer aus dem „Ich" das „Wir" machst und etwaige, von Dir vorgeschlagene Änderungen einfügst. Auch der

---

159 AHSL EA 600-1; HAB 2/38-150.
160 Heinrich Grüber.
161 AHSL EA 108; HAB 2/38-150.

Eingangssatz müßte entsprechend geändert werden, etwa: „Unter Bezugnahme auf die Besprechungen, die beide Unterzeichnete am 24. und 29. November 1938 in der Reichskanzlei hatten, ..." Ich würde Dich dann bitten, daß Du den gesamten Antrag noch einmal in Reinschrift bringen läßt und ihn mir, wenn Du ihn gezeichnet hast, zur Gegenzeichnung zuschickst. Wenn Du ihn aber nicht unterzeichnen willst, würde ich ihn nach etwaigen von Dir vorgeschlagenen Änderungen im Wesentlichen so herausgehen lassen.

Es wird Dich noch interessieren, daß ich unmittelbar nach der Besprechung in dem Kreis nichtarischer Christen war, die Grüber zusammengerufen hatte. Dort war zu 90% von der Auswanderung die Rede, während die von mir aufgeworfenen Fragen über die Fürsorgemaßnahmen nicht so starkes Interesse fanden. Die notwendigen sachlichen Auskünfte bekam ich gern, soweit sie dort gegeben werden konnten. Man konnte aber sehen, daß die Herzen und die Stimmung dieser bedrängten Leute nur das Ziel hatte: „Heraus aus Deutschland". Die anwesenden Holländer gaben aber ziemlich pessimistische Auskünfte über die Möglichkeiten.

Für die Organisation der heimischen Einrichtungen machte man sogar den Vorschlag, einen Zwangsverband für nichtarische Christen zu organisieren, damit die Beiträge hereinkämen. Ich habe abgeraten, diesen Gedanken zu publizieren, und habe ihn auch nicht verwendet.

Der von mir im Gesuch genannte Dr. Kobrack[162] war dabei. Er macht einen sehr klaren, sachlichen Eindruck und ist mir bekannt, da er etwa 6 Jahre lang Leiter des Berliner Lawohl war, mit dem ich seinerzeit die Verhandlungen über die Schnitterfamilien geführt habe. Dr. Spiero war ehemals Leiter des Paulusbundes.

Ich vermute, daß unser Antrag bei der Reichskanzlei den Erfolg haben wird, daß gewisse Dinge mit dem Innen-Ministerium besprochen werden. Es wäre aber gut, wenn bis auf weiteres die Reichskanzlei federführend bliebe.

Gott gebe, daß unsere Bemühungen unseren bedrängten Brüdern eine kleine Erleichterung bringen.

Mit herzlichem Gruß Dein getreuer

---

162 Richard Kobrak.

Bodelschwingh an Braune[163]

Bethel bei Bielefeld, den 5.12.1938.

Lieber Bruder!

Vielen Dank für Deinen Entwurf! Mir scheint es doch richtiger, daß er von Dir allein unterschrieben wird. Mein Name wird dadurch genügend eingesetzt, daß am Anfang von der Einleitung der Besprechungen durch mich geredet wird. Im übrigen trägt der Text ein ganz persönliches Gepräge, und er geht in manchen Einzelheiten über das mir Bekannte hinaus. So bleibt es am besten bei Deiner Fassung.

Im einzelnen bemerke ich folgendes:

1. Ich nehme an, daß die Adresse „Chef der Reichskanzlei" von Dir nach der Besprechung mit Herrn Kritzinger absichtlich von Dir so gewählt ist und sein Name darum nicht genannt wird.

2. Vielleicht wäre es für den 1. Absatz ratsam, etwa folgende Form zu wählen:

> Kürzlich hat Herr [D.] F. v. Bodelschwingh [aus Bielefeld Bethel] dem Herrn Reichskirchenminister und auf dessen Veranlassung ~~den Sachbearbeitern (dem Sachbearbeiter?)~~ [dem Herrn Ministerialrat Kritzinger in] der Reichskanzlei mündlich über die Fragen und Bitten berichtet, die in immer stärkerem Maße aus den Kreisen der nichtarischen Christen an die Evangelische Kirche und ihre Innere Mission gerichtet werden. Im Anschluß daran wurde mir [am 29. November] Gelegenheit gegeben, diese Anregungen weiter zu erläutern. Dem dabei geäußerten Wunsch einer schriftlichen Wiederholung des Vorgetragenen komme ich hierdurch nach.

---

163 AHSL EA 600-1; HAB 2/38-150; HAB 1/K 67c. Die handschriftlichen Zusätze Braunes wurden in eckige Klammern gesetzt. Nachträgliche Streichungen wurden als durchgestrichener Text markiert.

3. Auf Seite 5 würde es sich vielleicht empfehlen, am Schluß des 2. Absatzes noch einen Zusatz etwa folgenden Inhaltes zu machen:

Bei einer Regelung dieser Fragen durch die obersten Staatsbehörden wäre es erwünscht, wenn auch die Frage der Kosten eines solchen Sonderunterrichtes mit geklärt werden könnte.

4. Auf Seite 8 am Schluß scheint es mir richtig, die Kriegsbeschädigten nicht nur nebenbei zu nennen, sondern einen neuen Absatz etwa folgenden Inhaltes zu schreiben:

Eine besondere Gruppe unter diesen Hilfsbedürftigen sind die kriegsbeschädigten nichtarischen Christen. Sie werden ihres körperlichen Zustandes wegen ebenfalls nicht für die Auswanderung in Frage kommen. Auf der andern Seite wird man bei ihnen gewiß eine besondere Verpflichtung des Staates anerkennen müssen.

5. Unseren hiesigen Wünschen und Beobachtungen würde es ~~nicht~~ entsprechen, wenn Du ganz am Schluß auf Seite 11 noch einen weiteren Absatz hinzufügen könntest, etwa so:

Außerhalb des hier geschilderten Fragenkreises möchte ich noch darauf hinweisen, daß es nach unseren Beobachtungen auch nötig sein wird, für Geistes- und Nervenkranke jüdischer Rasse und Religion, die um ihres Leidens willen nicht auswandern können, besondere Anstalten zu schaffen. Früher sind solche jüdischen Patienten hier und da auch in Anstalten der freien Wohlfahrtspflege aufgenommen worden. Das ist nach dem Erlaß des Herrn Reichsminister des Innern vom 22. Juni ds.Js. praktisch kaum noch möglich, weil die darin geforderte räumliche Trennung von den Kranken deutschen oder artverwandten Blutes in vielen Fällen nicht durchführbar ist. Auch sträuben sich begreiflicherweise die übrigen Patienten und ihre Angehörigen gegen die gleichzeitige Unterbringung mit Juden. Es müßte daher m.E. den jüdischen Hilfsorganisationen Anweisungen und Erlaubnis gegeben werden, entsprechende Einrichtungen zu schaffen. Solange dies nicht der Fall ist, müßte den Anstalten der freien Wohlfahrtspflege ausdrücklich Erlaubnis gegeben werden, hilfsbedürftige jüdische Kranke weiter zu versorgen, indem den leitenden Ärzten die Verantwortung dafür auferlegt wird, daß für die Verhütung einer Rassenschändung die erforderlichen Maßnahmen nach bestem Ermessen getroffen werden.

Zur Erläuterung dieses Absatzes füge ich Abschrift aus dem genannten Ministerialerlaß für <u>Dich</u> bei. Wie wir hören, ist die Regierungskommission beauftragt, auf die Durchführung dieser Vorschrift jetzt besonders scharf zu achten. Das bedeutet, daß wir alle derartigen Kranken, soweit sie Juden im Sinne des Gesetzes sind, in geschlossene Abteilungen einsperren müssen.

Bei einer Reihe von kleineren Punkten habe ich im Text Änderungsvorschläge gemacht, an zwei Stellen auch vermerkt, daß die betreffenden Gedanken wiederholt werden. Vielleicht ist da eine Kürzung möglich.

Inzwischen erhielt ich das neue Rundschreiben von Bruder Grüber, das Du wohl auch bekommen hast. Ich hatte ihn dringend gebeten, von unseren Verhandlungen zunächst nichts mitzuteilen. Nun macht es mir Sorge, daß er schreibt, Du hättest die Möglichkeit, an „hoher Stelle" Vorschläge einzureichen. Man sollte ihn noch einmal bitten, die Verhandlungen nicht durch vorzeitige Verbreitung zu stören.

Hoffentlich kommt nicht der Reichsminister, an den er am 2. ds.Mts. geschrieben hat (Reichsarbeitsminister?), auf den Gedanken, ihn nach seinem kirchlichen Auftrag zu fragen. Würde er sich dabei auf die V.K.L. berufen, würde man das schleunigst zum Anlaß nehmen, seine Bemühungen zu vereiteln. Hoffentlich belastet er sich nicht durch unvorsichtige Schreiben. Im übrigen zeigen seine Mitteilungen ja einige Hoffnungslichter.

Mit herzlichem Gruß
Dein getreuer

Bodelschwingh an Braune[164]

Bethel bei Bielefeld, den 14.12.1938.

Lieber Bruder Braune!

Zu der Frage und Bitte von Bruder G.[165] wegen kirchlicher Sanktionierung seiner Arbeit:
Du wirst ihn bitten müssen, daß er vom Gebrauch meines Namens absieht. Ich kann unmöglich von hier aus die Verantwortung für Dinge übernehmen, die in Berlin geschehen und sich völlig meiner Kenntnis entziehen. Eine Legitimierung durch offizielle kirchliche Stellen wird Bruder G. weder beantragen noch auch in solchem Fall bekommen können. Auch der C.A. wäre nicht die richtige Stelle. So könnte ich mir nur den Ausweg denken, daß Du und Bruder Wenzel als Provinzialausschuß für Innere Mission einen Auftrag vom C.A. bekommt und ihn an Bruder G. weitergebt. Die damit verbundenen Schwierigkeiten und Belastungen sind freilich deutlich.

Mit herzlichem Gruß
Dein getreuer

Braune an Bodelschwingh[166]

Lobetal, den 30.12.1938.

Lieber Bruder!

... Endlich schicke ich Dir in Abschrift die Antwort der Reichskanzlei mit. Es ist immerhin ein kleines Ergebnis, daß Dr. Lammers selbst unterzeich-

---

164 AHSL EA 600-1; HAB 2/38-150.
165 Heinrich Grüber.
166 AHSL EA 108; HAB 2/38-150.

net hat. Mit Ruppert werde ich nach einem langen Telefongespräch Anfang Januar weiter verhandeln. Im besonderen muß die Einrichtung der Heime geklärt werden und die Anerkennung der Hilfsstelle gesichert sein. Grüber teilte mir mit, daß ihm große Spenden in Aussicht gestellt seien ... Trotz allem muß man sagen, daß er sich wirklich mit gutem Erfolg und mit großer Tatkraft einsetzt und rührend in dieser Frage tätig ist. Der 1. Januar scheint für die nichtarischen Christen keine besonderen Schwierigkeiten zu bringen. Es ziehen sich die Wohnungskündigungen wohl etwas in die Länge. Auch die verschiedenen Nöte, die an uns gekommen sind, könnten vorläufig vertröstet werden, so daß wir die Heimaufnahmen nicht zu überstürzen brauchen. Aus dem Telefongespräch mit Ruppert will ich als wichtige Einzelheit nur mitteilen, daß er keine Gefahr sieht, daß uns durch Aufnahme einzelner nichtarischer Christen die Steuerfreiheit verloren gehen könnte. Er würde sich beim Finanzministerium dafür einsetzen, daß uns kein Schaden daraus erwächst. Ich muß leider sagen, daß ich auf seinen Einsatz nicht viel gebe ...

In herzlicher Verbundenheit
Dein getreuer

Bodelschwingh an Braune[167]

Bethel bei Bielefeld, den 4.1.1939.

Lieber Bruder Braune!

... Aus Deinem Gespräch mit Ruppert war mir die Bemerkung über die Steuerfrage wichtig. Noch vor einigen Tagen bekam ich einen Brief aus einer kleinen Zweiganstalt der Wernerschen Stiftungen in Württemberg. Dort glaubte man ein schwachsinniges jüdisches Mädchen entlassen zu müssen, weil sonst die Steuerfreiheit verloren gehe. Auch in der Tatsache,

---

167 AHSL EA 600-2; HAB 2/38-150.

daß zwei schweizerische Kranke vorhanden seien, sah man die gleiche Gefahr. Ich schickte den Leuten ein Gutachten von Herrn Kunze, der mit Entschiedenheit den Standpunkt vertritt, daß aus dem Wortlaut der Steuergesetze eine solche Folgerung nicht gezogen werden könne. Wenn auch die Voraussetzung für gewisse Steuer-Erleichterungen sei, daß die Anstalt deutschen Volksgenossen diene, so werde das nicht dadurch hinfällig, daß einzelne Ausländer oder Nichtarier darunter seien.

Wir haben von unseren Steuerbehörden niemals nach dieser Richtung hin Schwierigkeiten gehabt, obwohl wir neben 14 Juden zur Zeit 29 Ausländer bei uns haben. Im Verhältnis zur Gesamtzahl unserer Pfleglinge ist das bei beiden Gruppen ein ganz kleiner Prozentsatz.

Da aber offenbar manche Anstalten von den gleichen Sorgen bedrückt werden und nur aus diesem Grunde nicht wagen, nichtarische Christen aufzunehmen, wäre eine grundsätzliche Klärung erwünscht. Freilich ist es bei solchen heiklen Fragen manchmal besser, sich mit der stillschweigenden Duldung einer Gesetzesauslegung zu begnügen, als die Behörden zu einer schriftlichen Erklärung zu drängen.

Mit herzlichem Gruß
Dein getreuer

Braune an Bodelschwingh[168]

Lobetal, den 9.1.1939.

Lieber Bruder!

... Ich habe am 6. Januar eingehend die Fragen mit Ruppert und dem Referenten für Judensachen[169] besprochen und bin eigentlich zu ganz befriedigenden Ergebnissen gekommen. Sie halten es für nötig, daß die Hilfsstelle rechtsfähig wird, also ein EV ...

---

168 AHSL EA 600-2; HAB 2/38-150.
169 Bernhard Lösener.

Es war mir ferner sehr interessant, daß wir uns bald darüber einig wurden, daß es nicht wünschenswert ist, in unseren Anstalten etwa für Geistesschwache oder Geisteskranke usw. besondere Abteilungen für Nichtarier zusammenzustellen, sondern daß wir viel klüger handeln, wenn wir diese Insassen vereinzelt lassen wie bisher. Bei der Anhäufung fällt das Vorhandensein dieser Patienten bestimmt auf. Wir müssen nur Rassenschande verhüten, daß heißt in diesem Fall Sexualverkehr.

Eine andere Schwierigkeit, die mir allerdings erst später aufging, die ich also bei dem Gespräch nicht bedacht habe, besteht wahrscheinlich darin, daß in einem Haus, in dem auch nur ein Nichtarier untergebracht ist, kein Hausmädchen unter 45 Jahren angestellt werden darf. Auch da liegt also eine Klippe. So ist es also leichter, die alten Damen unterzubringen. Die alten Herren könnten allerdings in einem Hause wie Friedenshöhe ohne weiteres aufgenommen werden, weil dort die Mädchen nicht in die Zimmer der Männer kommen. Wenn alles klar ist, werde ich einen kleinen Kommentar über die Regelung dieser Dinge herausgeben müssen.

Schwierigkeiten bereitet ferner noch der Name der Hilfsstelle. Der Begriff „nichtarisch" ist nicht gewünscht, weil wir in der Gesetzgebung nur Juden, Mischlinge und deutsche Volksgenossen kennen unter dem Begriff „Nichtarier" aber Mischlinge und Juden verstehen. Wir einigten uns schließlich dahin, daß wir ihr den Namen „Hilfsstelle für Judenchristen" oder einen ganz neutralen Namen geben würden, der noch gefunden werden muß ...

Mit herzlichem Gruß
Dein getreuer

Bodelschwingh an Braune[170]

Freudenstadt, den 18. Januar 1939.

Lieber Bruder Braune!

Zu dem Briefwechsel mit Dr. Arnold:
Deinen Gedanken stimme ich durchaus zu. Ja, ich würde noch weitergehen und sagen: Vom <u>Evangelium</u> her wäre ja gar nichts dagegen einzuwenden, wenn wir in Deutschland durch die staatlichen Rassegesetze genötigt würden, eine juden-christliche Kirche zu schaffen. Sie stände dann neben der Deutsch-Evangelischen Kirche und den vielen freikirchlichen Gebilden mancher Art als ein selbständiges Glied der <u>einen</u> Kirche Jesu Christi. Sie könnte ruhig ihre eigenen Gottesdienste und Sakramentsverwaltung haben. Daß dabei ein brüderlicher Austausch von Gaben und Kräften, eine wechselseitige Hilfsbereitschaft und gelegentliche Gemeinschaft im Gottesdienst und Abendmahl vorhanden sein müßte, ergibt sich aus dem Stehen unter dem einen Herrn. So bleibt das Wort Galater 3 ohne alle Kompromisse in seinem Recht bestehen.

Für uns, die wir in der Mission arbeiten, sind diese Dinge immer leichter verständlich gewesen als für manche Brüder der Bekennenden Kirche, von denen Dr. Arnold gewiß seine Gedanken bekommen hat. Den Vergleich mit Afrika oder China empfinden unsere juden-christlichen Freunde leicht als etwas verletzend. Darum erinnere ich lieber an die Beziehungen der deutschen und der arabischen Gemeinde im Heiligen Lande. Die stolzen Araber empfinden sich durchaus nicht als eine minderwertige Rasse. Trotzdem werden von beiden Seiten die Rassen-Grenzen in Beziehung auf Heirat usw. festgehalten. Darum organisieren sich die arabischen evangelischen Gemeinden als selbständige Gebilde mit eigenen Pastoren und eigenen Gottesdiensten. Um so eindrücklicher ist es dann, wenn bei besonderen Anlässen die beiden Kirchen als gemeinsame, gleichberechtigte Glieder der Kirche Jesu in Erscheinung treten.

Gewiß wäre es schön, wenn wir in der Deutschen Evangelischen Kirche eine Kirchenleitung hätten, die die Hilfe für unsere juden-christlichen

---

170 AHSL EA 600-2; HAB 2/38-150.

Brüder selbst in die Hand nehmen könnte. Sie ist nicht vorhanden. Wenn wir in diesem Fall eingetreten sind, so taten wir es aber doch nicht als Privatperson, sondern als ein bescheidenes Stück geistlicher Kirchenleitung. So sehe ich auch Deinen Dienst in dieser Sache an. In diesem Sinne habe ich das erste Gespräch mit Minister Kerrl ausdrücklich geführt.

Mit herzlichem Gruß
Dein getreuer

Braune an Bodelschwingh[171]

Lobetal, den 19.5.1939.

Lieber Bruder!

... Über die Frage der nichtarischen Christen ist zu sagen, daß die Schaffung von Sonderheimen wohl langsam näher rückt. Pastor Grüber war wieder länger bei Herrn Lischka in der Geheimen Staatspolizei, der meinte, er solle nun einmal mit der Gründung solchen Heimes anfangen. Die Bildung eines E.V. sei noch nicht so wichtig, für ihn sei er aber unbedenklich. Man soll das Heim so auswählen, entweder in der Großstadt oder entlegen auf dem Lande, daß es keinen Anstoß erregt. Ich habe Grüber nun aber gesagt, daß er von der Hilfsstelle aus die Gründung des Heimes betreiben solle. Er hat dort als Mitarbeiter einen Pastor Sylten, der früher in Thüringen ein Erziehungsheim gehabt hat. Der soll sich nach Häusern umsehen. Ich will gern raten und helfen, aber das eigentliche Betreiben und die Einrichtung solchen Heims möchte ich nicht erneut auf meine Kappe nehmen. Meine Frage geht nun dahin: Wenn Dir ein geeignetes Haus, ein Heim oder eine Anstalt bekannt ist, dann gib mir doch bitte Nachricht. Es ist denkbar, daß in verschiedenen Gegenden von Deutschland solch Heim eingerichtet werden muß. Bisher sind noch keine Anzei-

---

171 HAB 2/38–150.

chen dafür da, daß nichtarische Anstaltsinsassen zusammengelegt werden müssen. Geld hat übrigens die Hilfsstelle so gut wie gar nicht zur Verfügung. Sie können wohl nicht einmal mehr ihre Gehälter bezahlen, geschweige denn für die Unterbringung nichtarischer Christen Beihilfen geben. Wir haben in unseren Anstalten wohl mindestens schon 20 Nichtarier untergebracht, und die Zahl wächst immer noch. Besondere Schwierigkeiten sind bisher noch nicht aufgetreten.

Mit herzlichem Gruß
Dein getreuer

Braune an Bodelschwingh [172]

Lobetal, den 11.1.1941.

Lieber Bruder!

... Daß das Büro Grüber aufgelöst ist und Pfarrer Grüber selbst seit dem 21.12. im KZ. sitzt, weißt Du wohl. Das ist eine sehr schmerzliche Angelegenheit, da auch die Arbeit in irgendeiner Form weiter getan werden muß. Verhandlungen sind im Gange.

Mit herzlichem Gruß
Dein getreuer

---

172 HAB 2/37–188b.

Braune an Bodelschwingh [173]

Lobetal, den 2. Dezember 1941

Lieber Bruder!

... Den beiden Schwestern Sternberg habe ich von hier aus geschrieben. Leider können wir ihnen ja in keiner Weise durch Aufnahme helfen. In letzter Zeit bekommen wir wieder viele ähnliche Bitten. Seitdem aber der Stern eingeführt ist, ist die Hilfe so gut wie unmöglich gemacht. Unser Mühlbachhaus ist immer voll und kann auch nicht noch stärker durch solche Abzeichenträger belastet werden. Ich habe sie an Bruder Kenzel verwiesen, glaube aber kaum, daß sie dort Hilfe finden werden.

Soeben habe ich mit sorgenvollem Herzen in Lobetal noch den einzigen in Deutschland lebenden nichtarischen Pfarrer Flatow aufgenommen. Leider muß auch er den Stern tragen. Da er geborener Berliner ist und sich jetzt 3 Monate im Kreis Niederbarnim aufgehalten hat und nun obdachlos wurde, habe ich ihn nicht abweisen wollen. Hoffentlich macht man uns keine schweren Vorwürfe, daß wir noch jetzt solche Leute aufnehmen. Er ist ein netter, ordentlicher Mensch. Er war zuletzt im Kölner Städtischen Krankenhaus als Seelsorger tätig. Er hat die Ausreise nach England auf die Einladung des Bischofs seinerzeit nicht angetreten, um evtl. hier seinen besonderen Dienst zu verrichten. Wir haben soeben überlegt, ob für ihn nicht die Aufgabe erwächst evtl. freiwillig mit ins Ghetto zu gehen, um dort den nichtarischen Christen zu dienen. Das wäre allerdings ein Opfer, das das Letzte fordert ...

Mit herzlichem Gruß in alter Treue
Dein

---

173 AHSL EA 108.

Braune an Bodelschwingh[174]

Lobetal, den 13.4.1942.

Lieber Bruder!

Heute muß ich Dir doch von einigen Ereignissen Kenntnis geben, die uns in diesen Tagen sehr bewegen. Das eine ist die Evakuierung der bei uns vorhandenen nichtarischen Christen. Heute wird der Bezirk Potsdam geräumt, und damit sind auch bei uns die entsprechenden Insassen und Pensionäre der Kolonien und aus Friedenshöhe abtransportiert. Aus Lobetal sind es 6, darunter 1 Pfarrer, ein Amtsrichter und ein Landgerichtsrat, aus Hoffnungstal 2, Friedenshöhe 2, Dreibrück 2, Reichenwalde 1 und Erkner 1, im ganzen 14.

Zurückgeblieben sind die Leute aus nicht geschiedenen privilegierten Mischehen. Gerade der Landgerichtsrat Feder hatte trotz meiner Warnung die Ehe scheiden lassen, um seiner Frau das Wohnrecht zu erhalten. Jetzt wird ihm diese Scheidung, obwohl er zwei Kinder hat, als Ursache angerechnet, daß er von der Familie gelöst wird und damit zum Transport gehört. Du kannst Dir denken, wie die meisten von ihnen leiden, da sie ihr Schicksal einigermaßen ahnen. Ich mußte bei den Verabschiedungen immer denken an „morituri te salutant"[175]. Die hiesigen Behörden waren bei der Erledigung der Angelegenheit sachlich und korrekt. Ich nehme an, daß damit für uns das Hauptproblem gelöst ist. In Eberswalde bleiben 3 zurück, weil sie privilegierten Mischehen angehören oder zu alt sind. Wir behalten so im ganzen noch 7 und einige Mischlinge ...

Mit herzlichem Gruß
Dein

---

174 AHSL EA 108; HAB 2/18-2.
175 Die Todgeweihten grüßen Dich.

Braune an Bodelschwingh[176]

Lobetal, den 8. Mai 1943.

Lieber Bruder!

... Ich erzählte Dir doch von dem traurigen Schicksal von Tirschtiegel. Seit drei Wochen ist er nun doch bei uns, sine astro und, was uns am meisten freut, es ist gelungen, ihn sine cognomen hier amtlich zu melden, so dass er wie jeder andere lebt. Persönlich ist er nett, und da er wegen seiner sonstigen Konstitution und des Bombenschadens nicht mehr arbeitsfähig ist, ist er sogar schon nach Friedenshöhe eingerückt. Das Numinose um ihn ist nur mir und den engsten Mitarbeitern bekannt. Hoffentlich geht es gut. Bei Schwester Elisabeth Schwartzkopff verdauen wir noch 2 bis 3 schwierigere Fälle ...

Dein

---

176 AHSL EA 108.

„Euthanasie" – gegen die Tötungsverbrechen

Bereits im Wilhelminischen Kaiserreich avancierte die auf den Prämissen des Sozialdarwinismus basierende Eugenik zu einer Leitwissenschaft und die Ideen der Rassenhygiene als deren praktische Bezweckung gruben sich immer tiefer in das kollektive Bewusstsein der Gesellschaft ein. Zur Verbesserung des Erbmaterials ganzer Völker schienen die Geburtenregelung durch Ehe-, Familien- und Sexualberatung („positive Eugenik") sowie die Asylierung und Sterilisation „Minderwertiger", wobei es zwischen freiwilliger und zwangsweiser Sterilisation zu unterscheiden galt („negative Eugenik"), als probate Mittel. In der Zeit der Weimarer Republik begann der Diskurs über „Die Freigabe der Vernichtung lebensunwerten Lebens", so der Titel einer Veröffentlichung des Juristen Karl Binding und des Psychiaters Alfred Hoche. Zunehmend wurde auch mit angeblich enormen Kostenersparnissen argumentiert, die dem Allgemeinwohl durch den Wegfall der „unnützen Esser" zuwachsen könnten.

Auf der Fachkonferenz für Eugenik, die der „Centralausschuss für Innere Mission" im Mai 1931 in Treysa veranstaltete, wurde eine grundsätzliche Befürwortung eugenischer Maßnahmen, bei gleichzeitiger Frontstellung gegen die „Vernichtung lebensunwerten Lebens" deutlich. Im März 1933 offenbarten sich in der Frage der zwangsweisen Sterilisation jedoch Differenzen. Während die eine Fraktion, der Paul Gerhard Braune angehörte, Sterilisationen als eugenisches Mittel grundsätzlich ablehnte, hatte die große Mehrheit dagegen keine Bedenken.

Nach der Verabschiedung des „Gesetzes zur Verhütung erbkranken Nachwuchses" am 14. Juli 1934 unterstützten viele Einrichtungen der Inneren Mission, so auch Bethel und Lobetal (hier insbesondere das Heim Gottesschutz in Erkner) in nahezu vorauseilendem Gehorsam durch entsprechende Anzeigen bei den Erbgesundheitsgerichten die reibungslose Umsetzung des Gesetzes. In Einrichtungen wie Bethel, in denen Ärzte angestellt waren, wurden die Sterilisationen nicht selten von diesen vor Ort vorgenommen. Gleichwohl es Sterilisationsgesetze auch in anderen Staaten gab, kam das „Gesetz zur Verhütung erbkranken Nachwuchses" im

Friedrich von Bodelschwingh am Altar der Waldkirche in Bethel, Anfang der 1940er Jahre.

nationalsozialistischen Deutschland einem Dammbruch auf dem Weg zur „Euthanasie" gleich.

Ende Oktober 1939 erreichten die berüchtigten Meldebögen, die als Basis der Selektion im Rahmen der „Euthanasie – Aktion T4" dienen sollten, das Heim Gottesschutz in Erkner. Nach einigem Zögern wurden sie ausgefüllt zurückgesandt. Unter dem 20. Januar 1940 ging in Lobetal ein Schreiben des Reichsverteidigungskommissars ein, das die Verlegung einer größeren Zahl von Insassen „zur Vereinfachung der Verwaltung im Zuge der Neugestaltung des Heil- und Pflegeanstaltswesens" ankündigte. Als das Heim Gottesschutz schließlich am 25. April 1940 eine Verlegungsanordnung erreichte, hatte Braune bereits Kenntnis von den Verlegungen im Februar 1940 in Württemberg. Weitere Informationen kamen wenig später aus Sachsen, Brandenburg, Schlesien und Mecklenburg. Braune sammelte alle Informationen und es verhärtete sich der Verdacht systematischer Krankenmorde.

Aus dem Briefwechsel geht anschaulich hervor, wie eng Bodelschwingh und Braune in der Folge zusammenwirkten, welche Behörden und Personen sie aufsuchten und wie sie um Unterstützung baten. In dem Brief vom 10. Mai 1940 wird deutlich, wie der Abtransport von Bewohnerinnen aus Erkner verhindert werden konnte.

Als Mitte Juni 1940 die Meldebögen auch in Bethel eingingen, intensivierten Bodelschwingh und Braune ihre Bemühungen und drangen zu den verantwortlichen Stellen vor. Auf einer Besprechung im Reichsinnenministerium am 10. Juli 1940, an der Viktor Brack und der spätere Reichsbeauftragte für die Heil- und Pflegeanstalten Herbert Linden (im Brief vom 2. Dezember 1941 fälschlich „Reichskommissar" genannt) teilnahmen, legten Bodelschwingh und Braune ihre Erkenntnisse dar. Sie verließen die Unterredung in der deutlichen Gewissheit über die angelaufenen Krankenmorde. Braune verdichtete die Informationen in Absprache mit Bodelschwingh in der Denkschrift „Betrifft: Planmäßige Verlegung der Insassen von Heil- und Pflegeanstalten", welche am 18. Juli 1940 mit einem Begleitschreiben der Deutschen Evangelischen Kirche in der Reichskanzlei abgegeben wurde. Braune wurde, nicht zuletzt wegen seiner Denkschrift, am 12. August 1940 von der Gestapo verhaftet und erst am 31. Oktober 1940 aus dem Hausgefängnis der Gestapo in der Berliner Prinz-Albrecht-Straße wieder entlassen.

Bodelschwinghs unnachgiebiger Einsatz gegen die „Euthanasie" war ein weitgehend von Erfolg gekrönter, eher geräuschloser Kampf zur Verhinderung des Abtransports Betheler Bewohnerinnen und Bewohner, der in den abgedruckten Briefen weniger deutlich zum Ausdruck kommt. In den Briefen wird ebenso der Fakt, dass sieben jüdische Bewohner und Bewohnerinnen aus Bethel, die im September 1940 im Rahmen einer „Sonderaktion" in die Landes- und Pflegeanstalt Wunstorf gebracht werden mussten und wenige Tage später in der Tötungsanstalt Brandenburg Havel ermordet wurden, nicht erwähnt. Gerade in Bezug auf die „Euthanasie" weist der Briefwechsel erhebliche Informationslücken auf, was zeigt, dass viele Fragen nur mündlich verhandelt wurden. In den Briefen vom 21. Mai 1941 und vom 17. Dezember 1942 zum Beispiel finden wir Hinweise auf die Besprechungen, die Bodelschwingh im Zusammenhang mit der „Selektion" der Betheler Patienten durch eine Kommission von „Euthanasie"-Ärzten im Frühjahr 1941 mit Karl Brandt führte.

Nachdem Ende August 1941 die „Aktion T4" durch Befehl Hitlers abgebrochen wurde und der im Oktober 1941 ernannte Reichsbeauftragte für die Heil- und Pflegeanstalten, Herbert Linden, den Auftrag erhalten hatte, die planmäßige Verwendung der Heil- und Pflegeanstalten zur Bereitstellung von Ersatzkrankenhäusern insbesondere vor dem Hintergrund der zunehmenden Bombenangriffe zu betreiben, wurden abermals Meldebögen verschickt, die sowohl in Bethel als auch in Lobetal eintrafen. Diese Aktivitäten des Reichsbeauftragten lösten zu Recht höchste Besorgnis aus, weil damit die Verlegung und Ermordung von kranken und behinderten Menschen verbunden sein konnte.

In den Briefen vom 19. April 1943 und 19. Dezember 1944 berichten Bodelschwingh und Braune von Gesprächen mit und einem Sonderauftrag von Brandt. Dies ist als Hinweis auf die „Aktion Brandt", benannt nach Karl Brandt, zu werten, die als Fortführung der Arbeit des Reichsbeauftragten für Heil- und Pflegeanstalten gesehen werden muss. Auch durch die

„Aktion Brandt" sollten Kapazitäten für Ausweichkrankenhäuser und Lazarette requiriert werden, wobei die Verlegung und auch Tötung von kranken, behinderten und alten Menschen kalkuliert war.

Bodelschwingh an Braune[177]

Bethel b. Bielefeld, den 1. November 1933.

Lieber Bruder!

... 7. Am Freitag nächster Woche denke ich an einer Sitzung über eugenische Fragen teilzunehmen, die Dr. Harmsen im Tabeaheim hält. Diese Dinge werden wichtiger, weil durch die neuen von der Partei ausgearbeiteten Entwürfe zum Strafgesetzbuch die Euthanasie oder, wie man jetzt sagt, Sterbehilfe in bedenkliche Nähe gerückt wird. – Ich würde Dir also Freitag oder auch Sonnabend vormittag voraussichtlich zur Verfügung stehen können.

Mit herzlichen Grüssen
Dein getreuer

Braune an Bodelschwingh[178]

Lobetal, den 10.5.1940

Lieber Bruder!

Heute wollte ich Dir nur mitteilen, daß ich in der Angelegenheit, die uns neulich so beschäftigt hat, noch weiterhin fortwährend tätig bin. Ich habe Fühlung genommen mit den Medizinern und bin auch bei Herrn Professor Dr. Bonnhoeffer[179] gewesen, ebenso beim Leiter des Waldhaussanatoriums in Nikolassee, Dr. Schulte. Die Aussprachen haben unsere Vermutungen vollauf bestätigt. Auch über den Ort, an dem die Dinge geschehen, habe ich ziemlich sichere Auskunft. In der Beurteilung dieser Dinge gehen die Herren mit uns völlig einig. Ich habe dann weiter die Herrn der Stadtverwaltung Berlin orientiert, die auch nichts wußten und nur leise Ahnung hatten. Sie helfen im Augenblick mit, daß in Erkner einzelne Fälle zurück-

---

177 AHSL EA 108; HAB 1/K 67b.
178 AHSL EA 599-1,2; HAB 2/61-25; HAB 2/39-187.
179 Karl Bonhoeffer.

genommen werden. Grundsätzlich stehen sie ebenso wie wir, sind natürlich gebundener. Dann war gestern sehr verheißungsvoll ein Besuch beim OKW., wo ich zu einem sehr eifrigen und verheißungsvollen Herrn vermittelt war, der heute schon die Sache dem minister justitiae in die Hand gibt und mich bei ihm anmeldet. Auch dort ist die Beurteilung der Lage ebenso. Das gleiche Material gibt er dann auch noch einmal an den Herrn, bei dem wir neulich in zweiter Stelle waren, sodaß nun schon 3 Chefs orientiert sind und die notwendigen Schritte vornehmen können. Letzterem Herrn war besonders aussichtsreich der Sonderfall[180], der bei Euch untergebracht ist. Er meinte aber, daß wir diese große Kanone erst ansetzen sollen, wenn es auf dem anderen Wege nicht gelingt. Seine Hoffnung auf einen guten Ausgang ist aber trotz allem nur 50 prozentig. Inzwischen geht aber die Praxis weiter ihren Weg. Die Samariteranstalten haben ihren ersten Transport von 25 Leuten abgegeben. Unser Erknertransport war verschoben auf Pfingstsonnabend. Heute war der Transportleiter da und sollte ihn heute schon abholen. Da wir nichts vorbereitet hatten, habe ich ihn unverrichteter Sache auf telefonische Verhandlung hin abziehen lassen. Es hat den Anschein, als ob der Transportleiter von sich aus eingelenkt hat, um uns Gelegenheit zu geben, die Mädchen stillschweigend hierzubehalten, ohne daß eine offizielle Rücknahme der Anordnung erfolgt ist. So glaube ich heute erreicht zu haben, daß der Abtransport der Mädchen an unserem Widerstand gescheitert ist und alle dort bleiben. Da allmählich weiterhin meine Verhandlungen nicht unbekannt bleiben, wird man uns vermutlich in dieser Sache nicht weiterhin behelligen – oder aber man attackiert mich umso schärfer. Auch darauf muß ich gefaßt sein.

Ich habe jedenfalls bisher getan, was ich konnte und habe jedenfalls bei diesen fortwährenden Verhandlungen dafür gesorgt, daß die Stimme ecclesiae nicht zum Schweigen gekommen ist. Jeder war mir dankbar, den ich bisher in dieser Sache sprach, mit Ausnahme der einen Stelle, von welcher der ganze Vorstoß kommt. Unsere Vermutungen bestätigen sich jedenfalls im vollen Umfange.

Mit herzlichem Gruß
Dein getreuer

---

180 Gemeint ist der Bruder der zweiten Ehefrau von Hermann Göring, Emmy Göring.

Bodelschwingh an Braune[181]

Bethel bei Bielefeld, den 14. Mai 1940.

Lieber Bruder Braune!

Vielen Dank für Deinen Brief mit den mir sehr wertvollen Mitteilungen über den Fortgang Deiner Gespräche. Du sorgst gewiß dafür, daß der erwähnte „Sonderfall" von keiner andern Stelle bei der Diskussion mit besprochen wird. Das könnte uns die Familie als einen Vertrauensbruch auslegen. Obwohl natürlich die Tatsache der Unterbringung bei uns auch in weiteren Kreisen bekannt geworden sein wird ...

Mit herzlichem Gruß
Dein getreuer

Bodelschwingh an Braune[182]

Bethel bei Bielefeld, den 24. Mai 1940.

Lieber Bruder Braune!

Da es ungewiß ist, ob ich schon bald wieder nach Berlin komme, blieb ich gestern vormittag noch dort, um Professor Göring zu besuchen. Er bearbeitet im Luftfahrtministerium die psycho-therapeutischen Fragen. Ist früher Anstaltsarzt der Rheinprovinz gewesen. Mit dem dortigen kirchlichen Leben gut vertraut, ebenso mit der Inneren Mission, da er Vorstandsmitglied der Erziehungsanstalt Aprath war. Sein Großvater ist, wie er mit besonderer Freude erzählte, mit meinem Vater aufs engste verbunden gewesen. So konnte ich ihm unsere Sorgen rückhaltlos darlegen. Er teilte unsere Auffassung durchaus. Ob er aber etwas tun kann, ist ungewiß.

---

181 AHSL EA 108; HAB 2/61-25.
182 AHSL EA 599; HAB 2/39-187.

Jedenfalls bat ich ihn entsprechend dem Rat, den wir neulich an anderer Stelle bekamen, jetzt noch nichts zu unternehmen, sondern das erst zu tun, wenn wir noch sicherere Unterlagen hätten. Es würde ihm sehr willkommen sein, daß Du ihn dann besuchst, um ihm weiter zu berichten. So habe ich ihm in Aussicht gestellt, daß Du ihn demnächst anrufen würdest. Er ist zwar wohl ziemlich viel unterwegs. Doch kann man gut sowohl mit seiner Frau in der Wohnung wie mit seiner Sekretärin Verabredung treffen. Wohnung: Budapesterstr. 19, Tel. 25 03 60. Dort am besten morgens zwischen 1/2 8 und 8 Uhr zu erreichen. Von 9 Uhr ab im Luftfahrtministerium Tel. 12 00 47, dann weitere Verbindung mit Apparat 5757, Dienststelle Knesebeckstr. 46, Zimmer 314.

Der kurze Besuch in Eurem Hause, das Zusammensein mit Mutter und Kindern, war uns in diesen Tagen eine besondere Erquickung.

In treuem Gedenken
Dein

G's Verbindung mit seinem Vetter 2. Grades[183] zwar freundschaftlich aber nicht allzu nah. Mehr mit d. Frau.[184]

Bodelschwingh an Braune[185]

Bethel bei Bielefeld, den 4. Juni 1940.

Lieber Bruder Braune!

Mit unserm Mitarbeiter aus Württemberg[186] hatte ich gestern nach Deiner Abreise noch ein eingehendes Gespräch. Bisher ist man dort der Meinung gewesen, daß die Vorgänge in der bewußten Anstalt nur mit militär-tech-

---

183 Hermann Göring.
184 Handschriftliche Ergänzung.
185 AHSL EA 599; HAB 2/39–187; HAB 2/63–87.
186 Hannes (Johannes) Dölker.

nischen Versuchen zusammenhingen. Er will sich bemühen, so schnell wie möglich zuverlässige Nachrichten zu bekommen und Dir dann mündlich zu berichten. Er hofft, das bald tun zu können, da er aus anderem Anlaß nach Berlin fahren muß.

Sein kurzes Referat zeigte, wie sorgfältig er sich mit den wichtigsten Aufgaben unserer Arbeit beschäftigt. Hätte ich ihn vorher gekannt, würde ich Dir vorgeschlagen haben, ihn an meiner Stelle zum Vorsitzenden zu wählen...

Mit herzlichem Gruß
Dein

Bodelschwingh an Braune[187]

Persönlich.[188]

Bethel bei Bielefeld, den 19.6.1940.

Lieber Bruder Braune!

Dem Fall, den ich Dir neulich berichtete, bin ich weiter nachgegangen. Der betreffende Kranke war am 7. März „auf ministerielle Anregung, gemäss Weisung des Reichsverteidigungskommissars" nach Grafeneck verlegt worden. Am 11. April wurde der Familie in einem durchaus persönlichen und warmherzigen Brief mitgeteilt, der Kranke sei am 10. April „infolge Grippe mit anschließender Herz- und Kreislaufschwäche" unerwartet verschieden. Es folgt der Satz: Die im Verlauf der an sich nicht schweren Grippeerkrankung eintretende Herz- und Kreislaufschwäche war trotz aller unserer ärztlichen Bemühungen nicht aufzuhalten. Er ist sanft und schmerzlos entschlafen. Auf Anordnung der Polizeibehörde musste aus seuchenpolizeilichen Erwägungen heraus der Verstorbene sofort einge-

---

187 HAB 2/39-187.
188 Handschriftlich ergänzt.

äschert werden. Es folgt die Mitteilung über die Urne und am Schluss eine Entschuldigung, dass die Anfrage der Familie vom 27. März infolge Überlastung unseres Anstaltsbetriebes durch dauernde aus oben erwähnten Gründen erfolgende Verlegungen noch nicht beantwortet werden konnte. Der Verstorbene habe die Fahrt nach Grafeneck gut überstanden und sich auch an die neue Umgebung gewöhnt.

Jetzt hat der Sohn von hier aus erneut in Grafeneck angefragt und bekam von dem leitenden Arzt, Dr. Keller, die Auskunft, dass „auf Anordnung der Polizei Ihr Vater sofort nach seinem Tode eingeäschert werden musste, da zur Zeit in der Landespflegeanstalt Seuchengefahr besteht. Wir mussten uns also dieser Anordnung fügen, obwohl Ihr Vater selbst nicht an einer Seuche erkrankt war." Es folgt eine neue Entschuldigung wegen der Verzögerung mit der Begründung: „Da wir zur Zeit mit den durch den Krieg bedingten zahlreichen Verlegungen mit Arbeit derart überlastet sind, dass wir uns im Interesse der uns anvertrauten Kranken nur der Pflege der Patienten widmen, sind wir gezwungen, bei dem derzeitigen Personalmangel die schriftlichen Arbeiten etwas zurückzustellen."

Dieser Brief vom 15. Juni trägt die Nummer A. 498.

Dieselbe Nummer steht auf dem Abschnitt des Postpaketes, durch das die Urne übersandt wurde. Als Absender ist durch Stempel angegeben die Ortspolizeibehörde Grafeneck Kr. Münsingen, während das Paket in Reutlingen zur Post gegeben wurde.

Mit herzlichem Gruss
Dein

Bodelschwingh an Braune[189]

Bethel bei Bielefeld, den 29. Juni 1940.

Lieber Bruder Braune!

Nun sind auch für Bethel die 3000 Fragebogen eingegangen. Ehe ich mit unsern Ärzten darüber spreche, was sich nicht vermeiden läßt, hätte ich gern möglichst bald Deine weitere Nachricht, um die ich gestern bat.

Mit herzlichem Gruß
Dein getreuer

Bodelschwingh an Braune[190]

Bethel bei Bielefeld, den 4. Juli 1940.

Lieber Bruder Braune!

Beifolgend Durchschlag meiner Anfrage bei Dr. Conti und der Fragebogen, der anscheinend etwas ausführlicher ist als das früher Euch zugegangene Formular. Morgen will ich mich in Münster über die Stellung der Provinzialverwaltung unterrichten. Im Anschluß daran habe ich ein Gespräch mit dem Gauleiter Dr. Meyer verabredet.
 Am Montag würden wir uns gegebenenfalls in Minden treffen können, wo der von hier kommende Schnellzug um 9.20 Uhr weiterfährt.

Mit herzlichem Gruß
Dein

---

189 HAB 2/39-187.
190 HAB 2/39-187.

Bodelschwingh an Braune[191]

Bethel bei Bielefeld, den 22.7.1940.

Lieber Bruder Braune!

...

P.S. Von dem Erfolg unserer Berliner Schritte habe ich bisher nichts erfahren. Da viele beunruhigende Fragen von manchen Seiten an mich kommen, rief ich bei Professor Bonhoeffer an, hörte aber, daß Herr v. D.[192] erst am 29. zurückkehrt. Bonhoeffer wollte ihn dann bitten, sich bei der Stelle zu erkundigen, bei der wir zuletzt gewesen sind.

D.O.

Braune an Bodelschwingh[193]

Lobetal, den 13. März 1941

Lieber Bruder!

... Inzwischen sind in Erkner in den letzten Tagen neue Sorgen aufgetaucht. Wir haben in den letzten Tagen 5 Einzelaufforderungen erhalten, Mädchen nach Herzberge zu verlegen. Es handelt sich um die gleichen Mädchen, die im vorigen Jahr für die Sammelverlegung vorgesehen waren. Ich habe in diesen Wochen viel an Euch gedacht und kann mir denken, daß die Sorgen Tag und Nacht nicht von Deiner Seele weichen.

In herzlicher Verbundenheit
Dein getreuer

---

191 AHSL EA 279.
192 Hans von Dohnanyi.
193 AHSL EA 663.

Bodelschwingh an Braune[194]

Bethel bei Bielefeld, den 21. Mai 1941.

Lieber Bruder Braune!

... Die Sache mit unseren Kranken sieht nach den letzten Besuchen etwas freundlicher aus. Zum mindesten werden wir wohl noch mit einem längeren Aufschub rechnen können und dann mit einer sehr behutsamen Auswahl. Auch in den andern Anstalten der Inneren Mission des Westens ist bisher nichts geschehen.

In treuem Gedenken grüßt Dich und die Deinen
Dein

Braune an Bodelschwingh[195]

Lobetal, den 2. Dezember 1941

Lieber Bruder!

... Heute habe ich übrigens wieder einmal mit meinem Freund Jak.[196] zusammen Mittag gegessen und die Situation besprochen. Wesentlich ist wohl, daß der uns bekannte Reichskommissar für die Heil- und Pflegeanstalten[197] selbst nicht recht weiß, was er will und daß darum andere Stellen umso mehr nach eigenem Gutdünken arbeiten. Man wird sich jedenfalls sachlich sehr stark einschalten müssen und wird vielleicht auch Erfolg haben, da die allgemeine Zielsetzung nicht klar ist. Tendenz ist, aus den bekannten Gründen aus dem Nordwesten die Patienten nach Süden und

---

194 AHSL EA 108; HAB 2/18-2.
195 AHSL EA 108.
196 Kurt Jacobi.
197 Herbert Linden.

Südosten abzuschieben. Über die anderen Dinge wußte er auch nichts Wesentliches zu sagen ...

Mit herzlichem Gruß in alter Treue
Dein

Bodelschwingh an Braune[198]

Bethel bei Bielefeld, den 11. Dez. 1942.

Lieber Bruder Braune!

Gestern bekamen wir beifolgendes Rundschreiben von der bekannten Stelle. Es ist ein gedrucktes Formular, bei dem nur die Anschrift hinzugefügt ist. Du wirst Dich erinnern, daß vor zwei Jahren alle Anstalten aufgefordert wurden, diese Fragebogen halbjährlich einzureichen. Ob das von den staatlichen Anstalten inzwischen wirklich geschehen ist, auch nachdem die bekannten Maßnahmen aufgehört haben, weiß ich nicht. Ich will versuchen, das baldigst in Gütersloh festzustellen.

Natürlich erweckt dieses Wiederaufleben der alten Dinge lebhafte Sorgen. Will man wirklich bei der jetzigen allgemeinen Lage das Verfahren wieder in Gang bringen? Ist das nicht der Fall, so kann man kaum verstehen, warum den Anstalten eine solche mühsame Arbeit zu gemutet wird.

Hast Du eine Möglichkeit, ohne daß Dir daraus Schwierigkeiten erwachsen, durch mündliche Anfrage bei Herrn R.[199] festzustellen, ob man wirklich eine Fortsetzung der im September 1941 stillgelegten Maßnahmen befürchten muß?

Wir werden auf das Schreiben zunächst nichts tun. Sollte man uns nach dem 1. Februar erinnern, würde ich mich darauf berufen, daß bei dem damaligen großen Besuch der Ärztekommission mit deren Leiter und dem

---

198 HAB 2/39–189.
199 Fritz Ruppert.

Vertreter der Reichskanzlei ausdrücklich festgelegt ist, wir brauchten auch künftig keine solche Fragebogen auszufüllen. Wenn man sie haben wollte, würde die Sichtung der Kranken durch abermalige Entsendung einer Kommission geschehen.

Um jede Beunruhigung zu vermeiden, lasse ich hier die Sache <u>streng vertraulich</u> behandeln und würde bitten, auch dort nicht darüber zu sprechen.

Mit herzlichem Gruß
Dein getreuer

Braune an Bodelschwingh[200]

Lobetal, den 16. Dezember 1942.

Lieber Bruder!

... Die Schreiben vom R.I.M. in der fraglichen Angelegenheit sind auch nach Erkner und Lobetal gekommen genau wie früher, auch schickte mir Bruder Bremer die gleiche Sache zu. Ich habe hier zunächst beschlossen, die Dinge erst einmal über Weihnachten und Neujahr liegen zu lassen und wollte in unseren beiden Fällen wahrscheinlich schreiben, dass wir keineswegs in Frage kommen. Auch die mündlichen Verhandlungen späterhin hätten in jedem Fall ergeben, dass wir keine Heil- und Pflegeanstalt sind. Das heisst: Ich wollte also aus sachlichen Gründen ablehnen. Damit ist natürlich die ganze Frage nicht gelöst. Ich werde mich aber auf Deinen Wunsch hin erkundigen, wie die Pläne eigentlich aussehen. Dass die Dinge trotz allem schon weiter laufen, haben wir immer beobachtet, wenn auch die Form gewechselt hat. Es wäre aber ausserordentlich bedauerlich, wenn gegenwärtig diese ganze Beunruhigung erneut aufleben würde. Andererseits muss man ja feststellen, dass eine unendliche Fülle von Menschen sich an

---

200 AHSL EA 108.

diese Tatsache einfach gewöhnt haben, ohne noch innerlich einen Protest dagegen zu empfinden ...

Mit herzlichem Gruss
Dein

Bodelschwingh an Braune[201]

Bethel bei Bielefeld, den 17. Dez. 42.

Lieber Bruder Braune!

Zu der Dir kürzlich übermittelten Frage zwei Ergänzungen:
1. Dr. Pork sagte mir, daß tatsächlich die Provinzialanstalten bisher regelmäßig die Fragebogen ausgefüllt haben. Er selbst hält es für völlig ausgeschlossen, daß sie wieder zu dem früheren Zweck verwandt würden. Die zur Durchführung jener Maßnahmen in Berlin eingerichtete besondere Dienststelle sei aufgelöst.
2. Auch die andern Anstalten der Inneren Mission hier im Westen haben die gleiche Aufforderung bekommen. Nun erhalten wir von dort her beunruhigte Fragen. Fängt man an einzelnen dieser Stellen mit der Ausfüllung an, wozu manche Ärzte geneigt sein werden, so geht unvermeidlich die neue Unruhe durchs Land.
Darum erwäge ich, ob ich nicht in der ersten Hälfte des Januar doch an das Ministerium schreibe: Es sei uns ausdrücklich bei der abschließenden mündlichen Verhandlung im Frühjahr 1941 von den maßgebenden Herren erklärt worden, daß man auch künftig die Ausfüllung der Fragebogen nicht von uns erwarte. Dabei wurde die Bereitschaft ausgesprochen, es bei den uns befreundeten Anstalten der Inneren Mission hier im Westen ebenso zu halten. Allerdings stand diese Zusage unter der Voraussetzung, daß die Aktion weitergehe. Ist sie endgültig stillgelegt, und kann uns das bündig

---

201 HAB 2/39–189.

erklärt werden, so ständen wir vor einer neuen Lage, allerdings auch vor einer dann völlig überflüssigen Schreibarbeit und Belastung unserer Ärzte.

Mit herzlichem Gruß
Dein

Braune an Bodelschwingh[202]

Lobetal, den 19. Dezember 1942.

Lieber Bruder!

In unmittelbarer Beantwortung Deines heute eingegangenen Briefes teile ich Dir mit, dass ich vorgestern bei meinen Freunden im RIM. war, um einiges nachzufragen. Von den Fragebogen wussten beide nichts. R.[203] meinte, es sei bedeutungslos, und er glaubte nicht, dass irgend etwas beabsichtigt sei. Er war aber sehr zurückhaltend in der Angelegenheit, ob mit Absicht oder aus Unkenntnis konnte ich nicht feststellen. Mein Freund J.[204] wusste überhaupt nichts davon. Er meinte sonst, dass man in rebus ecclesiasticis unsicher sei und keine besonderen Massnahmen beabsichtige. R. meinte dagegen, dass er schwarz sähe für die gesamte I.M. und riet mir dringend, den Anschluss bei der Provinz zu suchen. So könnten die Werke am besten erhalten bleiben. Letzteres habe ich natürlich abgelehnt.

Im übrigen haben wir die Fragebogen dreimal erhalten, für Erkner, Margaretenhaus und Pensionärheim hier, ebenso andere Heime für nervenkranke Zöglinge vom Erziehungsverband. Nach den Journalnummern zu urteilen, die allerdings nur in der unteren Rubrik wechseln, handelt es sich um eine erheblich umfangreiche Versendung. Ich würde es schon für richtig halten, dass Du ein grundsätzliches Wort an das Ministerium schreibst. Ich kann hier bei mir, wie ich Dir schon einmal mitteilte, in

---

202 AHSL EA 108.
203 Fritz Ruppert.
204 Kurt Jacobi.

jedem Einzelfall die Sache ablehnen, weil bei den mündlichen Besichtigungen, die inzwischen gelegentlich stattgefunden haben, die zuständigen Vertreter dieser Dienststelle jedesmal sagten, wir ständen ja völlig zu Unrecht auf der Liste. Erst vor drei Monaten hat das einer dieser Leute in Erkner und Margaretenhaus ganz ausdrücklich ausgeführt. Wir müssten uns dagegen wehren, usw. Das also soll geschehen. Immerhin trifft das auch zu, dass jeder einzelne, der mir diese Liste in die Hand gedrückt hat, von der gleichen Beunruhigung erfasst ist wie vor zwei Jahren, und niemand traut mehr der einfachen statistischen Erhebung ...

Mit herzlichem Gruss
Dein getreuer

Bodelschwingh an Braune[205]

Bethel bei Bielefeld, den 22.12.1942

Lieber Bruder Braune!

... 4. Sehr bekümmert es mich, daß Du in der anderen Frage keine deutliche Auskunft in negativem Sinne hast bekommen können. So bleibt die Sorge. Sie belastet jetzt schon manches Herz, wie ich aus sich mehrenden Anfragen merke. Du wirst mit dem ersten Deiner beiden Gewährsmänner[206] nicht mehr darüber sprechen können. Das würde nur für ihn und Dich Schwierigkeiten wie damals ergeben. Ich will im Lauf des Januar die Sache zu klären suchen. Ob ich aber unter den heutigen Verhältnissen an die Leute herankomme, die uns damals geholfen haben, weiß ich nicht ...

In treuem Gedenken
Dein

---

205 AHSL EA 108; HAB 2/18-2.
206 Fritz Ruppert.

Bodelschwingh an Braune[207]

Bethel bei Bielefeld, den 19.4.1943

Lieber Bruder Braune!

... Professor Brandt hatte für die letzte Woche die Fortsetzung unseres Gespräches vorgeschlagen. Infolge verspäteter Absendung seines Briefes erreichte mich aber diese Nachricht erst in dem Augenblick, als er schon wieder abreisen mußte. Nun wird es vermutlich zwei bis drei Wochen dauern bis er Zeit hat ...

In treuem Gedenken
Dein

Braune an Bodelschwingh[208]

Lobetal, den 8. Mai 1943.

Lieber Bruder!

... Endlich sind wir auch mit den Meldungen für den Reichsbeauftragten der Heil- und Pflegeanstalten zu einem guten Ende gekommen. Ich hatte Dir wohl erzählt, dass wir für drei Anstalten: Gottesschutz, Margaretenhaus und Pensionärsheim mehrfach aufgefordert wurden, die Meldelisten einzureichen. Ich hatte die Sachen stillschweigend beiseite gelegt. Allmählich kamen dringendere Aufforderungen vom Kreisarzt und von der Regierung Potsdam. Inzwischen hatte ich aber dem Reichsbeauftragten ziemlich kurz geschrieben, dass durch mündliche Besuche im letzten Jahre wiederholt festgestellt wäre, dass unsere Anstalten nicht zu seiner Gruppe gehörten. Ich müsste annehmen, dass die Sache bei ihm nicht aktenkundig geworden

---

207 HAB 2/18-2.
208 AHSL EA 108.

sei und hätte daher die Formulare nicht ausgefüllt. Im übrigen wären wir auch nicht in der Lage, da wir weder Arzt noch ärztliche Leitung usw. haben. Vor zwei Wochen meldete sich der Regierungsarzt zur Besprechung, wollte nebenbei allerlei Vitamine haben, was die Angelegenheit schon immer erleichtert. Gleichzeitig kam aber vom RIM die offizielle Mitteilung, dass sämtliche drei Heime von der berüchtigten Liste gestrichen wären und wir daher keine Meldungen zu machen brauchten. Schwester Elisabeth[209] tat einen lauten Freudenschrei am Telefon, da uns die Sache ja doch schliesslich 2 Jahre immer wieder beunruhigt hat. Von den Samariteranstalten weiss ich, dass sie fortlaufend melden. Sonst scheinen auch immer wieder Verlegungen stattzufinden ...

Dein

Braune an Bodelschwingh[210]

(2) Lobetal, den 19. Dezember 1944.

Lieber Bruder!

... Als gesamte Innere Mission bewegt uns aber im Augenblick die grosse Frage, dass wir etwa 20 000 Alte und Sieche aus dem Rheingebiet unterbringen sollen zusammen mit der Caritas. Der Sonderauftrag ist von Brandt ausgegeben als dem Beauftragten des Führers. Die Besprechungen sind im Gange, wie wir es durchführen wollen, ob zentral durch den C.A. oder regional durch die einzelnen Regierungspräsidenten. Ich habe aus dieser und auch aus mancher anderen Veranlassung mehrfach mit meinem Freund J.[211] im RIM verhandelt. Er war gestern erst wieder hier draussen. Er ist der eigentliche Reichsverteiler für die gesamte Evakuierung. So stehen wir in bester Tuchfühlung. Dabei hörte ich, was Dich auch bewegen wird,

---

209 Elisabeth Schwartzkopff.
210 AHSL EA 108.
211 Kurt Jacobi.

dass vor kurzem unser guter Freund R.[212] im gleichen Haus mit unangenehmen Begleiterscheinungen pensioniert ist, da seine Frau einen Webfehler im Stammbaum hat. Ich wusste davon schon immer. Sie ist wohl Mi 2.[213] Ich habe ihn seitdem noch nicht gesprochen, da das Ganze für ihn naturgemäss ausserordentlich bedrückend sein muss. Schnell zerbricht Macht und Einfluss ...

Mit herzlichem Gruss, auch an Deine liebe Frau und an Schwester Frieda[214] von uns allen
Dein getreuer

---

212 Fritz Ruppert.
213 Mischling 2. Grades.
214 Frieda von Bodelschwingh.

Lobetal im Nationalsozialismus – Herausforderung und Aktion

Lobetal wird im Folgenden überwiegend als Synonym für den Begriff Hoffnungstaler Anstalten verwendet, den Paul Braune als Ausdruck der Zusammengehörigkeit verschiedener Einrichtungen prägte. Dazu gehörten mehrere Arbeiterkolonien nördlich und östlich von Berlin, Herbergen zur Heimat, das Mädchenheim „Gottesschutz" in Erkner und der Bethler Arbeitsdienst in Rhenitz im heutigen Polen. Rhenitz nimmt jedoch eine Sonderstellung ein, zumal hierfür schon 1935 eine Ersatzgründung in Gestalt der Arbeiterkolonie Blütenberg bei Eberswalde erfolgte. Diese Einrichtungen wurden von Lobetal aus geführt. Zunächst war Lobetal die schlichte Bezeichnung für eine Arbeiterkolonie nach dem Vorbild der ersten Arbeiterkolonie Wilhelmsdorf in der Bielefelder Senne zur Linderung der Arbeits- und Obdachlosigkeit in Berlin. Friedrich von Bodelschwingh d.Ä. hatte 1905 die Gründung des Vereins Hoffnungstal für die Obdachlosen der Stadt Berlin initiiert, der noch im gleichen Jahr die Arbeiterkolonie Hoffnungstal nahe Bernau b. Berlin errichtete. Ein Jahr später entstand unweit von Hoffnungstal die Arbeiterkolonie Lobetal, um die herum sich in der Folge, ähnlich wie in Bethel, ein immer größerer Komplex von Einrichtungen entwickelte, die zwar unterschiedliche Namen trugen, deren gemeinsame Ortsbezeichnung aber Lobetal war. Das wurde spätestens 1920 mit der Bildung des eigenständigen Gutsbezirkes gleichen Namens manifest, der im Rahmen der Preußischen Gemeindereform 1929 in die (politische) Gebietsgemeinde Lobetal überführt wurde, deren Bürgermeister Paul Braune war.

Im Nationalsozialismus sah sich Paul Braune als Anstaltsleiter und als Bürgermeister verschiedensten Angriffen ausgesetzt. Dabei ließ sich anfänglich alles andere vermuten, denn ein Kampf auf Biegen und Brechen. Als am 21. März 1933 der väterliche Reichspräsident, Paul von Hindenburg, mit gönnerhafter Geste dem neuen, fast devot wirkenden Reichskanzler Adolf Hitler in der Potsdamer Garnisonkirche die Hand reichte, hatte sich Braune feierlich in Frack und Zylinder frech unter die Reichstagsabgeordneten gemischt und beobachtete diese großartige Inszenierung:

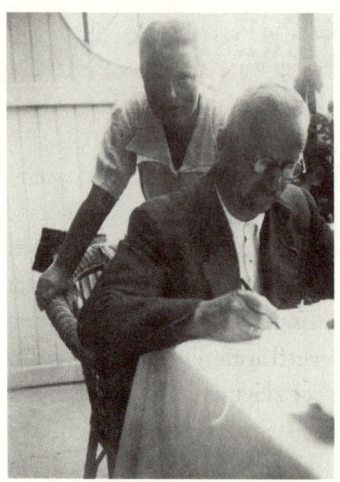

Paul Braune mit seiner Ehefrau Berta, Urlaub in Zinnowitz, August 1939.

Preußentum und Nationalsozialismus – der Zangengriff war geglückt – die Weimarer Republik erdrückt.

Nicht nur Braune, die ganze Gemeinde Lobetal stand dem neuen Geschehen aufgeschlossen gegenüber; das eindeutige Ergebnis zur Reichspräsidentenwahl am 4. August 1934 zeigte es: 431 Ja- und nur 28 Nein-Stimmen. Auf vielen Ebenen war diese anfängliche Hurra-Stimmung deutlich; sei es bei der bereitwilligen Gleichschaltung des Vereinsvorstandes oder der übermütigen Hoffnung, Hitler könnte Lobetal besuchen und die dortige Arbeit goutieren. Auch die Nazareth-Diakone, wichtigste Träger der Bethel-Identität Lobetals, bildeten keine Ausnahme. Begeistert kehrten sie Anfang September 1933 vom 9. Deutschen Diakonentag in Hamburg zurück und waren zunächst nicht abgeneigt, an der Selbstgleichschaltung des Deutschen Diakonenverbandes als Deutsche Christen (DC) mitzuwirken. Durch „brüderliche Aussprache" konnte einiges wieder gerade gerückt werden.

Zwei Briefe befassen sich mit Personalfragen. Zwei weitere Briefe gewähren einen Einblick in die wirtschaftliche Situation 1933 und den beginnenden Strukturwandel der Arbeiterkolonie, der bereits 1936 beginnt und im Verlaufe des Krieges durch den Abzug der leistungsfähigen Kolonisten forciert wird.

Im Zentrum der hier ausgewählten Briefe stehen jedoch die Auseinandersetzungen, die Paul Braune in den Jahren 1935 bis 1937 zu bestehen hatte. Dies waren mehr als nur persönliche Angriffe, denn Braune trug als Anstaltsleiter, Bürgermeister und Pfarrer in einer Person die Verantwortung für die gesamte Einrichtung und war darüber hinaus als Vizepräsident des Centralausschusses für Innere Mission (CA) und Geschäftsführer der Wandererfürsorgeverbände eine für die Innere Mission insgesamt bedeutsame Person. Die ausgewählten Briefe zeigen anschaulich, dass die Angriffe an verschiedenen Fronten vorgetragen wurden. Hauptgegner waren Gliederungen der NSDAP und der Deutschen Arbeitsfront (DAF).

Der erste größere Zusammenstoß, bei dem viele Lobetaler, die 1934 noch Hitler ihre Stimme gegeben hatten, beteiligt waren, ereignete sich auf der sogenannten Heldengedenkfeier 1936. Die Nazis hatten den (alten) Volkstrauertag zum nationalen Feiertag der Heldenverehrung der Gefallenen des Ersten Weltkriegs umfunktioniert. Bei der Veranstaltung in Lobetal kam es zum Eklat, als der von der Ortsgruppe der NSDAP engagierte Gauredner die Veranstaltung zur Verbreitung antichristlicher Propaganda nutzte. Der Vorgang schlug hohe Wellen, zumal Lobetal bekenntnistreu war, und angesehene Gemeindeglieder eine Beschwerderesolution verfassten. Die Euphorie der ersten Tage war lange verflogen.

Der weiterhin aufgenommene Briefwechsel zeigt anschaulich die Angriffe, die von zwei Mitarbeitern der Hoffnungstaler Anstalten ausgingen, die dem persönlichen Format Paul Braunes nicht annähernd gewachsen waren, aber durch Denunziation und Nutzung nationalsozialistischer Machtstrukturen ernsthafte Bedrohungssituationen aufbauen konnten.

Bodelschwingh an Braune[215]

Bethel b. Bielefeld, den 1. März 1933.

Lieber Bruder!

Neulich besuchte mich in Berlin die Oberin Gräfin Reventlow vom Königin-Elisabeth-Hospital in Oberschöneweide. Sie kam zunächst wegen einer epileptischen Schwester, die wir hier aufgenommen haben. Dann legte sie mir aber auch die Not ihres Mutterhauses ans Herz. Der vorige Pfarrer und Anstaltsleiter hat offenbar den Wünschen nicht entsprochen und ist mit mehr oder weniger Schwierigkeiten ausgeschieden. Nun helfen sie sich schon seit einiger Zeit mit einem pensionierten Superintendenten aus Potsdam. Es wird aber dringend ein Nachfolger gesucht.

Die Schwesternschaft besteht aus noch nicht 70 Diakonissen. Neben dem eigenen Krankenhaus sind einige Aussenstationen vorhanden. Einstweilen ist es aber offenbar nur eine kleine Aufgabe. Wie weit sie zu entwickeln ist, kann ich nicht übersehen. Die Oberin selbst ist schon über 70 Jahre, und man merkt deutlich die Spuren des Alters.

Vielleicht kannst Du diese Frage im Auge behalten. Man wünscht einen nicht allzu jungen Pastor und hätte am liebsten einen, der schon etwas Erfahrung in der Diakonie hat. Ich dachte einen Augenblick an Pastor Herzberg. Aber er wird wohl kaum daran denken, seine schöne, grosse Gemeindearbeit gegen eine solche kleine Aufgabe zu vertauschen. Immerhin glaube ich wohl, dass ein solches Mutterhaus an der Peripherie von Berlin innerlich und dann auch äusserlich zu entwickeln wäre, wenn ein tüchtiger Mann hinkommt. Wie schön wäre es z.B., wenn ein solches Mutterhaus die Pflege von Gemütsleidenden in die Hand nehmen könnte! Von Dr. Harmsen hörte ich, dass die Katholiken neuerdings eine schöne grosse Anstalt für Gemütskranke eingerichtet haben. Sonst gibt es bei Berlin ausser den städtischen Anstalten nur Privatsanatorien, die meist in jüdischen Händen sind. Du weisst, dass ich auf diese Lücke schon oft aufmerksam gemacht habe, die sich uns immer wieder auf das Herz legt, weil wir kaum 10% der für diese Abteilungen eingehenden Meldungen

---

215 AHSL EA 108.

berücksichtigen können. Allerdings macht Pastor Stein, Kückenmühle, die mich überraschende Mitteilung, dass, nachdem die Provinz Pommern viele der schwachsinnigen Kranken zurückgezogen hat, Kückenmühle sich schon mit etwa 3/4 seiner Plätze auf die Pflege von Gemütskranken umgestellt hat.

Mit herzlichem Gruß
Dein

Braune an Bodelschwingh [216]

Lobetal, den 10. März 1933

Lieber Bruder!

In der Anlage übersende ich Dir eine Abschrift unserer Jahresrechnung, die wir ja neulich in der Vorstandssitzung nur kurz besprechen konnten. Es ist doch eine ganz spürbare Geldbewegung, die so alle Jahre durch unsere Kassen und Verwaltung hindurchgeht, und wir können dankbar sein, dass wir dies Geschäftsjahr verhältnismässig gut überstanden haben. Der dunkelste Punkt bleibt uns ja Rehnitz, das uns im vergangenen Jahr rund 70 000.- RM Zuschuss gekostet hat. Die Klärung dieser Fragen muss auch am 17. März noch einmal geregelt werden.

Wir haben nun unsererseits in unserer Kolonie die Einzelbesprechung mit den Betriebsleitern schon gehabt, und wir haben als ziemlich einheitliches Ergebnis festgestellt, dass uns die Verpflegung und Versorgung eines Kolonisten ohne Kapitaldienst täglich rund 1.10 RM kostet. Da aber der Kapitaldienst schliesslich auch getan werden muss, so bleibe ich bei der seit Jahren aufgestellten Behauptung, dass ein Kolonist zu seiner Erhaltung einen Zuschuss von rund 1.30 RM haben muss, wobei naturgemäss für ältere Leute mehr gerechnet werden kann. Der Arbeitsverdienst eines

---

216 AHSL EA 108.

Kolonisten liegt etwa bei 40 Pf., so dass das Bild genau so aussieht: Die Versorgung eines Mannes kostet 1.70 RM. Er verdient durch seine Arbeitsleistung 40 Pf.; die Anstalt benötigt also einen Barzuschuss von 1.30 RM. Es ist notwendig, dass wir uns in der öffentlichen Debatte auf einen derartigen Satz einigen, obschon er bei Euch etwas höher liegen wird. Da aber die Richtsätze der öffentlichen Fürsorge bei 80 Pf. liegen, so begreift man schon nicht, warum wir 1.30 RM gebrauchen, obwohl der Mann arbeitet. Die reine Beköstigung ist in unsern Häusern so ausgefallen, dass Lobetal 52 Pf. braucht, Hoffnungstal 60 Pf., Reichenwalde und Dreibrück etwa 56 Pf., Friedenshöhe 70 Pf. und Erkner 47 Pf. Im übrigen haben wir alles auf Pfennigbeträge umgerechnet, so dass ein etwaiger Vergleich mit Euern Kolonien möglich ist. Ich wünsche Dir viel Freude beim Studieren dieser Kostenauszüge.

Mit herzlichem Gruss
Dein getreuer

Bodelschwingh an Braune[217]

Bethel bei Bielefeld, den 6. Mai 1933.

Persönlich!

Lieber Bruder Braune!

...Uebrigens habe ich ihm[218] vorgeschlagen, er möchte einmal an einem Sonntagnachmittag mit dem Kanzler[219], bei dem er täglich aus und ein geht, nach Hoffnungstal kommen, um ihm dort die Ergebnisse 30jährigen freiwilligen Arbeitsdienstes zu zeigen. Er will das gern versuchen. Doch bitte ich, dies zunächst ganz vertraulich zu behandeln, weil sonst gleich

---

217 AHSL EA 108; HAB 2/39–176.
218 Ludwig Müller.
219 Adolf Hitler.

Gerede entsteht. Je stiller wir diese Verbindungen anknüpfen desto besser ist es ...

Mit herzlichem Gruß
Dein getreuer

Braune an Bodelschwingh [220]

Lobetal, den 15. September 1933

Lieber Bruder!

... Über die Gleichschaltung in unserm Vorstand bezw. in der Anstalt müssen wir deswegen ziemlich ausführlich sprechen, weil von Seiten des Reichsführers der Inneren Mission stark gedrängt wird, dass bis zu 75 % Deutsche Christen im Vorstand sein sollen. So weit ich herauskriegen konnte, will man mit uns sänftiglich verfahren und keine Attacke rennen, sondern erwartet aber dies Entgegenkommen. Nun ist es ja durchaus denkbar, dass Zechlin ausscheidet, eventuell auch Onnasch. Auch Bruder Senf wäre bereit, aus dem Vorstand zurückzutreten, wenn auf diesem Wege leichter die 75 % erreicht werden. Sicher bleiben müssen Du, von Simson und ich. Ich habe an Leute gedacht, die auch im kirchlichen Leben etwas hervorgetreten sind, aber sonst harmlos. Der eine ist Troschke (Deutscher Christ), vielleicht im Konsistorium Schlabritzki, der sich auch langsam dazu gefunden hat. Vielleicht kann ich auch Simson freundlich zureden, dass er Deutscher Christ wird, damit die Prozente leichter rauskommen. Einer, mit dem ich jetzt sehr nett stehe, ist Gustavus, unser ehemaliger Kommissar, der auch Deutscher Christ ist, aber stets gern innerlichen Anschluss bei uns sucht. Auch Superintendent Jaeger in Biesenthal ist alter Pg., aber absolut kein Deutscher Christ. Vielleicht kann man ihn als Nachfolger Zechlins wählen ...

---

220 AHSL EA 108; HAB 1/K 67b.

In den Reihen der Mitarbeiter hier kommt langsam der Wunsch stärker auf, z.B. gerade bei Kronshage, ob es nicht doch ratsam sei, sich den Deutschen Christen anzuschliessen, damit einfach unsere Weiterarbeit nicht gehindert wird. Da diese betreffenden Brüder sonst ganz geschlossen zu uns stehen und auch innerlich in keiner Weise von ihrem bisherigen Standpunkt abweichen würden, so wäre solche Konjunkturschaltung denkbar, aber innerlich macht sie natürlich Not. Diese ganze Schaltung wird ja allmählich zum Theater...

Mit herzlichem Gruss
Dein getreuer

Braune an Bodelschwingh[221]

Lobetal, den 23. Sept. 1933.

Lieber Bruder!

...

P.S. Infolge der Hamburger Tagung wollten unsere Hausväter auch Deutsche Christen werden. Wir haben uns aber in feiner, brüderlicher Aussprache von 3 Stunden dahin verständigt, dass sie es nicht tun. Ich habe die ganze Frage von der Bekenntnisseite her mit ihnen durchgesprochen und ihnen die innere Unmöglichkeit dargelegt, für bekenntnistreue Christen. Die taktische Frage ist auch dahingehend zu beantworten, dass Taktik nicht gegen das Gewissen gehen darf und dass im übrigen schon viele bei dieser Taktik schwer reingefallen sind, so dass unsere Brüder jetzt mit frohem Herzen und gutem Gewissen nicht Deutsche Christen geworden sind. Ich fürchte, dass Ihr in Bethel allerdings einen viel stärkeren Druck habt...

Mit herzlichem Gruss
Dein

---

221 AHSL EA 108; HAB 1/K 67b.

Braune an Bodelschwingh[222]

Lobetal, den 4. Juni 1935

Lieber Bruder!

... Es hat sich nun aber doch als notwendig erwiesen, dass wir in Sachen Blütenberg handeln mussten, und so habe ich trotz allem am 31. Mai den Kaufvertrag mit Blütenberg und dem Nachbargrundstück abgeschlossen. Er entsprach dem seit Monaten vorliegenden Kaufangebot. Der Landrat von Oberbarnim wünschte, dass wir es übernehmen sollten. Auch der Kreisbauernführer freute sich, da man uns wohl zutraut, dass wir eine brauchbare Wirtschaft daraus machen. Ich hoffe, dass wir den Kauf nicht zu bereuen haben, weil er an sich gegenüber früheren Käufen verhältnismässig billig ist. Wir brauchen auch nicht viel zu bauen, da die Wohnungen vorläufig ausreichen. Ich denke, dass wir eine Kolonie mit 40 Mann dort bald aufmachen können ...

Mit herzlichem Gruss
Dein getreuer

Braune an Bodelschwingh[223]

Lobetal, den 9. Juli 1935.

Lieber Bruder!

... Am 2. Juli erschien bei mir der mir gut bekannte Stabsleiter Pg. Gerhard von der Reichsbetriebsgemeinschaft 13 zusammen mit dem Gauwalter Brandenburg für die gleiche Betriebsgemeinschaft. Sie besuchten mich, so wie sie jetzt anscheinend eine Reihe von Anstalten besuchen. Dabei er-

---

222 AHSL EA 108; HAB 1/K 67c.
223 AHSL EA 108; HAB 1/K 67c.

klärte mir Gerhard dann, es wäre ihm sehr bedauerlich, aber ich hätte in Wernigerode im Zusammenhang mit der Geschäftsführerkonferenz gesagt, Hitler hätte das deutsche Volk heimatlos gemacht, und das müsse erst klargestellt werden, sonst könne es böse Konsequenzen haben. Ich fragte ihn natürlich sogleich, wer denn solche törichten Behauptungen aufgestellt habe. Darauf sagte er, daß ihm das vier Pfarrer gesagt hätten. Es sei mehr zufällig gekommen, aber die ständen fest bei ihrer Behauptung. Ich habe mich ganz energisch gegen eine solche Verleumdung verwahrt, habe ihm auch klar gemacht, daß so etwas überhaupt nicht im entferntesten in Frage käme; weder der Gedanke noch die Vokabel in diesem Zusammenhange liegt mir nahe ...

Ob man behaupten wird, ich hätte das im kleinen Kreise gesagt, weiß ich nicht, aber auch da muß ich ganz entschieden eine derartige Behauptung oder Formulierung ablehnen. Ganz im Gegenteil habe ich immer wieder schriftlich und mündlich auf die hoch erfreuliche Tatsache hingewiesen, daß durch die Arbeitsbeschaffung, durch das Verwachsensein mit Grund und Boden, also mit dem alten Gedanken unserer Kolonien der Heimatgedanke in unserm Volke gestärkt werde ...

Man traut im großen und ganzen den Anstalten nicht, besonders da, wo man zur Bekenntniskirche hält. Man möchte daher am liebsten für jede Anstalt einen Pg als Aufsichtsrat ernennen ...

Ob diese Angelegenheit irgendwie unterirdisch damit zusammenhängt, daß ich neulich vor dem Treuhänder der Arbeit gegen unseren Ortsgruppenleiter gesiegt habe, das weiß ich nicht. Ich erzählte Dir ja, daß der Ortsgruppenleiter Ernst von mir für den Vertrauensrat aufgestellt, dann aber bei der Wahl durchgefallen sei. Er hat sich dann bei der Arbeitsfront beschwert. Wir haben schließlich Verhandlungen mit dem Treuhänder gehabt. Diesen wohnte der oben genannte Pg. Gerhard auch bei, stand aber, es war am 13. Juni, völlig auf meiner Seite. Es wurde die Korrektheit unseres Verhaltens festgestellt und Ernst mit seiner Beschwerde abgewiesen. Man könnte natürlich vermuten, daß die Arbeitsfront, die sich doch für ihn eingesetzt hatte, solche Schlappe nicht verträgt ohne den Gedanken der Rache. Aber eine Verbindung zwischen diesen beiden Dingen habe ich noch nicht feststellen können ...

Mit herzlichem Gruß
Dein getreuer

Braune an Bodelschwingh[224]

Lobetal, den 9. Juli 1935.

Lieber Bruder!

... Blütenberg haben wir übernommen. Lömker ist bereits übergesiedelt. Wir sind mit etwa 10 Kolonisten an den ersten Einrichtungsarbeiten. Morgen sollen weitere 8-10 Mann hinüber gehen. Es ist zunächst in Küche und Wohnhaus viel zu renovieren, die Küche umzubauen, sämtliche Zimmer sind durch Maler zu erneuern; auch muß die elektrische Leitung völlig neu gelegt werden, da sie seit etwa 5 Jahren verfallen ist. Ich nehme aber an, daß die ganze Einrichtung des häuslichen Betriebes einschließlich der Wasserversorgung, Betten, Inventar, Maler für etwa 10-15 000 RM für 50 Leute zu haben ist.

Die landwirtschaftliche Betriebsankurbelung kostet am Anfang nicht so viel, da wir schon Vieh und Futter schon meist von den anderen Anstalten übernehmen können, aber ehe die Wirtschaft sich wirklich trägt, werden natürlich einige Jahre vergehen.

Mit herzlichem Gruß
Dein getreuer

Bodelschwingh an Braune[225]

Bethel b. Bielefeld, 12. Juli 1935.

Lieber Bruder!

Deine ausführliche Nachricht hat mich mit einiger Unruhe erfüllt. Wenn ich auch annehme, daß die Klage gegen Dich hinfällig wird, weil ein solches Wort aus Deinem Munde undenkbar ist, sieht man doch aufs neue,

---

224 AHSL EA 108; HAB 1/K 67c.
225 HAB 1/K 67c.

welchen Möglichkeiten wir in wachsendem Maße ausgesetzt sind. Besonders schmerzlich wäre es, wenn wirklich die Denunziation aus der Quelle stammen sollte, die man Dir genannt hat.

Durch den Vorgang wird auch bei mir die Sorge vor dem geplanten neuen organisatorischen Zusammenschluß verstärkt. Ich sagte schon damals in der Sitzung, daß von uns aus gesehen, die Beibehaltung des bisherigen Zustandes besser gewesen wäre. Kommen wir jetzt in eine Sondergruppe hinein, so wird diese sehr bald Daseinsberechtigung und Leistung durch verschärfte Aufsicht und vermehrte Eingriffe legitimieren müssen. Wenn dann Wege eingeschritten werden wie in Frankfurt an der Oder, kann das sehr bald zu unübersehbaren Folgen führen. Dort hat man schriftlich der betreffenden Schwester befohlen, keinerlei Weisungen mehr von ihrem Mutterhause anzunehmen.

Auch im Blick auf diese Dinge würde mir eine _baldige_ Besprechung mit Dir erwünscht sein ...

Mit herzlichem Gruß
Dein getreuer

Braune an Bodelschwingh[226]

Lobetal, den 12. März 1936.

Lieber Bruder!

Wir stehen augenblicklich in schweren Kämpfen, die von einer politischen Stelle ausgegangen sind und durch einen besonderen Zwischenfall am Heldengedenktag hell aufgelodert sind. Ich übersende Dir in der Anlage die Eingabe an den Gauleiter Kube und unsere Berichte dazu.

Der Spieß wird natürlich umgedreht. Unser Stützpunktleiter, der gleichzeitig Buchhalter bei uns ist, möchte mich bei dieser Gelegenheit aus dem

---

226 AHSL EA 421-1.

Sattel heben, ebenso Pastor Senf, der ihm wegen seiner Bekenntnishaltung unbequem ist. Erfreulicherweise steht bei diesem Kampf die ganze Gefolgschaft entschlossen auf unserer Seite. Ich habe gestern unserm Buchhalter gekündigt und ihn sofort beurlaubt, damit wir endlich jedenfalls im Betrieb etwas mehr Ruhe vor ihm haben. Sodann habe ich Fühlung genommen mit allen notwendigen Stellen. Beim Landratsamt und bei der politischen Polizei bin ich gewesen, beim Kreisleiter der Partei habe ich die Kündigung mitgeteilt und besprochen, sodann habe ich den Brief an Kube bei ihm persönlich im Vorzimmer abgegeben und habe schon heute Morgen einen freundlichen Brief von ihm bekommen, den ich auch in Abschrift beifüge. Ich nehme an, daß die Angelegenheit von der Staatspolizei untersucht wird, da die Gegenseite wohl mir die Schuld in die Schuhe schieben will und die Lehrerin wegen Wahlsabotage angreift.

Bei der Gelegenheit sind wohl gleichzeitig gegen Herrn Pastor Senf allerlei Beschwerden vorgebracht aus seinen Bekenntnisvorträgen, so daß also hier in wunderbarster Weise alle möglichen Zwirnsfäden gesucht werden, aus denen man einen Strick drehen möchte.

Meine größte Sorge ist dabei, daß bei der Arbeitsfront durch Pg. Gerhard und unsern Gaufachwalter von Angern, der sich sehr stark auf die Gegenseite schlägt, vermutlich wird dann auch Dr. Heinrich eingespannt, wieder Angriffe erfolgen.

Ich nehme also an, daß die nächsten drei Wochen in dieser Beziehung mancherlei Verhandlungen und Überraschungen bringen werden, aber da nichts Greifbares vorliegt, was man mir ernsthaft anhängen könnte, so glaube ich, daß wir auch schließlich durchkommen. Ich halte es aber vielleicht für möglich, daß ich Dich einmal sehr schnell um Beistand bitten muß, denn es kann jetzt geschehen, daß ein Trommelfeuer von Versammlungen aller Art bei uns heran getragen wird, die natürlich große Beunruhigung schaffen. Unter Umständen muß der Kirchenminister[227] gebeten werden, seinerseits die politischen Stellen zu veranlassen, daß den Insassen solcher Anstalten keine Vorträge aufgezwungen werden, sondern daß die Schulungsarbeit sich nur auf die Gefolgschaft erstrecken darf. Ich könnte mir denken, daß dieser konkrete Vorschlag: „Finger weg von den Insassen" unter Umständen die Lösung in unserm Sinne auch anderer

---

227 Hannes Kerrl.

Situationen bringt. Gerade die Arbeiterkolonien sind eins der gefährdeten Gebiete, denn an Epileptiker, Geisteskranke und Blöde geht man ja nicht heran ...

Mit herzlichem Gruß
Dein

Braune an Bodelschwingh[228]

Lobetal, den 12. März 1936.

... In Ergänzung meines gestrigen Schreibens kann ich Dir erfreulicherweise mitteilen, daß eine wesentliche Entscheidung schon jetzt zu unsern Gunsten gefallen ist. Heute ist der ganze Vorfall im Auftrage der Staatspolizei von unserm Landrat und den nötigen Polizeikommissaren geprüft worden. Gegen mich ist auch nicht der geringste Vorwurf hängen geblieben. Fräulein Stehfen hat sogar ihre Anerkennung gefunden, und der Gauredner Pg. Ullrich bekommt einen kräftigen Verweis. Herr Gauleiter Kube wird mir voraussichtlich dies Ergebnis schriftlich bestätigen. Man fragte mich, ob ich damit zufrieden wäre oder noch andere Maßnahmen verlange. Ich habe darauf gefordert: Auswechselung unseres Stützpunktleiters und Ersatz durch Pg. Diakon Westenfelder. Ob ich das durchbekomme, ist noch die Frage. Jedenfalls ist dadurch schon eine erhebliche Erleichterung geschafft. Ich bin aber trotzdem dafür, die Angelegenheit evtl. im Sinne meines Antrages beim Reichskirchenministerium weiterzuverfolgen, daß wir Anstalten der Inneren Mission vor diesen ungeeigneten Rednern geschützt werden. Ich wäre Dir sehr dankbar, wenn Du auch beim Kirchenminister[229] in dieser Richtung einen Vorstoß machen könntest.

Im Besonderen sehe ich die Gefahren bei der Arbeitsfront. Jedenfalls unser Gaufachwalter der Betriebsgemeinschaft 13 hat Bruder Westenfelder

---

228 HAB 1/K 67c.
229 Hannes Kerrl.

gegenüber erklärt, daß es undenkbar wäre, daß ein Nationalsozialist gleichzeitig überzeugter Christ sein könne. – Das soll der Vertrauensmann für die Innere Mission sein!!! ...

In froher Dankbarkeit über das bisher Erreichte
mit herzlichem Gruß
Dein getreuer

Braune an Bodelschwingh [230]

Lobetal, den 23. März 1936

Lieber Bruder!

Über unsere Kriegslage möchte ich Dir weiter Bericht erstatten. Die kurze Antwort vom Landrat im Auftrage des Herrn Gauleiters Kube hast Du erhalten. Das Ergebnis vom Gauleiter ist zustande gekommen, nachdem am Freitag, dem 13. März 1936 die Staatspolizei die Angelegenheit stundenlang untersucht hat. Der Landrat war auch persönlich hier um vor allem festzustellen, daß die Verletzung kirchlichen Empfindens nicht bloß bei mir vorlag, sondern bei allen, die überhaupt kirchliches Verständnis haben. Man könnte nun annehmen, daß damit der Fall erledigt ist, aber wie ich schon richtig vermutete, macht sich jetzt die Arbeitsfront auf, um daraus weitere Konsequenzen zu ziehen. Es ist ganz deutlich zu spüren, daß im besonderen Herr von Angern mir die ganze Verantwortung in die Schuhe schiebt und mich dadurch als Betriebsführer unmöglich machen möchte. Ich habe am Freitag in Gegenwart von Pastor Senf, Herrn Flemming, Bruder Westenfelder und Hausvater Kersten Herrn von Angern gründlich Bescheid gesagt. Es handelt sich dabei um eine grundsätzliche Frage, die m.E. der C.A, bezw. der Reichskirchenausschuß generell klären muß. Der Vertreter der Arbeitsfront hat überhaupt kein Verständnis dafür,

---

230 AHSL EA 421-2; HAB 1/K 67c.

daß unsere Angestellten christliche Persönlichkeiten sein müssen. Ich erwähnte schon, daß wir unserm Buchhalter, dem politischen Stützpunktleiter, gekündigt und ihn sofort beurlaubt haben, einmal, weil er seiner Sache als Buchhalter nicht gewachsen ist, dann aber auch, weil er sich so vollständig gegenchristlich einstellt, daß er hier Urteile und Ausdrücke über das Christentum gebrauchte, die von einem Angestellten der Inneren Mission völlig untragbar sind. Der Gaufachwalter der Arbeitsfront sagte aber: Was braucht ein Buchhalter christlich sein, wenn er nur rechnen kann. In Reichenwalde bei Koch brachte er auch kein Verständnis dafür auf, daß selbst unsere Schweizer und Schmiede christliche Persönlichkeiten sein müssen. Da er selbst Vertreter der deutschen Glaubensbewegung ist, so liegt ihm natürlich daran, derartige Leute möglichst zu halten, und so macht er sich jetzt zum Anwalt unserer beiden schwierigen Pg's Ernst und Ninnemann. Der Fall Ninnemann ist noch ein ganz besonderer Fall und muß pathologisch gewertet werden.

Jetzt ist bei den Verhandlungen der Gaufachwalter der Arbeitsfront hier bei uns zum ersten Mal auf wirkliche Innere Mission gestoßen und stellt mit Erstaunen fest, daß unsere sämtlichen Mitarbeiter, selbst die Landwirte und Chauffeure christliche Persönlichkeiten sind, die auch als Nationalsozialisten, soweit sie Pg. sind, am Christentum festhalten. Dagegen möchte er Sturm laufen. Nach seiner Meinung muß hier eine andere Weltanschauung gelten ...

Mit herzlichem Gruß
Dein getreuer

Braune an Bodelschwingh[231]

Lobetal, den 16.7.1936.

Lieber Bruder!

... Ich darf wohl Deine Genehmigung voraussetzen, daß wir in Ernterast, nachdem die Familien fast ganz abgezogen sind, eine Heimstätte umbauen für Leichtschwachsinnige, Wanderer und Insassen. Auch das wurde von der Provinz begrüßt. Sie wollen uns gern solche Leichtschwachsinnigen zuschicken. Wir haben auch schon selbst eine ganze Reihe und bekommen laufend Anfragen ...

Mit herzlichem Gruß
in treuem Gedenken
Dein

Braune an Bodelschwingh[232]

Lobetal, den 8.8.1936.

Lieber Bruder!

... Weitere Kämpfe mit der Arbeitsfront haben hier im Falle Pg. Ernst stattgefunden. Wir haben ihm ja gekündigt, haben vor der Kündigung mit Gaufachwalter von Angern von der Arbeitsfront darüber gesprochen, 3 Zeugen waren dabei. Von Angern war mit der Kündigung einverstanden, hat sich aber scheinbar geärgert, daß wir sie durchgesetzt haben.

Besondere Hetzer sind ja noch immer Ernst und Ninnemann. Jede kleine Geschichte, die in der Anstalt vorkommt, wird zur Arbeitsfront gebracht. Sobald aber irgend eine Kleinigkeit ernsthaft zur Verhandlung

---

231 AHSL EA 108; HAB 1/K 67c.
232 AHSL EA 108; HAB 2/18–17.

gekommen ist, hat man uns immer Recht geben müssen. Ninnemann hat vor ungefähr Jahresfrist etwa 20 Aktenseiten an die Arbeitsfront geschrieben über unsere Bosheiten. Wir haben mit Herrn von Angern mindestens 2 Stunden darüber verhandelt und in jedem Falle mußte er sagen, das sieht allerdings anders aus. Nur ein komischer Rest blieb hängen. Ich habe Herrn Ninnemann zum 50. Geburtstag nach Rücksprache mit Herrn Hüske und Bruder Senf 100,- RM Geschenk von der Anstalt geben wollen zur Stärkung für seine Urlaubsreise. Diese 100,- RM hat er abgelehnt und hat bei der Arbeitsfront berichtet, ich wolle ihn damit bestechen, daß er schweigen solle über die Verhandlungen vor dem Treuhänder der Arbeit, die wir im Juni 1935 in Sachen des Vertrauensrates hatten. Der Treuhänder mußte uns damals auch Recht geben, und es ist nicht im mindesten erfindlich, wie und warum ich Ninnemann bestechen sollte, über diese Verhandlungen zu schweigen, an der etwa 8 Herren von uns teilgenommen haben. Merkwürdigerweise ließ sich das auch der Gaufachwalter der Arbeitsfront von Angern nicht ausreden.

Jetzt sind zweimal Fälle bei uns vorgekommen, wo das Fett in Ernterast etwas ranzig war, und 2. vor 14 Tagen soll in der Küche von Lobetal, die Hausvater Striedieck führt, das Fleisch etwas gerochen haben. Sofort stürmt ja ein Mann mit einem Napf Essen nach Berlin zur Arbeitsfront. Im Chemischen Institut fand Untersuchung statt – Vergehen gegen das Lebensmittelgesetz, – Anzeige bei der Staatsanwaltschaft. Ich halte es nicht für ausgeschlossen, daß Herr von Angern, der in jedem Falle beteiligt ist, solche Fälle an die Reichsleitung der Arbeitsfront Pg. Gerhard weitermeldet ...

Mit herzlichem Gruß
Dein getreuer

Braune an Bodelschwingh[233]

Lobetal, den 3. Oktober 1936

Lieber Bruder!

... Ninnemann hat inzwischen meinen Bericht an den Reichskirchenausschuß anscheinend wörtlich in die Hand bekommen und hat daraufhin seinen Kindern den Besuch des Kindergottesdienstes bei mir verboten. Ich habe inzwischen sowohl durch einige Hausväter, Kersten und Striedieck mit ihm Fühlung genommen als auch persönlich mit ihm gesprochen. Das Ergebnis war in jedem Falle restlose Kriegserklärung. Ich habe ihn ernst und deutlich gewarnt, er müßte die Folgen tragen, habe ihm gesagt, daß sich an ihm wahrscheinlich das Wort erfüllen würde „Wer anderen eine Grube gräbt, fällt selbst hinein". Mitleid und Geduld könne er jetzt nicht mehr erwarten, nachdem er selbst alle Fäden rücksichtslos zerschnitten habe. Er ist sich dieser Konsequenz voll bewußt und sagte, es wüchse auch für ihn anderwärts noch Brot. Wenn er also gehen müßte, dann würde er schon wo anders etwas finden. Das hat er sowohl mir als auch Hausvater Kersten gesagt.

Ich bin in dieser Angelegenheit auch bei unserm politischen Kreisleiter gewesen und habe von ihm die Zurückziehung von Ernst und Ninnemann aus den Ämtern verlangt. Er hat das alles sehr ruhig und sachlich angehört, hatte für beides großes Verständnis und will Ende Oktober einmal herauskommen und an Ort und Stelle alles besprechen. Ich habe ihm aber gleich gesagt, daß wir wahrscheinlich schon eher handeln müßten und wenn wir Ninnemann kündigen, dann solle er sich nicht wundern ...

Mit herzlichem Gruß
Dein getreuer

---

233 AHSL EA 108; HAB 2/18–17; HAB 2/63–78.

Braune an Bodelschwingh [234]

Lobetal, den 22. Dezember 1936.

Lieber Bruder!

... Tatsache ist, daß wir weder vom Staatsanwalt noch von der Gestapo irgend eine Silbe gehört haben, so daß nach der mir damals gewordenen Auskunft die Angelegenheiten damit erledigt sind. Wir haben auch mehrfach überlegt, ob es nicht noch irgend einen anderen Weg des Friedens und der Vergebung gibt, aber es ist kein anderer Weg zu sehen, da die Grundhaltung von Ninnemann immer die gleiche bleibt. Um der Kinder willen wird es mir schwer, aber es müssen ja auch nach Gottes Schöpferordnung Kinder unter den Sünden der Väter leiden und schließlich kann er ja daraus auch manches lernen und einen neuen Anfang machen ...

Mit herzlichem Gruß
Dein getreuer

Braune an Bodelschwingh [235]

Lobetal, den 16.1.1937.

Lieber Bruder!

Darf ich Dir gleich Bericht geben über den heute verhandelten und erledigten Fall Ninnemann vor dem Arbeitsgericht. Ninnemann hatte also durch die Arbeitsfront Einspruch gegen die Kündigung eingelegt. Es war zu heute der sogen. Gütetermin anberaumt, ohne daß eine Entscheidung gefällt werden sollte. Ich hatte als unseren Vertreter einen Rechtsanwalt Dr. Überschar von der Deutschen Arbeitsfront, Abteilung der Betriebsführer

---

234 HAB 2/18–17.
235 HAB 2/18–17.

telefonisch gebeten und Ninnemann hatte einen Assessor Schmidt als Gefolgschaftsvertreter. Die Verhandlung war entzückend. Das ganze Gericht war erschlagen von unserer Anständigkeit, und der Richter sagte sofort: „Herr Ninnemann, mehr können Sie überhaupt nicht verlangen, als der Verein Ihnen schon angeboten hatte". Selbst wenn der Verein durch Urteil zur Zurücknahme der Kündigung gezwungen würde, könnte eine Weiterbeschäftigung über den 1. Juli hinaus nicht von ihm verlangt werden. Ninnemann wollte vor allen Dingen dann noch eine Ehrenerklärung haben und eine Feststellung darüber, daß die Gründe der Kündigung nicht zurecht bestünden. Er hoffte wohl bei dieser Gelegenheit mit seiner Frau einen ganz großen Film abrollen lassen zu können. Das Gericht lehnte das ab, ebenso ich.

Ich machte dann noch einen letzten Vorschlag und bot an, wenn Ninnemann zum 1.4.1937 die Wohnung räumte, zahlen wir ihm tausend Mark. Daraufhin waren im besonderen die Arbeitsfrontleute noch mehr gerührt, und redeten Ninnemann und seiner Frau nur zu, daß er annehmen sollte, denn ein größeres Entgegenkommen sei wirklich nicht zu erwarten.

Da bekam es Frau Ninnemann mit der Angst zu tun, da sie einsah, daß ein weiteres Verbleiben in Lobetal nicht mehr möglich sei. Es ist dann ein Vergleich geschlossen worden, der von beiden Seiten angenommen wurde, mit folgendem Inhalt: Das Arbeitsverhältnis wird spätestens mit dem 1. Juli 1937 beendet. Räumt Ninnemann bis zum 1. Juli 1937 die Wohnung, dann zahlt ihm Hoffnungstal noch 250 RM Umzugskosten. Räumt Ninnemann die Wohnung bereits zum 1. April 1937, dann verpflichtet sich Hoffnungstal, ihm 1 000 RM als einmalige Abschlagszahlung zu leisten. – Ich hatte den Eindruck, daß der Richter über diesen Vergleich hoch entzückt war, denn er sparte ihm und uns viele Verhandlungen ...

Mit herzlichem Gruß
Dein getreuer

Bodelschwingh an Braune[236]

z.Zt. Hahnenklee, den 21. Jan. 1937.

Lieber Bruder Braune!

Dein Bericht über den Ausgang der Verhandlung mit Ninnemann hat mich sehr beruhigt. Allerdings fürchte ich, daß die Gegenseite sich noch nicht damit zufriedengeben wird, und daß eine endgültige Niederlage – falls nicht an der betreffenden Stelle ein Wechsel der Personen eintritt, – die Abneigung gegen unsere Arbeit nur steigern wird. Aber das müssen wir ruhig abwarten...

Euch allen viele Grüße
Dein getreuer

Braune an Bodelschwingh[237]

Lobetal, 17.4.1937

Lieber Bruder!

... Ninnemann ist zum 2.4. richtig fortgezogen und hat in Berlin Buch eine Gärtnerstelle. Anscheinend steht er aber finanziell schlechter als bei uns, hat aber zu seiner Freude gleich ein gutes Verhältnis zum Ortspfarrer angeknüpft, der goldener Pg und DC ist...

In herzlicher Verbundenheit und mit vielen Grüßen
auch von meiner Frau an Dich und Deine liebe Frau
Dein getreuer

---

236 HAB 2/18-17.
237 AHSL EA 108; HAB 2/37-189.

Braune an Bodelschwingh[238]

Lobetal, den 15. Mai 1937

Lieber Bruder!

In Sachen Ninnemann kann ich Dir heute noch eine Ergänzung geben. Ich war gestern eingehend bei unserem politischen Kreisleiter und habe mit ihm die Angelegenheit durchgesprochen. Für ihn ist es eine grundsätzliche Frage. Er steht auf dem Standpunkt, daß die Betriebsleitung solcher großen Anstalten überhaupt nicht unter kirchlichem Einfluß stehen dürfe, und ist der Ansicht, daß in aller Kürze die Partei die Gesamtfrage der kirchlichen Anstalten in seinem Sinne regeln werde. Wir haben uns in aller Freundschaft grundsätzlich darüber unterhalten, soweit das angängig war.

Der Einzelfall Ninnemann interessiert ihn gar nicht so sehr. Er gibt aber alle Beschwerden weiter und sagte, daß weiterhin bei der Arbeitsfront noch ein Verfahren liefe, um mich vor das soziale Ehrengericht zu bringen und daß ebenso das Propagandaministerium mit der Sache befasst sei. – Bei den Gesprächen merkte ich, daß der Kreisleiter der Ansicht war, daß Bodelschwingh etwa die gesamte Innere Mission Deutschlands bedeute. Er hat Dich ungefähr mit dem CA identifiziert, eine Einrichtung, die ihm natürlich völlig unbekannt ist. Es ist mir auch nicht ganz deutlich geworden, ob er begriff, daß außer Bethel und Hoffnungstal noch andere Einrichtungen der Inneren Mission in Deutschland vorhanden sind. Er war dann der Meinung, daß das alles unter politische Leitung gestellt werden müsse, denn die Erziehung des ganzen deutschen Volkes müsse einheitlich von einer Stelle aus getätigt werden ...

Es gibt sonst nur die Möglichkeit, zu warten, bis die Angriffe an einen herangetragen werden, um sich dann kräftig zur Wehr zu setzen. Bisher haben wir ja sämtliche Angriffe abgeschlagen: 1. den Gauredner, 2. den Staatsanwalt (wegen angeblich verdorbenen Essens) 3. Den Reichskirchenausschuß, 4. den Staatsanwalt (wegen verschiedener Punkte) 5. Die Geheime Staatspolizei ...

Sobald die Sache eine grundsätzliche Seite gewinnt, wie es der Kreisleiter darstellt, liegt ja die Frage überhaupt ganz anders und wird damit zu einer Frage der gesamten Inneren Mission und der Kirche. – Ich kann also

---

238 HAB 2/18-17.

jetzt warten und abwehren oder angreifen und damit den Gegner beschäftigen. Das Ganze ist hier ja nur ein Ausschnitt aus dem großen Kampf. Man muß die Kirche bei ihren wirtschaftlichen Betrieben, d.h. bei ihrer sichtbaren Erscheinung auf der Erde angreifen, da es ein grundsätzliches Vergehen der Kirche ist, daß sie auch in dieser Welt Raum beansprucht. Sie sagt: „Mein Reich ist nicht von dieser Welt", darum hat sie auch auf dieser Erde nichts zu suchen." ... ich zitiere wörtlich.[239] ...

In herzlicher Liebe
Dein getreuer

Braune an Bodelschwingh[240]

Lobetal, den 17.7.1937

Lieber Bruder!

... 2. Ich rate davon ab, Ninnemann noch einmal zu schreiben. Ich wüßte nicht, in welcher Weise ein Brief jetzt Erfolg haben sollte. Jedes weitere Schreiben wird von ihm wahrscheinlich im andern Sinne ausgelegt. Wir haben bestimmte Nachricht bekommen, daß ihn die Stadt Berlin als Gärtner wieder entlassen hat, da er sich dazu wohl als unfähig erwiesen hat. Er wird jetzt als Bürobote ausgebildet. Die Akten über die politischen Angriffe gegen mich gingen zur Kenntnisnahme an den Reichskirchenausschuß und auch ans Innenministerium. Auf beiden Stellen sah man dies aber als erledigt an ...

Mit herzlichem Gruß Dein getreuer

---

239 So in der Urschrift.
240 AHSL EA 108; HAB 1/K 67c.

Bodelschwingh an Braune[241]

Bethel b. Bielefeld, den 16. Sept. 1937.

Lieber Bruder Braune!

... Inzwischen las ich Deinen Brief an meine Schwester[242] wegen Erkner. Es ist richtig, daß ich gelegentlich einmal an meines Vaters Wort erinnert habe, daß man die Mitarbeiter und Mitarbeiterinnen in der Regel nicht allzu lange in einer besonders einseitigen und schweren Arbeit festhalten solle. Bei dem Posten des Anstaltsleiters von Freistatt hatten wir darum in der Regel mit einer Zeit von 8 bis 10 Jahren gerechnet. Aber das gilt natürlich auch bei uns nicht als ein starres Gesetz. Wenn es möglich war, haben wir bei den Fürsorgehäusern einen gewissen Wechsel angestrebt. Insbesondere erwies es sich als richtig, die Hausväter nicht in diesem Dienst alt werden zu lassen, sondern zum mindesten im Alter von 50 bis 55 Jahren einen Wechsel zu erwägen, weil sie sich dann noch in eine neue Arbeit, etwa in einem Haus der Epileptischen, hineinfinden konnten.

Daß bei unserer Mitarbeiterin in Erkner eine gewisse Not daraus erwachsen ist, daß sie so früh unter diese ungewöhnlich schwere Last gestellt wurde, wird man nicht übersehen können. Daher die gewisse Herbigkeit zum mindesten im Umgang mit den anderen Schwestern. So würde ich ihr selbst schon die Erfrischung durch eine neue Arbeit gewünscht haben, ohne irgendeine Kritik an der bisherigen Haltung und Leistung, denn dafür können wir ihr, aufs ganze gesehen, nur von Herzen dankbar sein. Für mich schieden also bei der Erwägung dieser Frage alle Klagen oder Anklagen völlig aus, und von der Spannung dem Mutterhaus gegenüber wußte ich nichts.

Wenn sich diese jetzt so lösen läßt, daß die Beziehungen lebendiger und fruchtbarer werden, und daraus ein vertieftes Vertrauen erwächst, würde ich dem von Herzen zustimmen. Bruder Dieckmann hat sich wegen dieser Frage nicht an mich gewandt. Wir hatten nur nach seinem letzten Aufenthalt dort auf dem Bahnhof ein Gespräch von wenigen Minuten. Meine Schwester fragt mich, ob sie zum Erntefest Anfang Oktober nach

---

241 HAB 2/18-32.
242 Frieda von Bodelschwingh.

Erkner fahren solle. Würde Dir das mit Rücksicht auf die schwebenden Verhandlungen willkommen sein, oder soll sie lieber abwarten, bis die Dinge ganz geklärt sind?

Mit herzlichem Gruß
Dein

Braune an Bodelschwingh [243]

Lobetal, den 11. November 1937

Lieber Bruder!

... Damit Du siehst, welchen anderen Kampf wir noch zu führen haben, lege ich Dir ebenfalls Durchschrift eines Schreibens an den Herrn Reichsinnenminister bei betr. Auflösung der Gemeinde Lobetal. Ich habe in dieser Sache sämtliche Instanzen vom Landrat an aufwärts bis zum Ministerium persönlich aufgesucht und habe an der obersten Stelle sehr großes Entgegenkommen gefunden, aber der Ausgang ist natürlich noch ungewiß, weil der Antrag auf Auflösung von unserer politischen Stelle ausgegangen ist ...

Mit herzlichem Gruß
Dein

---

243 HAB 2/18-1.

Krieg und Kriegsauswirkungen in Bethel und Lobetal

Schon kurz nach Ausbruch des Zweiten Weltkriegs wurde der Alltag in den beiden diakonischen Einrichtungen Bethel und Lobetal immer mehr beeinträchtigt. Vor allem Lobetal bekam die Rationierung materieller Güter wie Heizmaterialien und Treibstoffe zu spüren. Auch die Arbeitskräftesituation veränderte sich ungünstig. Noch irgendwie leistungsfähige Kolonisten wurden aus den Arbeiterkolonien abgezogen und dem Arbeitsmarkt zugeführt oder zum Militär eingezogen. Um die Landwirtschaft weiter aufrechterhalten zu können, wurden Kriegsgefangene eingesetzt, was im gesamten Briefwechsel nur an einer einzigen Stelle von Paul Gerhard Braune am 13. April 1942 kurz thematisiert wird. Seit 1940 waren in Lobetal französische und seit 1942 russische Kriegsgefangene beschäftigt. Auch die anderen Zweiganstalten und die Mutteranstalt selbst zogen Kriegsgefangene und Zwangsarbeiter zur Arbeit in der Landwirtschaft und den Handwerksbetrieben heran. Nicht zuletzt deshalb blieb die Ernährungssituation bis Kriegsende einigermaßen erträglich, verfügte Bethel doch zusammen mit seinen Zweiganstalten über ausgedehnte landwirtschaftliche Betriebe und eine große Viehwirtschaft, die während des Krieges die Selbstversorgung der Anstalten sichern halfen.

Die Auswirkungen der zunehmenden Zentralisierung des nationalsozialistischen Maßnahmenstaates und die unnachgiebig geforderte Durchsetzung des „Führerprinzips" trafen Lobetal weniger hart, weil die entscheidenden Positionen wie Bürgermeisteramt und Betriebsführer in der Person Paul Braunes vereinigt waren.

Zur allgemeinen Kriegslage kam noch die Steuergesetzgebung der Nationalsozialisten, die für die Einrichtungen der Inneren Mission zu einer schweren finanziellen Belastung wurde, was Braune in einem Brief vom 8. Januar 1942 eindrücklich schildert. Die 1942 in Kraft tretende Gemeinnützigkeitsverordnung zur Durchführung des Steueranpassungsgesetzes schränkte die steuerbegünstigten Zwecke der Inneren Mission immer mehr ein. Sie stellte die Einrichtungen unter erheblichen Rechtfertigungs- und Legitimationsdruck mit entsprechender Nachweispflicht. Die Gefährdung

Friedrich von Bodelschwingh (links) und Paul Braune beim Lobetaler Jahresfest, 1942.

des Status der Gemeinnützigkeit stellte eine existenzielle Bedrohung dar. Noch dazu erlangten die Gauleiter immer größere Handhabe, weil sie in Steuerfragen ein Mitspracherecht hatten.

Seit im September 1940 ein Luftangriff auf die Stadt Bielefeld auch die am Rand gelegene Anstalt getroffen hatte, lebte man dort in stetiger Angst vor weiteren Angriffen. Das ist deutlich den besorgten Briefen von Friedrich von Bodelschwingh anzumerken, der in den vorangegangenen Jahren gegenüber Paul Gerhard Braune so gut wie nie aus dem Betheler Anstaltsleben zu berichten pflegte, nun aber ausführlich die Kriegsauswirkungen schildert. Immer wieder kosteten Luftangriffe das Leben von Anstaltsbewohnern und Mitarbeitern. Die zerstörten Pflegehäuser brachten den Verlust von Pflegeplätzen mit sich; die behinderten Menschen mussten enger zusammenrücken und interne Verlegungen hinnehmen. Für die Lebensbedingungen der Betheler Bewohner und Bewohnerinnen, die ohnehin durch die stetigen Einberufungen des männlichen Pflegepersonals und das große Reservelazarett, das Bethel seit 1939 beherbergte, schon belastet genug waren, bedeutete das eine weitere Verschlechterung ihrer Lebensverhältnisse. Seit 1943 musste dann noch Ersatzraum für Krankenhäuser und Altenheime geschaffen werden.

In Lobetal rückte im weiteren Kriegsverlauf ab 1943 im Gefolge der zunehmenden Luftangriffe auf das nahe gelegene Berlin die Unterbringung von Bombengeschädigten in den Vordergrund. Wenige Monate später bestimmte die Aufnahme zahlreicher Flüchtlinge, vornehmlich aus dem Osten, den Inhalt der Arbeit. Beim Näherrücken der Front wurden Evakuierungspläne ausgearbeitet, die jedoch nicht verwirklicht werden mussten. Die für die Aufnahme der zahlreichen Flüchtlinge versorgungstechnisch weder vorbereitete noch in die Lage versetzte Einrichtung war mit der Bewältigung der Flüchtlingshilfe überfordert. Ein Massensterben war die Folge. Auch in Bethel war ein kaum endender Flüchtlingsstrom zu bewältigen. Zudem hatte sich die Ernährungslage erheblich verschlechtert. So stieg die Sterblichkeit im Winter 1945/46 deutlich an.

Ab Herbst 1945 stand Lobetal vor der Herausforderung, die Verstaatlichung seiner landwirtschaftlichen Flächen im Rahmen der Bodenreform abzuwehren, obwohl kirchlicher Grundbesitz de jure von der Bodenreform ausgenommen war.

Zum Jahresende 1945, in einem Brief vom 28. Dezember, führt Friedrich von Bodelschwingh sehr anrührend die Not seit Kriegsende vor Augen – der letzte Brief, den er an Paul Gerhard Braune schrieb. Wenige Tage später, am 4. Januar 1946, verstarb der langjährige Betheler Anstaltsleiter.

Braune an Bodelschwingh[244]

Lobetal, den 13.9.1939.

Lieber Bruder!

... Im übrigen ist natürlich das ganze Volk und jede Einrichtung jetzt unter die zentrale Staatsgewalt gebracht, aber diese Gesetze gelten ja dann für alle Menschen und Anstalten in gleicher Weise, so daß wir dadurch kaum besonders belastet sind. Hier für Lobetal macht es sich natürlich besonders bemerkbar, daß ich als Bürgermeister die ganze Regelung der Versorgungsangelegenheiten selbst in der Hand habe. Natürlich heißt es hierbei, doppelt sorgfältig sein ...

Die Verluste der Polen durch Fliegerbomben und Panzerwagen müssen ungeheuer sein. Die Eindrücke, die aus kurzen Äußerungen von Teilnehmern zu erkennen sind, sind für alle, die es miterleben, einfach furchtbar. Unsere eigenen Verluste sind scheinbar gering, während die polnische Armee scheinbar dahingemäht wird. Wie schwer wird es da oft, unter solchen Eindrücken das Wort aus Psalm 46 zu verstehen: „Kommt her und schauet die Werke des Herrn, der auf Erden solch Zerstören anrichtet" ... Vor uns allen steht die große Frage: Was wird im Westen? Wenn es dort los geht, können wir uns wohl auf einen langen Krieg einrichten. Gott sei uns allen, auch Euch in Bethel gnädig ...[245]

---

244 AHSL EA 159.
245 Das letzte Blatt des Briefes ist nicht überliefert.

Braune an Bodelschwingh[246]

Lobetal, den 22.2.1940

Lieber Bruder!

... Wir haben noch in den letzten Tagen und Nächten dauernd Temperaturen von -15 Grad gehabt. Sonntag, den 18. Februar waren es am Tage sogar 26 Grad. Jetzt steigt die Temperatur am Tage aber gelegentlich bis auf den Nullpunkt. Unsere Heizvorräte sind erschöpft. Wir holen mit vielen Telefongesprächen und Verhandlungen soeben den dringendsten Bedarf laufend herein. Die uns zustehenden Wagons sind seit dem 8. Januar nicht mehr eingetroffen. Wir haben uns bisher dadurch helfen können, daß wir das gesamte Papier- und Grubenholz in unserem Wald als Bürgermeister beschlagnahmt haben, und von der Staatsforst haben wir vorgestern auch noch 66 rm Papierholz auf dem gleichen Wege erworben. Es hat aber den Anschein, als ob in den nächsten Tagen einige Wagons eintreffen sollen. Immerhin haben wir die Wohnräume heizen können mit Ausnahme von einigen Zimmern in Friedenshöhe, wo die Temperatur kaum über 6 Grad Wärme kam. Aber auch die Alten tragen die Kälte eigentlich mit guter Stimmung. Die höher kommende Frühlingssonne macht ihnen Mut. Man kann also sagen, daß wir nicht eigentlich unter der Kälte leiden, aber es gibt viel Gesprächsstoff. Wir selbst sind in unserem Haus auf die kleinsten Zimmer zusammengerückt. Ich arbeite im Kinderzimmer. Die ganze Familie schläft zusammen oben im Fremdenzimmer, weil sich das am leichtesten heizen läßt, und für die Kinder und das Essen ist das Esszimmer geheizt, ein Zustand, der sich durchaus ertragen läßt.

Erkner hat ausreichend Kohlen, Reichenwalde kommt ebenfalls soeben immer durch. Am schlimmsten ist der Zustand in Dreibrück.

Die Lebensmittelversorgung macht keine Schwierigkeiten. Von unseren Kartoffelmieten kann ich Dir wohl als Gesamtergebnis unserer verschiedenen Anstalten sagen, daß wir voraussichtlich keine Verluste haben werden. Unsere Landwirte haben alle fast in Vorahnung der kommenden Dinge die Mieten ganz besonders gut zugedeckt. Wir wissen aber von den Nachbar-

---

246 AHSL EA 108.

gütern und Bauern weithin, daß sie katastrophale Verluste haben. Hausvater Koch aus Reichenwalde berichtet von seinem Nachbargut Silberberg, daß dort wohl alles erfroren ist, und im Dorf Reichenwalde sagte auch der Ortsbauernführer, daß er nur Eisklumpen aus den Mieten heraushole. In Dreibrück sind heute noch 50 Morgen Kartoffeln ungeerntet unter dem Schnee vergraben auf den Feldern. Ebenso stehen auf unseren Lanker Feldern noch die Rüben.

Ich fürchte also, daß für die allgemeine Bevölkerung eine große Kartoffelknappheit eintreten wird. Mit unserem Gemüse sind wir ebenfalls noch Lieferant für den Berliner Markt und wurden neulich sogar im Marktbericht erwähnt als besonders weitsichtige Erzeuger, die noch große Kohlrabimengen auf den Markt bringen konnten. Es waren etwa 600 Ztr. Dreibrücker Erzeugnisse ...

Mit herzlichem Gruß
Dein getreuer

Braune an Bodelschwingh [247]

Lobetal, den 21.3.1940

Lieber Bruder!

... Wir haben jetzt leider vielerlei Sorgen durch die Einberufung von Brüdern. Soeben werden die beiden einzigen Pflegebrüder von Friedenshöhe eingezogen, sodaß, wenn es nicht aufzuhalten geht, Hausvater Beier mit 160 Alten und Siechen allein dasteht, ohne eine einzige festangestellte Pflegekraft. Das wäre dann im Augenblick der am schwersten getroffene Betrieb. Ich selbst habe ja auch infolge des Fehlens von Bruder Engelke an allen Sonn- und Festtagen laufend Predigtarbeit, sodaß ich in den Ostertagen wohl 7–8 mal Gottesdienst- und Abendmahlsfeiern halten muß.

---

247 AHSL EA 252.

Gott schenke Euch und uns allen immer wieder die lebendige Erfahrung, daß er bei uns der Herr ist alle Tage bis an der Welt Ende.

Mit herzlichem Gruß
Dein getreuer

Braune an Bodelschwingh[248]

Lobetal, den 15.5.1940

Lieber Bruder!

Nun komme ich doch noch einmal mit der Bitte wegen des Hoffnungstaler Jahresfestes zu Dir. Wir sind hier immer wieder gefragt worden, wann das Jahresfest ist. Die Freunde warten darauf, und auch für unsere eigene Gemeinde und Mitarbeiterschaft ist es nötig, daß in all der Arbeit auch einmal ein Tag der Freude und Entspannung ist. Wir möchten nun diesmal das Jahresfest auf einen Sonntag legen. Ich schlage vor Sonntag den 23. Juni. Wir wollen den Sonntag aus folgenden Gründen nehmen. Es fallen diesmal sämtliche Verkehrsmittel fort. Omnibusse sind nicht zu beschaffen, und von Bernau können wir mit dem Pferdewagen nicht große Mengen von Leuten abholen. Es werden also überwiegend Leute kommen, die gesund und frisch sind und von Bernau oder Rüdnitz zu Fuß wandern können. Diese jungen, gesunden Leute sind in der Woche unabkömmlich, weil sie in der Arbeit stehen. So glauben wir, daß diesmal der Sonntag der gegebene Tag ist. Die S-Bahn nach Bernau verkehrt regelmäßig, <u>sodaß</u> auch der Sonntagsverkehr kein Hindernis bedeutet.

Wir haben weiter überlegt, ob wir das Fest auf einen halben Tag zusammenziehen oder wie früher einen ganzen Tag nehmen, da die Frage der Mittagsverpflegung entscheidend ist. Wir sind aber der Meinung, daß ein Mittagessen für 300 Personen – mehr werden es unter keinen Umständen, ohne weiteres möglich ist. Kartoffeln, Gemüse, weiße Bohnen sind da, Fleisch fällt aus.

---

248 AHSL VA V 428.

Die Tagesordnung müßte dann so sein, daß wir vormittag Gottesdienst haben. Nun bitte ich Dich herzlich um die Predigt. Der Gottesdienst ist entweder draußen oder im Saal, je nach dem Wetter. Unsere eigene Anstaltsgemeinde wird dabei besonders stark vertreten sein. Der Gottesdienst dauert von 10-$^1/_2$12 Uhr. Von 12-1 Mittagessen, von 1-3 Pause und Führung, von 3-4 Kaffeetrinken, von 4-6 Nachfeier...

Mit herzlichem Gruß
Dein getreuer

Bodelschwingh an Braune[249]

Bethel bei Bielefeld, den 2. Nov. 40

Mein geliebter Bruder!

Die wenigen Worte, die wir telefonisch wechseln konnten, haben mein Herz sehr fröhlich gemacht. „Der Strick ist zerrissen und wir sind los". Die ganze Bethelgemeinde ist mit Euch eins im Dank für Gottes gnädige Durchhilfe...

Wenn hier nichts dazwischen kommt, würde ich gern am Donnerstag gegen abend zu Euch kommen, Ankunft Rüdnitz um 18.09 Uhr. Vielleicht will meine Frau mich begleiten. Ihr werdet gewiß andere Gäste haben. Wir können gut in Ernterast wohnen. Freitag früh würde ich dann nach Berlin weiterfahren, wo ich die beiden folgenden Tage zu tun habe, vielleicht auch bis Montag oder Dienstag bleiben muß. Sollte es Euch also am Donnerstag nicht passen, können wir auch Freitag zur selben Zeit oder früher von Berlin aus zu Euch kommen.

Dich und die Deinen grüßt in treuer Liebe
Dein

---

249 AHSL EA 422-2.

Bodelschwingh an Braune[250]

Bethel bei Bielefeld, den 4. April 1941.

Du siehst, mein lieber Bruder, dass ich anfange alt zu werden. Ich hatte in der Tat vergessen, dass der Beschluss wegen der Hoffnungstaler Satzungen noch in der Mitgliederversammlung bestätigt werden müsse ...

Der neue Fliegerüberfall hat uns hart getroffen. Es handelte sich um die Schuhmacherei Horeb. Von 28 Kranken sind siebzehn sofort getötet worden oder bis zum nächsten Tag gestorben. Dabei handelte es sich fast durchweg um frische, in der Arbeit sehr brauchbare Jungen. Der junge Bruder wurde auf dem Weg zum Schlafsaal der Kranken getötet, während sein eigenes Zimmer unversehrt blieb. Auch an anderen Häusern ist ziemlich viel Schaden angerichtet, doch weiter niemand verletzt worden. Es handelte sich um sieben zum Teil schwere Bomben. Morgen wollen wir unsere Toten zum Friedhof geleiten. Unsere ganze Gemeinde steht unter dem Ernst dieser geheimnisvollen Führung. Gott gebe, dass sie uns allen zum Segen wird!

In treuem Gedenken grüsst Dich und die Deinen
Dein

Braune an Bodelschwingh[251]

Lobetal, den 15.5.1941.

Lieber Bruder!

Neulich vergaß ich, Dich wegen des Jahresfestes zu fragen ... Wir werden schon von vielen Seiten gefragt, wann das Jahresfest stattfindet. Die Erfahrungen aus dem Vorjahr waren außerordentlich günstig. Es kamen doch

---

250 AHSL EA 108.
251 AHSL EA 108; HAB 2/18-2.

über 800 Menschen zusammen. Wir werden uns diesmal mit der Verpflegung allerdings noch mehr einschränken müssen, aber das alles hält ja die treuen Freunde nicht ab ... Vielleicht kannst Du einmal in Brandenburger Luft zwei Tage ausspannen. Wir sehen leider keine Möglichkeit, das Jahresfest auf einen Wochentag zu legen, weil dann die rüstigen, arbeitenden Menschen ausfallen. Die alten Menschen aber, die sonst in großen Scharen an den Wochentagen kamen, können wir nicht abholen lassen. Eine Fußwanderung kann man ihnen nicht zumuten. So hatte sich im Vorjahr unsere Prognose erfüllt, daß sich die Zuhörerschaft am Sonntag wesentlich verjüngt. Auch mehr Männer waren erschienen, während naturgemäß die alten Frauen stärker zuhause blieben. Dieser Zuwachs scheint mir so wertvoll zu sein, daß wir ihn auch in diesem Jahr nicht entbehren möchten. Ich würde mich außerordentlich freuen, wenn Du auch in diesem Jahr wieder zu der großen Gemeinde sprechen könntest. Das Jahresfest ist langsam zum Volksmissionsfest für die lebendigen Gemeinden in der näheren Umgebung einschließlich Berlin geworden. Man hat ja in diesen Zeiten Sorge, derartige Veranstaltungen zu treffen, aber schließlich muß man auch den Mut aufbringen, etwas zu wagen, damit wir uns nicht nur durch Rückzugsgefechte entmutigen lassen ...

Mit herzlichem Gruß
Dein getreuer

Braune an Bodelschwingh[252]

Lobetal, den 8.1.1942

Lieber Bruder!

Inzwischen wirst Du ja die neue Steuerverordnung, die uns auf den Weihnachtstisch beschert wurde, durchgelesen haben. Ich muß ja sagen, daß

---

252 AHSL EA 108.

diese Verordnung für unsere ganzen steuerlichen Angelegenheiten geradezu verheerend ist. Es ist ja nicht nur eine Zusammenfassung bisheriger Erlasse, sondern in jedem Falle ist es eine sachliche Schlechterstellung unserer Anstalten. Ich sehe z.B. für unsere ganzen Hoffnungstaler Anstalten auch nicht die geringste Möglichkeit, auch nur mit einer einzigen Arbeit steuerfrei zu bleiben. Die landwirtschaftlichen Betriebe sind entgegen der sonstigen Übung der Finanzämter mit einer Deutlichkeit schlechter gestellt, wie sie völlig überraschend kam. In den entscheidenden Abschnitten von § 7 und 8 sind die land- und forstwirtschaftlichen Betriebe in jedem Falle als steuerschädlich angesehen. Selbst in Fällen, wo sonst ein wirtschaftlicher Geschäftsbetrieb steuerbegünstigt werden kann, sind diese Betriebe ausgeschlossen. Da gerade in unseren Hoffnungstaler Anstalten die Landwirtschaften überragendes Gewicht haben, so ist damit die ganze Arbeit als steuerpflichtig anzusehen.

Ich habe mir überlegt, ob man etwa unsere gesamten Landwirtschaften, ferner den Laden und das Mühlbachhaus auf eine GmbH. Hoffnungstaler Wirtschaftsbetriebe übernehmen könnte, und ob man dann nur solche GmbH. versteuern braucht, während die eigentlichen Kolonien und das Altersheim Friedenshöhe steuerfrei bleiben. Dieser Weg ist aber auch nicht gangbar, weil voraussichtlich gerade diese Zweige wirtschaftliche Überschüsse erzielen, während die Kolonien im allgemeinen Fehlbeträge haben. Wir würden dann gerade die Hauptüberschüsse mit 30% versteuern müssen und könnten sie nicht zur Deckung unserer Fehlbeträge benutzen ... Ob es bei Euch in Bethel möglich ist, die eigentlichen Krankenhäuser und Pflegehäuser auszusondern scheint mir bei der Frage der Bedürftigkeit und der Gewinnabsicht und unter dem Gesichtspunkt des Betriebskapitals so kompliziert, daß es mir auch fraglich zu sein scheint, ob Ihr eine einwandfreie Steuerfreiheit konstruieren könnt.

Selbst jede Herberge wird steuerpflichtig werden, weil sie durch ihre Vermietung und den Verkauf von Speisen usw. an Arbeiter nicht mehr nur für Bedürftige sorgt und also auch Gewinnabsichten haben muß, da Mildtätigkeit zumindestens nicht mehr vorliegt. Ich glaube also mit einem Wort gesagt – Alle großen Anstalten sind jetzt voll steuerpflichtig. Auch die Landes- und Provinzialverbände sind so wenig gesichert, daß auch sie sich in gleicher Verdammnis befinden. Welcher Landesverband kann denn nachweisen, daß all seine Unterverbände gemeinnützig und mildtätig im vollen Sinne dieses Gesetzes sind? ...

Haben die Urheber dieser Verordnung wohl die praktische Auswirkung beabsichtigt, oder ist bei der Unkenntnis der Materie und bei der mangelnden Fühlungnahme mit unseren Praktikern diese große Fehlentwicklung eingetreten, ohne daß eine Absicht dahintersteckt? In letzterem Falle ist es vielleicht möglich, durch neue Ausführungsbestimmungen noch einiges günstiger zu gestalten, aber ich fürchte, daß auch das heute nicht mehr möglich sein wird ...

Mit herzlichem Gruß
Dein

Braune an Bodelschwingh[253]

Lobetal, den 13.4.1942.

Lieber Bruder!

... In Reichenwalde trafen soeben 20 russische Kriegsgefangene aus dem Lager ein. Es wird Wochen dauern, bis wir sie ans Essen und Arbeit gewöhnt haben ...

Mit herzlichem Gruß
Dein

---

253 AHSL EA 108; HAB 2/18-2.

Braune an Bodelschwingh[254]

Lobetal, den 15. Januar 1943.

Lieber Bruder!

Die Beschwerde des Blaukreuzbundes oder genauer gesagt: die Beschwerde des Paul Defert aus Friedenshöhe ist doch eine merkwürdige Angelegenheit. Ausgerechnet Paul Defert war der erste, der in Friedenshöhe sich um die Schnapskarte bemüht hat. Er ist, wie mir Hausvater Beier sagte, trotz seiner angeblichen Krankheit am Tage wohl dreimal nach Rüdnitz gezogen, um den Schnaps für diejenigen herbeizuschaffen, die selbst nicht laufen konnten. Es wird gesagt, dass er sich dafür noch einen Botenlohn von RM 3.– habe zahlen lassen. Ich glaube, dass mit dieser einen Tatsache die ganze Unwahrhaftigkeit der Beschwerde hinfällig wird. Er ist sonst ein harmloser, guter Kerl, den wir früher wegen Trunkenheit aus bevorzugter Stellung herausnehmen mussten. Interessant ist dabei, dass auch der Führer der hiesigen Blaukreuzgruppe, Bruder Kretschmer, seinen Schnaps geholt hat und auch sonst jede Gabe von Alkohol und Tabak nimmt, selbst wenn er sie persönlich nicht verraucht oder vertrinkt, was ich nicht kontrollieren kann. Es ist also schon eine etwas problematische Angelegenheit mit diesem gesetzlich angeordneten Alkohol. Wir haben uns über die Dinge selbstverständlich des öfteren unterhalten, und es hat uns die ganze Schnapsverteilung gewiss keine Freude gemacht. Es wäre uns lieber, wenn dieses amtliche Geschenk nicht erfolgt wäre. Aber als diese Gabe von höchster Stelle in der Presse als besondere Weihnachtsgabe und sonstige Freudengeschenke bekannt gemacht wurden, da war es geradezu Ehrenpflicht jedes deutschen Mannes, diese Gabe anzunehmen. Wie kann man die Gabe eines Königs verachten! Als Behörde waren wir gezwungen, die Karten auszugeben, als Anstaltleitung hätten wir sie einbehalten können. Unsere Hausväter nahmen verschiedene Stellung ein. Aber die meisten kamen dann sehr bald zu der Erkenntnis, dass es geradezu die Menschenwürde ihrer Pfleglinge herabsetzen würde, wenn sie dieses Staatsgeschenk nicht bekämen, was jedem zusteht. Wir haben es daher praktisch so gehal-

---

254 AHSL EA 108.

ten, dass wir in Lobetal etwa 200 Insassen, insbesondere allen Schwachsinnigen, es nicht gegeben haben. Aber den bewährten Arbeitern wurde es gegeben, weil sonst einfach ihr Ehrgefühl schwer verletzt worden wäre. Und schliesslich ist das Ehrgefühl bei unseren sowieso schon herabgedrückten Leuten auch eine wichtige Angelegenheit. Das bisschen Alkohol selbst hat keinem etwas geschadet, so dass wir heute ruhig sagen dürfen, dass in unserer Kolonie eine Alkoholgefahr im Augenblick nicht mehr besteht. Man kann in solcher Situation mit einer anderen Freiheit handeln als in den Zeiten, in denen es Alkohol in Hülle und Fülle gab.

Dazu kommt auch noch der andere Gesichtspunkt: Alle Angestellten haben die Alkoholkarte genommen und auch durchaus dafür gesorgt, dass sie ihn bekamen. Ich höre, dass das in Bethel ebenso gewesen ist. Man kann aber dann nicht den Einwohnern vom Altersheim und den treuen Koloniearbeitern den Alkohol entziehen, den man selber als Mitarbeiter, Hausvater, Diakon usw. für sich in Anspruch nimmt. Das Ganze entspringt ja aus dem Fluch des Gesetzes, der sich auch in solchen Einzelheiten bemerkbar macht. Jedenfalls hat die ganze Frage bei uns vorher viel Kopfzerbrechen gekostet. In der Praxis löste sich das Problem sehr einfach. Ich habe dabei auch an die grosse Freiheit Deines Vaters denken müssen, die er dem Alkohol und dem Tabak gegenüber einnahm...

Mit herzlichem Gruss
Dein

Braune an Bodelschwingh[255]

Lobetal, den 27. Januar 1943.

Lieber Bruder!

... Trotz dieser, meines Erachtens ordentlichen Behandlung[256] bin ich nicht abgeneigt, Deiner Einladung zu folgen. Im Augenblick sehe ich noch keine rechte Möglichkeit. Da wir hier noch die Abschlussarbeiten vorhaben, zu denen mich Bruder Hüske immer wieder benötigt. Ferner sind die Luftschutzmassnahmen hier bei uns jetzt sehr akut geworden infolge der schweren Angriffe gegen Berlin. Auch da bin ich immer wieder nötig. Endlich fürchten wir ja demnächst sehr rapide Einberufungen und Musterungen, die ja wohl allgemein vorgenommen werden, so dass man in solchen Zeiten auch nicht gern abwesend ist. Trotzdem will ich meine Verhandlungen so einrichten, dass vielleicht in der zweiten Hälfte des Februar ein Aufenthalt von 10 bis 14 Tagen möglich wäre. Meine Frau könnte aber nicht mitkommen, da sie hier unentbehrlich ist. Ich gebe aber Nachricht, sobald ich bestimmtere Möglichkeiten übersehen kann. Ich möchte selbstverständlich gern meine Gesundheit so gut wie möglich wieder herstellen. Das begonnene Jahr wird ja all unsere Kräfte in jeder Weise fordern ...

Mit herzlichem Gruss
Dein

---

255 AHSL EA 108.
256 Wegen Herzerkrankung.

Braune an Bodelschwingh[257]

Lobetal, den 5. April 1943.

Lieber Bruder!

... Hier war man inzwischen ein wenig nervös geworden, weil infolge der öffentlichen Arbeitsaufrufe soviel brauchbare Leute abgehen, so dass jetzt Lobetal zum ersten Mal seit längerer Zeit etwa 20 freie Betten hat. Ich habe schon eine Betriebsbesprechung gehalten, um diese Schwierigkeiten herauszubringen. Es scheint, dass sich die Dinge wieder zurecht biegen. Sonst ist hier alles im grossen und ganzen gut weiter gegangen, so dass mein Fernbleiben keine besonderen Störungen hinterliess. Am Sonntag hatte ich die Konfirmation. Es waren freilich nur zwei Kinder, aber die ganze Gemeinde beteiligte sich doch sehr zahlreich an der Feier. Für unsere Leute ist es auch immer etwas Besonderes. Von Berlin werden wir hier ziemlich häufig gefragt nach der Unterbringung von Bombengeschädigten. Es wird eine Zahl von 65 000 Obdachlosen genannt, mit denen man in Berlin rechnen müsste. Die letzten Angriffe waren nicht so schwer wie der vom 1. März. Immerhin ist die Nervosität ziemlich gross ...

Mit herzlichem Gruss
Dein getreuer

---

257 AHSL EA 108.

Braune an Bodelschwingh[258]

Lobetal, den 10. Juli 1943

Lieber Bruder!

... Ich habe nun von uns aus angeboten, in Dreibrück das ganze Haus Sternblick mit 40 Betten für Altersheim, in Friedrichswille 30 Betten für einfache alte Männer und hier in Lobetal im Kinderheim zunächst 30 Kinder. Überall muß Pflegepersonal mit gestellt werden. Wir können das aber wirklich nur machen, wenn das Pflegepersonal aus diakonischen Kreisen stammt, damit hier die enge Zusammenarbeit möglich ist. Ich möchte nun an Dich die Frage richten, hast Du aus Deinen sicher schon dornenreichen Verhandlungen der letzten Wochen heraus das Vertrauen, daß wir auf dem offiziellen Wege nun auch wirklich unsere eigenen Heime hierher bekommen oder wird nachher auf Grund zentraler Anweisungen doch alles anders dirigiert. Dann bietet man seine Plätze an und ist sie nachher los. Wir müssen uns ja auch noch immer Reserven für Berlin halten.

Am besten erschien es mir ja fast, wenn ihr etwa von Bethel passende Abteilungen hierher verlegt, falls ihr irgendwelche Häuser räumen müßt. Ich bin der Ansicht, daß wir intern in unserem eigenen Anstaltsverband schließlich den Austausch noch am direktesten durchführen könnten. Vielleicht kannst Du mir einfach von Deiner Erfahrung aus eine kurze Antwort geben. Ich würde mich sonst mit eigener Initiative bei den Stellen einschalten, ... um auch die richtigen Gäste herzubekommen, denn schließlich ist die Verwirrung am größesten auf die Dauer, wenn man falsche Leute bekommt ...

Gott bewahre Euch gnädig in den kommenden Wochen und Monaten. Er erhalte Bethel und bewahre es gnädigst in all den Stürmen, die zu kommen drohen. Dir aber schenke er in all den Schwierigkeiten und Ärgernissen, die mit solcher täglich neuen Umstellung verbunden sind, immer aufs neue die Kraft und den Frieden, der uns durch alle Nöte hindurch trägt.

In herzlichem Mittragen
Dein

---

258 AHSL EA 108.

Bodelschwingh an Braune[259]

Bethel bei Bielefeld, den 14.7.1943

Lieber Bruder Braune!

... Auch hier haben wir erwogen, ob Eure Häuser als Rückzugslinie für Bethel selbst in Frage kommen. Zunächst würden wir natürlich Eckardtsheim und Freistatt benutzen, wo wir im Notfall wohl 600–800 Leute unterbringen können, indem wir jeden Raum doppelt belegen. Für Epileptische und Gemütsleidende würden die drei von Dir vorgesehenen Häuser kaum in Betracht kommen. Die Verschickung von Alten läuft hier augenblicklich noch unter der Voraussetzung völliger Freiwilligkeit ...

In treuem Gedenken grüßt Dich
Dein

Bodelschwingh an Braune[260]

Bethel bei Bielefeld, den 7. Aug. 1943.

Lieber Bruder Braune!

Nun hat die Welle der Räumung auch Berlin erreicht! Ich würde gern hören, ob und in welcher Weise die Auswirkungen davon bei Euch spürbar werden. Bisher hatte ich bei unsern Mobilmachungsplänen mit der Möglichkeit gerechnet, daß wir im Notfall Leute aus unsern Häusern zu Euch herüberschieben könnten. Jetzt werdet Ihr vermutlich durch dringendere Wünsche in Anspruch genommen werden.

---

259 AHSL EA 108.
260 AHSL EA 108.

Hier ist es bisher still geblieben. Wir hatten jetzt sogar eine Reihe von alarmfreien Tagen und Nächten. Dabei wird es sich aber nur um eine der üblichen Pausen handeln, die die Amerikaner einzulegen pflegen, um dann desto schärfer zuzuschlagen. Es sollten auch hier schon die Heime für Kinder und alte Leute geräumt werden. Das scheint aber noch etwas zurückgestellt zu sein. Auch die Schulen sollen wieder anfangen. Doch sind auf privatem Wege schon sehr viele Mütter und Kinder abgewandert.

Diese nun durch ganz Deutschland gehende Völkerwanderung stellt auch die Kirche vor neue große Aufgaben. Wir sind jetzt im Begriff, die Betreuung der Westfalen zu regeln, die nach Hinterpommern umgesiedelt sind. Es werden ihnen wahrscheinlich bald eine Anzahl westfälischer Pastoren und eine größere Zahl von Katechetinnen, zumeist Diakonissen, dorthin folgen. Über die Orte des Einsatzes und die Art der Arbeit sind schon die wesentlichen Verabredungen mit Stettin getroffen. Das ist aber nur der Anfang. Ähnliches werden wir für andere Kirchengebiete in die Wege leiten müssen ...

Dein

Braune an Bodelschwingh[261]

Lobetal, den 12. August 1943

Mein lieber Bruder!

... Die Räumung Berlins hat ganz erhebliche Wellen geschlagen, und man muss schon sagen, dass die Riesenstadt wie ein wilder Bienenschwarm ist. In den ersten Tagen war nur ein wildes Jagen und Hasten nach allen Seiten, und fast von der ersten Stunde des Sonntags an ging zu uns das Telefon, ... Wir haben das merkwürdigste Durcheinander bei uns aufgenommen und haben doch zur Zeit noch eine wundervolle Harmonie, da

---

261 AHSL EA 108.

sich menschlich alles so nett abwickelt. Zunächst haben wir die Bibelschule des Burckhardthauses in dem Kinderheim Ernterast auf recht engem Raum untergebracht. Wir haben viel schachteln und räumen müssen, bis es einigermassen passt. Dann war das zweite ein Stab der SS-Wehrmacht von 30 Mann mit Personal, den ich auf den beiden Höfen in Rüdnitz untergebracht habe. In Hoffnungstal in die kleine Weberei kommt die Ausweichstelle des CA für IM. Dann haben wir grosse Lebensmittellager von Wibu und eine grosse Porzellanfirma in unseren langen Obstkellern untergebracht, die erhebliche Mengen von Waren hier sicher stellen. Neben allem kommt die Fülle der Privatbitten. Wir haben glücklicherweise nur solche Leute genommen, die zu uns gehören und zu uns passen. Vor allem wird Dich interessieren, dass wir nun die Familie Herntrich hier in dem grossen Fremdenzimmer der Kolonie haben. Er hat ein Drittel seiner Möbel schon in Hamburg verloren und kam mit den drei Kindern aus der Nähe Hamburgs zurück und hat dabei auch die Trümmer von Hamburg gesehen. Es ist doch wohl das erschütternste Bild, das bisher je eine Großstadt vielleicht in der ganzen Weltgeschichte bietet. Er ist wohl eine halbe Stunde mit dem Auto durch die Stadt gefahren, nur tote und ausgebrannte Häuser, kaum ein Mensch zu sehen. In seiner Gemeinde, wo Kirche und Pfarrhaus auch in Trümmern liegen, höchstens noch 30 Menschen vorhanden von etwa 9000. Das ganze Land Schleswig-Holstein ist nun in heller Aufregung, weil auch Kiel sehr bald geräumt werden soll. So drängen und schieben die Menschen hin und her.

Hier bei uns kam dann mitten hinein in diese Einteilungen vom RIM die Polizeiabteilung und bat auch um Notquartier für den Katastrophenfall, also der oberste Chef der SS und der Polizei. Auch ihm kann ich für einige Wochen Kellerraum zum Aufbewahren geben und unsere 3 Speisesäle als Büro und Schlafsäle, wenn sie unvorbereitet heraus müssen. Der verhandelnde Regierungsrat ist ein alter Freund von Bethel, Spezialfreund von Gieseking, Herr Kochskemper. Auch die späteren Herren dieser Abteilung waren ausserordentlich nett und menschlich. Sie kommen hier in der Nähe unter und bauen unendliche Baracken bei Biesenthal. Wohl die meisten Reichsspitzen liegen so um Berlin herum. Überall begegnen mir Spuren von dieser oder jener obersten Behörde. Das macht natürlich die ganze Bewegung der Großstadt besonders lebhaft, wenn sie sehen, dass die Behörden abziehen. Nun werden auch die Ostseestädte geräumt, Swinemünde, Stettin usw. Die Berliner sollen östlich der Oder untergebracht werden, wir dürfen an sich freibleiben für den Augenblick der Katastrophe. Anordnungen werden widerrufen. Es ist also ein ziemlich buntes Bild ...

In steter Treue gedenkt Euer aller
Dein

Bodelschwingh an Braune[262]

Bethel bei Bielefeld, den 16. Aug. 1943

Lieber Bruder Braune!

... Bei uns wächst auch die Unruhe, weil Bielefeld jetzt in der gleichen Weise evakuiert wird wie Berlin. Die Volksschulen werden auf das Land verlegt, alle mittleren und höheren Schulen kommen nach Oberbayern. Hier in unserer Gemeinde Gadderbaum hat man vorläufig noch davon abgesehen. Grundsätzlich war auch die Entfernung unserer Kinder- und Altersheime bereits angeordnet. Das ist ebenfalls verschoben. Gleichzeitig müssen wir uns darauf rüsten, 2 000 bis 3 000 Obdachlose aus Bielefeld aufzunehmen, wenn der auch hier erwartete Angriff erfolgt.

In fürbittender Liebe und treuem Gedenken
Dein

---

262 AHSL EA 108.

Braune an Bodelschwingh [263]

Lobetal, den 25. August 1943.

Lieber Bruder!

... Wir hatten hier vor zwei Nächten eine recht lebhafte Luftschlacht im Norden von Berlin. Wir sahen wohl in einer Stunde an 20 Abschüsse grosser feindlicher Bomber. 2 landeten auf Lobetaler Gelände, d.h. beide im Walde mit grossem Flammenaufschlag. Die Flugzeugteile wurden auf eine Länge von 4 bis 5 km verstreut. 11 tote Engländer haben wir noch in der Nacht geborgen. Sie waren zum Teil furchtbar verstümmelt. Soeben sind sie in Särge verpackt und nach Biesenthal verladen. Die Anstalt hat keinen Schaden genommen. Aber wenn jetzt die Angriffe besonders auf den Norden Berlins sich wiederholen sollten, dann werden wir wohl noch öfter solch unruhige Nächte haben. Die Bomber sind doch ganz gewaltige Dinger. Die Gummiräder waren über mannshoch. Neu war mir, dass die Flugzeugteile soweit auseinander landen, wie es hier geschehen ist. Ein Flügel von 10 m Länge ist in unsere Tomaten gefallen. Die Auswirkungen auf Berlin in der Nacht sind doch ausserordentlich schwer. Besonders Süden und Südwesten sind betroffen. Steglitz soll fast ganz erledigt sein. Südende und Lankwitz existieren kaum noch. Der C.A. hat eine Bombe vors Haus bekommen, ist recht beschädigt. Soeben sprach ich mit Herntrich. Das Burckhardthaus ist total beschädigt, Dach abgerissen, viele innere Wände, sämtliche Fenster und Türen sind beschädigt, aber die Aussenwände und das grosse Gerippe des Hauses stehen. Die Burckhardthausarbeit ist aufgeteilt auf drei andere Stellen in Berlin ... Das Gebäude der Bahnhofsmission ist wie weggeblasen. Pastor Flemming ist ausgebrannt mit seiner ganzen Markuskirche ...

Mit herzlichem Gruss
Dein

---

263 AHSL EA 108; HAB 2/18–2.

Braune an Bodelschwingh[264]

Lobetal, den 20. November 1943

Lieber Bruder!

Heute möchte ich Dir doch mitteilen, daß wir vorgestern am 18. November den bisher schwersten Angriff auf unsere Gegend erlebt haben. Es fielen in einer Stunde haufenweise Brandbomben, sowohl Stabbrandbomben als auch Phosphorbomben. Ringsum brannten in den Dörfern und Städten Gebäude, im Nachbardorf Ladeburg wohl 8 Häuser, in Bernau ebenso, in Rüdnitz, Biesenthal, überall im Norden Berlins brannte es. Wir in Lobetal sind vor ernstem Schaden gnädig bewahrt worden. Etwa 50 Fensterscheiben sind zersprungen, auf dem Altersheim Friedenshöhe fing ein kleiner Dachbodenbrand an wurde aber sofort gelöscht, ebenso Waldbrand gegenüber von unserem Haus. Zwei schwere Sprengminen gingen in die Plantagen und in den Wald. Unsere Feuerwehr hat tadellos gearbeitet und auch im übrigen hat wohl jeder seinen guten Teil dazu getan. Es hätte natürlich sehr viel schwerer ausgehen können, wenn eine Phosphorbrandbombe direkt ein Gebäude getroffen hätte.

Meine Frau und ich haben den Alarm gerade hier nicht miterlebt, sondern wir waren auf der Rückreise von Kassel, wurden durch den Alarm überall festgehalten und erlebten den Angriff auf Dessau. Es war nicht ganz sympathisch, im Zuge zu sitzen und die schweren Bomben fallen zu hören und zu sehen. Wir landeten schließlich um vier Uhr morgens in Lobetal zu Fuß von Bernau. Alle Telephonleitungen waren zerstört, sodaß Verständigung nicht möglich war. Es scheint so, als ob ein zentraler Angriff auf Berlin geplant war, aber durch die Nachtjäger sind die Geschwader nach außen gedrängt worden und haben wahllos ihre Bomben auf das ganze Nordgelände vor Berlin abgeworfen ...

Mit herzlichem Gruß
Dein

---

264 AHSL EA 108.

Braune an Bodelschwingh [265]

Lobetal, den 4. Dezember 1943.

Lieber Bruder!

Heute muss ich Dich einmal bitten, eine wichtige Personalveränderung im Heim Gottesschutz auf Dein Herz zu nehmen. Schwester Elisabeth Schwartzkopff ist als Oberin an das Königin Elisabeth-Hospital Berlin-Oberschöneweide berufen. Nachdem ich ihr selber die Zustimmung gestern gegeben habe, ist sie nun bereit nach vielen anfänglichen Bedenken diesen Ruf anzunehmen. Ich habe geglaubt, dass wir von uns aus auch ja dazu sagen müssen, weil sie in der neunzehnjährigen treuen und unermüdlichen Arbeit in Gottesschutz sich so stark eingesetzt und auch aufgerieben hat, dass ihr selbst ein Wechsel in der Arbeit doch wohl ein grosser innerer Dienst sein wird. Ich habe dieses Ja gegeben, ohne dass uns die Lösung in Erkner schon restlos klar ist. Da aber Schwester Elisabeth jetzt seit 3 Monaten aus der Arbeit ausgeschieden ist, halten wir es für zweckmässig, dass sie nicht erst wieder in vollem Umfange zurückkehrt, sondern dass die jetzige Vertretung gleich weiter arbeitet bis zur endgültigen Lösung. Sie wird etwa Mitte Dezember nach Gottesschutz zurückkehren und dann gewisse schwebende Personalfragen noch mit erledigen, aber wir haben beabsichtigt, dass sie doch im Laufe des Januar, wenn irgend möglich, ihr neues Amt antritt.

Lazarus hat erklärt, dass sie keine geeignete Nachfolgerin haben, und Schwester Elisabeth sagt auch selbst, sie wüsste niemand in Lazarus, der dafür in Frage käme ...

In herzlicher Liebe grüsst Dich
Dein

---

265 AHSL EA 108.

Braune an Bodelschwingh[266]

Lobetal, den 6. März 1944.

Lieber Bruder!

... Wir erlebten gestern das erste grössere Luftgefecht bei Tage über unserem Gebiet. Etwa 80 Bomber flogen in grosser Höhe vorbei, und 3 Jäger wurden in unserer Nähe abgeschossen, scheinbar keine Bomber. Leider scheinen die Jäger alle von uns zu sein. Vermutlich werden sich die Tagesangriffe wiederholen, da wir dieses Unternehmen als einen Probeangriff bei Tage für Berlin ansehen. Es ist eigenartig, wie sorglos wir unten hier alle dem Schauspiel zusahen, obwohl die MG-Garben über uns knatterten und das Aufheulen und das Abstürzen der Flugzeuge sich vor aller Augen abspielte. So gewöhnt man sich an Krieg und Kampf. Wer weiss, was das Jahr 1944 noch für uns bringt ...

Mit herzlichem Gruss
Dein getreuer

Braune an Bodelschwingh[267]

(2) Lobetal, den 16. August 1944.

Lieber Bruder!

... Wir haben Deinen Geburtstag damit gefeiert, dass wir eine neue Arbeit übernommen haben, und zwar das Kinderheim der evangelischen Frauenhilfe nach Blütenberg. Vier grosse Militärlastwagen brachten am Nachmittag alles Material und etwa 25 Kinder und Erwachsene nach Blütenberg, wo wir in aller Bedrängnis im Waldhaus Raum geschaffen haben ... Wir

---

266 AHSL EA 108; HAB 2/18-2.
267 AHSL EA 108.

wollen nun das Heim in Lobetal aufbauen gegenüber von Friedenshöhe und hoffen, dass das trotz aller Schwierigkeiten in absehbarer Zeit möglich sein wird. Am Sonntag den 13. August hatte ich in Erkner einen grossen Festtag. Dort wurden 3 grosse Mädchen konfirmiert, nachdem eine 19jährige erst getauft wurde ...

Mit herzlichem Gruss von uns allen
Dein Getreuer

Braune an Bodelschwingh[268]

Lobetal, den 29. August 1944

Lieber Bruder!

... Die Sache mit dem Kinderheim liegt in der Tat so, daß in Lobetal eine neue Baracke vom OKH erstellt wird. Die Teile sind schon angefahren, die Fundamente bauen wir selbst, damit sie massiv und dauerhaft sind. Ich hoffe, daß in etwa drei Wochen die Baracke beziehbar ist. Das Aufstellen geschieht durch die Wehrmacht. Die Nachfrage nach Plätzen wird immer größer ...

Mit herzlichem Gruß
Dein getreuer

---

268 AHSL EA 108; HAB 2/18-2.

Bodelschwingh an Braune[269]

(21) Bethel bei Bielefeld, den 5.9.1944

Lieber Bruder Braune!

... Auch bei uns werden die Eingriffe in unsern Personalbestand täglich bedrohlicher. Da sie von den verschiedensten Stellen ausgehen, wird es sehr schwierig, auch nur die notwendigsten Kräfte zu behalten. Im Blick auf unsere vielen Kranken vor allem in den Männerhäusern eine recht große Sorge. Aber nur ein kleiner Ausschnitt aus der allgemeinen Not. Wir können nur noch Gott um seine barmherzige Hilfe bitten.

In Liebe und Treue
Dein

Bodelschwingh an Braune[270]

(21) Bethel bei Bielefeld, den 2.11.44

Lieber Bruder Braune!

Seit acht Tagen haben wir außer einigen angebrannten Briefen keine Post mehr bekommen, wissen auch nicht, ob unsere Briefe von Bielefeld aus weiter-befördert werden können. So haben mich vielleicht Nachrichten von Euch nicht erreicht. Jedesmal, wenn der Rundfunk einen Angriff auf Berlin meldet, denke ich an Euch mit der Frage, ob Ihr verschont bliebt.

Von dem, was am letzten Donnerstag hier geschah, werdet Ihr gehört haben. Diesmal sollte der Angriff wohl in erster Linie der Bahnlinie gelten. Da aber der Bombenabwurf durch die dichte Wolkendecke erfolgte, verschob sich der Bombenteppich zu uns herüber, immerhin so, daß nur sein

---
269 AHSL EA 108.
270 AHSL EA 108.

Rand uns erreichte. Es sind, zumeist im unteren Anstaltsgebiet etwa 30 Sprengbomben gefallen, außerdem über das ganze Tal zerstreut vielleicht 1 000 Brandbomben. Ein großes Bündel von diesen traf das Dach von Sarepta. Da im selben Augenblick durch eine Sprengbombe vor dem Haus die Wasserleitung zerstört wurde, gab es keine Möglichkeit, zu löschen. So ist das Haus mit der Kapelle bis zum Erdgeschoß ausgebrannt. Erhalten blieben die Keller, die Küche, der Speisesaal und ein Teil des nach Nazareth zu liegenden Flügels mit etwa 20 Zimmern, außerdem die angebauten Häuser Martharuh und Eliashütte. Wir verlegen das Mutterhaus, soweit es möglich ist, in das alte Kinderheim (Lydiaheim), so bald dieses auch ziemlich beschädigte Haus in einigen Wochen wieder hergestellt ist. Die Brokkensammlung ist durch Sprengbombe teilweise zerstört, doch können alle Kranken im Hause bleiben und auch die Arbeiten in den Werkstätten fortgesetzt werden. Beim Hause Tabor erhielt der nach der Straße zu gelegene Vorbau mit der Hauselternwohnung einen Volltreffer, der ihn dem Erdboden gleichmachte. Das Haus selbst blieb merkwürdigerweise völlig unberührt, so daß auch dort die Arbeit keine Störung erleidet. An andern Häusern viele, z.T. erhebliche Dachschäden, Zerstörungen der Fenster und Türen usw. Gebrannt hat es wohl an 80 oder 90 Stellen. Das Feuer konnte aber überall durch die Selbstschutzkräfte schon gelöscht werden, so daß die Feuerwehr, außer bei Sarepta, kaum einzugreifen brauchte. Herr Kunzes Haus am Mühlweg durch Volltreffer ganz zerstört. Er und seine Familie blieben im Keller wie durch ein Wunder bewahrt. Auch sonst hat während des Angriffs kein einziger Mensch auch nur eine wesentliche Verletzung davongetragen. Erst nachher wurde ein Kranker in Mara beim Löschen einer Brandbombe getötet. So haben wir für sehr viel Freundlichkeit Gottes zu danken.

Jetzt konzentriert sich alle Arbeit, so weit sie bei drei- bis viermaligem Alarm täglich noch getan werden kann, auf die notwendigen Umstellungen und die durchführbaren Ausbesserungen. Dabei stößt man freilich auf manche kaum überwindbare Schwierigkeiten, z.B. in der Beschaffung von Dachpfannen. Bielefeld braucht etwa 1 1/2 Millionen. Sie sind irgendwo vorhanden, aber man kann sie nicht heranschaffen. Der Transport auf den Bahnen stockt fast völlig (Kohlenanfuhr!?), und die wenigen Wagen sind überlastet. Es sieht jetzt in Bielefeld aus, wie wohl in den meisten westfälischen Städten. Weil Kraft und Licht fehlen, stehen auch die großen Werke still oder können nur mit großen Unterbrechungen arbeiten. Auf den Straßen sieht man Scharen von beschäftigungslosen Männern. Kommt Alarm, flüchtet alles, soweit die wenigen Bunker nicht ausreichen, in die benachbarten Berge und Wälder. Auch unser längst noch nicht fertiger Stollen ist jedesmal sofort mit 1 000 Leuten gefüllt, die zumeist aus Bielefeld heranströmen. Von uns schicken wir hauptsächlich die Verwundeten hinein, während unsere Kranken in ihren Luftschutzräumen bleiben. Ihre Disziplin und Arbeitswilligkeit ist vorbildlich.

Was der nächste Tag bringen wird, weiß man nicht. Wir leben stündlich aus der Barmherzigkeit Gottes und lernen in neuer Weise die alte Lektion: Sein Tun ist lauter Segen, sein Gang ist lauter Licht.

Ich grüße Euch alle in treustem Gedenken!
Dein

P.S. Auch im Garten meines Hauses eine schwere Sprengbombe. Es brannte an verschiedenen Stellen, war aber bald gelöscht.

D.O.

Heute mittag ein 4. schwerer Angriff auf Bielefeld. Diesmal wurden unsere Täler nicht betroffen.

D.O.

Braune an Bodelschwingh[271]

(2) Lobetal, den 8. November 1944.

Lieber Bruder!

... Wir bekommen hier erneut Flüchtlinge aus Ostpreussen und erwarten morgen 32 Kinder, die in Blütenberg unterkommen sollen. Das nach Blütenberg evakuierte Kinderheim ist inzwischen nach Lobetal versetzt, wo wir die völlig neu erbaute Baracke schon in Betrieb genommen haben. Es war wirklich ein Werk des Friedens, was wir hier schaffen konnten. Die Baracke ist noch installiert mit Wasserleitung, Kanalisation, Fliesen im Waschraum, elektrischem Licht, kurz, mit allem notwendigen Inventar, das man für solche Zwecke gern hat. Die Bewohner sind glücklich, da es vor allem auch so warm wird durch die schönen Kachelöfen. Diese inneren Arbeiten sind sämtlichst von den eigenen Werkstätten und Anstaltsinsassen geleistet. Aus Ostpreussen haben wir im ganzen über 400 Kinder nach Brandenburg und Pommern aufgenommen. Dort steht ja zur Zeit die Stellung erfreulich fest und die Zerstörung des Hinterlandes ist nicht annähernd so erfolgt wie im Westen. Im übrigen sind auch eine Reihe von Trecks aus Ostpreussen unterwegs nach Pommern ...

Dein getreuer

---

271 AHSL EA 108.

Bodelschwingh an Braune[272]

(21) Bethel bei Bielefeld, den 28.11.44

Lieber Bruder Braune!

... Hier erlebten wir am Sonntag den 5. Angriff auf Bielefeld. In der Stadt entstanden geringere Schäden. Man hatte es wieder auf den Viadukt abgesehen, der aber auch diesmal nicht getroffen wurde. Dagegen sind die beiden in seiner Nähe liegenden Sareptahäuser Halhof und Oberhof, landwirtschaftliche Stationen mit Bewahrungsheimen für Frauen und Mädchen, total vernichtet. Leider hatten wir 14 Todesopfer: Der Verwalter (unverheiratet), 9 Mädchen, 2 männliche Pfleglinge und 2 Heuerlingsfrauen, die mit in dem einen durch Volltreffer zerstörten Luftschutzkeller waren. Die Schwestern sind unversehrt geblieben. Etwa 25 Stück Rindvieh kamen beim Einsturz des Halhofes um. Der größte Teil des Geländes ist durch ungeheuer große und tiefe Trichter so verwüstet, daß die meisten Ackerflächen einstweilen unbrauchbar sind.

Wir haben jetzt fast ohne Unterbrechung an jedem Tage mit einem großen Einflug der Amerikaner und nachts mit ein bis zwei der Engländer zu rechnen. Fliegen die Amerikaner nach Mitteldeutschland, gehen uns durch den Alarm in der Regel zwei bis drei Arbeitsstunden um die Mittagszeit verloren. Auch diesmal erfolgte der Bielefelder Angriff erst auf dem Rückflug. So bleiben die Menschen immer in der Unruhe ...

In treuem Gedenken
Dein

---

272 AHSL EA 108.

Bodelschwingh an Braune[273]

(21) Bethel bei Bielefeld, den 7. Dez. 1944

Lieber Bruder Braune!

... Man meint, daß der Angriff gestern für die Stadt der schwerste von den bisherigen gewesen sei, weil wohl nur Sprengbomben abgeworfen wurden. Dadurch sind an vielen Stellen der Stadt und der Außenbezirke große Schäden entstanden. Unsere Täler blieben unberührt. Dagegen fiel ein vermutlich dem Brackweder Güterbahnhof zugedachter Teppich auf den unteren Bezirk des Eggetals mit den einst von meinem Vater gebauten Arbeiterheim-Häusern. Der größte Teil dieser Häuser ist fast völlig vernichtet. Dabei wurden auch eine ganze Anzahl unserer Mitarbeiter betroffen, die auf der Pellahöhe oder im Eggetal wohnen. Doch ist von diesen keiner verletzt worden. Im ganzen Eggetal einschließlich einer schon zu Brackwede gehörenden Straße rechnet man mit etwa 50 Todesopfern. Wir hatten von den dortigen Obdachlosen heute etwa 350 an unsern Tischen sitzen. Das tun wir natürlich sehr gern, wenn auch nicht ohne einige Sorge. Zwar gibt man uns von der NSV Bezugscheine für die verbrauchten Lebensmittel. Ob wir aber dafür etwas bekommen, ist heute ganz unsicher. Denn die Transportschwierigkeiten nehmen mit jedem Tage zu. Wir holen unsere Kohlen und Koks mit eigenen Wagen aus dem Industriegebiet. Das ist aber jedesmal eine Fahrt auf Tod und Leben. Auch werden jetzt die Zechen im Unterschied von früher planmäßig zerstört, so daß bald auch die Bergleute nicht mehr voll beschäftigt werden können. Es kommen jetzt zunächst 1000 Bergleute nach Bielefeld, um beim Schildescher Viadukt eine zweigeleisige Umgehungsbahn zu bauen ...

Inzwischen ist Berlin auch wieder zweimal heimgesucht, doch schien es sich nach den Berichten nicht um sehr umfassende Angriffe zu handeln. Gott behüte Euch alle bei Tag und Nacht und lasse uns im Glauben und Lieben für Leben und Sterben verbunden bleiben!

Dein getreuer

---

273 AHSL EA 108.

Braune an Bodelschwingh[274]

(2) Lobetal, den 29. Januar 1945.

Lieber Bruder!

... Andererseits sind wir nun Zufluchtsstätte für Flüchtlinge in unerhörter Anzahl. Unser Kreis allein sollte vor 8 Tagen 40 000 Menschen aufnehmen. Für die Provinz gilt mindestens das Zehnfache. Seit 10 Tagen sind hier die Bahnhöfe in Berlin, an unserer Strecke überfüllt von den Gestalten aus dem Warthegau. Wir in Lobetal hatten eigentlich keinen Platz mehr. Aber auf Grund der erneuten Verordnungen lud ich die Gemeinde am letzten Dienstag zusammen, und an einem Tage waren 70 Plätze in unseren Wohnungen und Heimstätten zur Verfügung gestellt. Nun haben wir bisher glücklicherweise noch nicht die angemeldete Sammelsendung, – man spricht nur noch von Waggon – Flüchtlinge bekommen, sondern jetzt laufen hier einzeln die Bekannten und Verwandten bei uns ein ...

Mit herzlichem Gruss

Braune an Bodelschwingh[275]

(2) Lobetal, den 6. Februar 1945.

Lieber Bruder!

Da sich gerade eine Gelegenheit bietet, einen Brief westlich Berlins einzustecken, so möchte ich Dir doch schnell aus den stürmischen Ereignissen der letzten Tage einiges mitteilen. Zunächst habe herzlichen Dank für Deinen letzten Brief, der uns das erneut bestätigt, was wir jetzt täglich erleben, dass es ein Abschiednehmen für immer sein kann. Gott der Herr

---

274 AHSL EA 108.
275 AHSL EA 108.

allein weiss, wie wir durch alle Ereignisse der nächsten Zeit hindurchkommen. Uns allen, die wir im Dienst stehen, ist es klar, dass wir auf dem Posten bleiben müssen, solange wie es die Pflicht gebietet. Dagegen wird das Herz täglich hin und her gerissen von der Frage, ob wir Frauen und Kinder in die hessische Heimat oder westfälische abreisen lassen sollen. Die erste, die heute abreist, ist Frau Pastor Engelke mit ihren Kindern nach Rothenburg und eben Frau Herntrich mit Kindern nach Hamburg. Die Reisen jetzt aus Berlin sind aber schon immer ein Unternehmen, bei dem niemand weiss, ob er seine Kinder lebendig hindurch bringt. Dazu kommt der unsagbar schwere Entschluss, Abschied zu nehmen aus der Gemeinschaft von Lobetal, alles hier zurücklassen, was einem lieb und wert an Menschen und Gütern ist, und dann vor sich immer wieder die Frage: werden in dem neugewählten Ort die Ereignisse nicht noch drängender und grausiger werden, wenn etwa vom Westen und Osten der Druck gleichzeitig ansteigt.

Die Bibelschule haben wir vor 8 Tagen geschlossen, alle Mädchen sind abgereist. Den Hamburgern ist es dabei so gut gegangen, dass sie heute zurückkehren wollen und noch weitere Sachen abholen. Alle Privatsachen, alle Möbel, Betten stehen in der Baracke auf wirre Haufen gestapelt, und wenige Stunden später schon Militär ein und hielt Dienstbesprechungen, wo am Tage vorher noch Exegese getrieben wurde und Andachten gehalten wurden. Jedenfalls scheidet mit dem Burckhardthaus das liebste Glied aus unserer Gemeinde aus. Bruder Herntrich will noch allein hier bleiben, um ein wenig hier zu helfen und um seinem Berliner Haus nahe zu sein und trotzdem auch die Hamburger Aufgabe weiter zu führen.

All unsere Entscheidungen hängen zwangsläufig von der militärischen Lage ab. Es gab schon recht unruhige Tage, als die Oder bei Küstrin überschritten war und die Panzerspitzen bis Wriezen vorgedrungen waren. Das ist inzwischen aber bereinigt und die Oderlinie wieder hergestellt. Es wird jedenfalls jetzt auch dort mit neu herangeschafftem Militär erheblich gekämpft. Aber in meiner alten Gemeinde Kränig und Königsberg, Neumark, ist der Feind wohl ganz nahe. Die Dörfer sind geräumt, wie ich höre. Nur mein alter Patron von Humbert ist auf seinem Gut geblieben. Wir glauben jedenfalls, jetzt hier noch etwas längere Zeit zu haben, ehe der Zwang zum Räumen ausgesprochen wird oder ehe die Front über uns dahin braust. Wir halten es nicht für möglich, dass Brandenburg westlich der Oder und ebenso Berlin geräumt werden kann. Wo sollten wir hin mit all unseren Kleinsten, mit den Alten, Kolonisten, den 200 Kindern, die wir allmählich bei uns haben!

Zur Beruhigung der Gemüter kamen vor 6 Tagen noch 90 Flüchtlinge aus Landsberg a.d. Warthe an. Die, wie üblich, in letzter Stunde mit Lastautos abgefahren waren. Der amtliche Räumungsbefehl kommt immer zu spät. So ist der grösste Teil der Bewohner wohl dort geblieben. Die Flüchtlinge haben sich erfreulich nett in unsere Gemeinde hineingefunden, sind sehr dankbar, aber es ist nicht der Geist des Burckhardthauses. So sind wir voll bis auf das letzte Plätzchen und sind auf der einen Seite Zufluchtsort für die vom Osten Kommenden, auf der anderen Seite aber selber mit Gedanken des Abziehens belastet.

Von der hervorragenden Bewährung von Bruder Kretschmer möchte ich Dir doch berichten mit der Bitte, dieses hohe Lied des braven Mannes an Nazareth weiter zu geben. Ich hatte Bruder Kretschmer etwa am 24. Januar nach Friedrichswille bei Reppen geschickt, um dort die Abteilung der 30 schwachen Jungens aufzufrischen und evtl. nach Hoffnungstal zurückzuholen. Gleichzeitig gab ich ihm den Auftrag, das Mädchenheim im Seehof mit 53 Erkner-Mädchen ebenfalls langsam rückwärts zu dirigieren. Nach wenigen Tagen seiner Anwesenheit brach der Hausvater Rosenberger unter der Last der kriegerischen Ereignisse zusammen, so daß Bruder Kretschmer die Leitung der gesamten Kolonie, aber auch gleichzeitig ihre gesamte Auflösung aus eigener Initiative durchführte. Der Schnee lag etwa einen halben Meter hoch, so dass jeder Verkehr ausserordentlich erschwert war. Aber es gelang ihm, die Jungens mit Militärwagen glücklich bis nach Fürstenwalde in die Samariteranstalten zu schicken, von wo sie weiter mit der Vorortbahn bis Bernau gebracht wurden. Dann begann der Hauptkampf mit dem Mädchenheim. Die leitende Schwester Luise Käbisch – ich nenne die Namen, weil Deine Schwester[276] sie alle kennt – weigerte sich eigensinnig und trotzig Tag für Tag, auch nur das Geringste zu tun, um das Haus zu räumen. Auch die anwesenden Familien wünschten im Grunde einen geheizten Omnibus, um transportiert zu werden, aber scheuten sich vor der Flucht auf dem Leiterwagen. Schliesslich gelang es, die Familien auf offenen Wagen wegzubringen. Aber das Mädchenheim blieb zurück, ganz stur, obwohl die Kanonen schon in der

---

276 Frieda von Bodelschwingh.

Nähe donnerten. Schliesslich hat Schwester Ulrike von Hennigs 35 Mädchen vom Seehof bereits in die Hauptanstalt geführt, während Kretschmer 8 rüstige bereits mit der Hilfsschwester Käthe Weden nach Reppen in die Bahn gebracht hatte. Während er dort mit dem Verstauen der Mädchen beschäftigt war, fuhr, was er natürlich nicht wusste, inzwischen eine Kolonne russischer Panzer auf den Hof unserer Kolonie, nahm Front zum Hauptgebäude. Darin schliefen 100 Soldaten todmüde vom langen Marsch und noch unsere 35 Mädchen mit Schwester Ulrike. Die Panzer schossen, ohne dass eine Wache es meldete, grosse Löcher in die Vorderwände unseres Hauses und nahmen die ganze Kompanie gefangen. Schwester Ulrike kam auch ans Tageslicht, wurde vom Offizier sehr höflich behandelt, aber ihre Armbanduhr musste sie hergeben. Gleichzeitig wurde sie angewiesen, sich im Keller aufzuhalten und bei Todesstrafe verboten, das Haus zu verlassen. Von alledem wusste Kretschmer nichts. Als er zurückkam vom Bahnhof, begegnete ihm ein flüchtender Soldat und sagte: „Mensch, bleib bloss zurück, da sind die Russen." Nun wusste er aber seine 35 Mädchen und die Schwester auf dem Hof. So beobachtete er erst im Dunkeln den Stand der Panzer und Posten und schlich sich dann mit seinem Fahrrad, das er im Walde versteckte, im grossen Bogen um die Nachbaranstalten der Provinzialverwaltung herum, kam von hinten aufs Gehöft, schlich sich, ohne dass russische Posten ihm begegneten, in das Haupthaus zu Schwester Ulrike, die ihn wie einen rettenden Engel in höchster Not begrüsste. Ulrike kannte das Gelände und verliess mit ihrer Schar unter Kretschmers Begleitung durch Sumpf und Wiesen das Haus, um sich quer über das Gelände an die Bahnlinie nach Reppen hindurch zu schleichen. Dieser Marsch in dunkler Nacht durch knietiefen Schnee, immer wieder durch Gräben muss ein Elendsmarsch sondergleichen gewesen sein. Die schwachen Mädchen stolperten schon beim Hinausschleichen aus dem Haus über Telefondrähte und riefen um Hilfe. Kretschmer nahm sie auf den Arm, trug sie weiter. Kein Posten hörte etwas. Durch die Gräben trug er sie. Im Dunkeln verloren sie Schwester Ulrike mit einem grossen Teil der Mädchen, aber immer wieder sammelte Kretschmer die Zurückbleibenden und kam schliesslich nach 5 Stunden an die ersehnte Bahnlinie. Dort hätte deutsches Militär bald auf sie geschossen, wenn er nicht rechtzeitig für die Erkennung gesorgt hätte. So kamen sie durchnässt, z.T. barfuss in Reppen an, und in einem leeren Bauernhaus brachte er einen Teil unter, machte Bratkartoffeln und übergab sie dann in der Morgenfrühe dem Ortspfarrer Reiche, der noch da war. Inzwischen war Ulrike mit den anderen Mädchen verloren, und alles Suchen in der ganzen Stadt brachte ihm keinen Erfolg. Nun plagte ihn der Gedanke, dass noch immer Schwester Luise Käbisch mit Schwester Frieda und 4 Mädchen im Seehof sassen, da sie in eigensinnigster Weise wieder zurückgegangen war, obwohl sie schon mit resignierten Gesichtern wenigstens bis in die Hauptanstalt einmal gekommen war. So schlich sich Kretschmer ein zweites Mal zurück in das besetzte Gebiet der Anstalten und wollte vor allem sein Fahrrad aus dem Walde wieder holen. Es war inzwischen Tag geworden. Er schob sich wie ein alter Soldat, obwohl er noch nie gedient hat, wieder bis an die russischen Panzer heran, beobachtete den Aufmarsch erheblicher neuer Kräfte und sah, dass ein Durchkommen zum Seehof jetzt unmöglich war. Er fuhr zurück und meldete die Beobachtungen den militärischen Stellen, die ihre Massnahmen demgemäss trafen. Dann machte er sich nachdem er die 8 Mädchen in Reppen untergebracht hatte, mit seinem Fahrrad auf die Hauptstrasse Richtung Frankfurt a.O. Dort hing er sich an einen Militärwagen an und kam furchtbar langsam vorwärts, da die Strassen mit Flüchtlingen und Militär aller Art verstopft waren. Plötzlich begann der Feind von allen Seiten zu schiessen. Eine Kesselschlacht östlich Kunersdorf und westlich Reppen schloss sie alle ein und überschüttete alles mit Granaten und dergleichen. Mein Kretschmer, unverzagt und einsatzbereit war sofort dabei, Deckungslöcher zu graben für Frauen und Kinder. Soldaten hatten z.T. völlig versagt in dieser Situation. Dann entdeckte er einen Oberarzt, der ohne jede Hilfe einen Verbandsplatz aufmachte. Sofort stellte er sich ihm zur Verfügung und hat dann stundenlang Soldaten, Frauen und Kinder verbunden. Gegen 4 Uhr nachmittags hörte das Schiessen auf. Allerlei russische Panzer waren auch in Brand gesetzt, und sie konnten ihren Vormarsch fortsetzen. Er ist dann schliesslich todmüde bei Frankfurt in einen unbewohnten Ziegenstall untergekrochen. Da es aber um 2 Uhr nachts lausig kalt war, fuhr er per Rad auf der Autobahn bis nach Reichenwalde, um zu sehen, was vom Flüchtlingsgut eingetroffen war und schliesslich auch weiter nach Erkner, wo er am 4. oder 5. Februar eintraf. Dort fand er nun auch Schwester Ulrike mit den meisten Mädchen vor. Sie hatten ebenfalls die oben erwähnte Kesselschlacht mitgemacht, ohne dass sie etwas von Kretschmers Anwesenheit wussten. Ein Mädchen ist im deutschen Panzer erschossen, drei sind auf dem Hof in Friedrichswille beim Einschiessen der Hausfront ums Leben gekommen. Schwester Luise und Schwester Frieda sind im Seehof zurückgeblieben mit 4 Mädchen, ebenso alles Inventar dieses Mädchenheimes, während gut 40 Mädchen bereits in Erkner eingetroffen sind. Wir waren um Kretschmer schon in grosser Sorge, aber gestern, am 5. Februar, kam er wohlbehalten hier an und erzählte in aller Schlichtheit von seinen Erlebnissen. Ihn plagt nur die Not, dass es ihm nicht gelungen ist, die beiden anderen Schwestern und sämtliche Mädchen zu retten. Die Rettung wäre vollständig möglich gewesen, ebenso auch der Abtransport eines grossen Teils von Kleidung und Wäsche, wenn Schwester Luise nicht aus mangelnder Initiative, aus Bequemlichkeit den mindestens zehnmal erteilten Befehl von mir, von Erkner, von Rosenberger nicht ausgeführt hätte. Wie es ihr jetzt geht, wissen wir nicht. Es ist aber für uns jedenfalls ein grosses Geschenk, dass ein Haus, wo beide leitenden Persönlichkeiten versagten, durch Bruder Kretschmers Einsatzbereitschaft mit soviel Menschen gerettet wurde. Wenn ich könnte, würde ich ihm des EK I verleihen. Telefonisch hat mir Lazarus schon gesagt, wie sehr sie ihm allein die Rettung verdanken. Ich glaube, dass heute oder morgen noch Schwester Ulrike persönlich herkommen wird, um sein Loblied zu singen und mir das alles mitzuteilen, was sie ihm verdanken. Das ist Diakonie in entscheidender Stunde.

Die Kolonie Friedrichswille ist nun als ganzes in wenigen Tagen verloren. Das deutsche Militär nahm mit an Sachen, was es schleppen konnte, etwa 100 Kühe und ebenso viel Schweine und alles Getreide blieben zurück und sind in die Hände der Russen gefallen. Was nützen da alle Bilanzen, wenn die Aktiva in so kurzer Zeit zerfallen. Die Kolonisten sind inzwischen wohl alle zu Fuss bei uns eingetroffen. Auch sämtliche Familien sind in Reichenwalde, ebenso der Hausvater Rosenberger (Rauhausbruder).

Hausvater Koch in Reichenwalde hat unerhörte Mengen von Flüchtlingen zu versorgen. Vor 3 Tagen musste er 2 500 beköstigen, darunter 1 500 russische Gefangene und 1 000 Soldaten. Er fleht uns um Lebensmittel an. Demgegenüber ist es hier bei uns noch friedlich. Eine neue Last war der unsagbar schwere Angriff auf Berlin am Sonnabend den 3. Februar. Vielleicht ist soviel zerstört wie noch nie, besonders Mitte und Osten, Dom, Schloss, Rathaus, Alexanderplatz, Lichtenberg, Südosten, alles ist ausgebrannt. Die Stadtbahn geht zur Zeit noch nicht, während wir hereinfahren können. Auf den Strassen liegen noch verkohlte Leichen, das Ausgraben Verschütteter scheint nicht mehr zu funktionieren, und nun auf den Bahnhöfen das Gedränge der Flüchtlinge, die in Berlin Unterkunft gesucht hatten, Bilder des Grauens und Entsetzens. Ich selbst war noch nicht drin, hörte nur Berichte. Allmählich werden auch die Lebensmittel knapp. Auch bei uns kommt zum 1. Mal das Brot nicht ausreichend heran, weil soviel Flüchtlinge in der Gegend sind. So wird die Not langsam grösser. Glücklicherweise ist das Wetter sehr gelinde, der ganze Schnee ist weg. Wir können fahren und arbeiten. Aber die Strassen, auch bei Rüdnitz, sind schon gesperrt durch Panzersperren. Jedenfalls wird das Bild immer kriegerischer.

Am letzten Sonntag hatten Herntrich und ich einen grossen Gottesdienst mit Abendmahl, der vielleicht einer der Schlussgottesdienste für unsere Gemeinde war. Es gab viel Trost und Zuversicht aus Gottes Wort. Aber immer wieder wird das Herz schwer, wenn man denken muss, es geht aufs Letzte. So bitten wir um die Getrostheit, um die Furchtlosigkeit und um die innerste Gemeinschaft, auf dass kein Feind uns trenne. In herzlicher Verbundenheit gedenken wir Deiner und unserer gemeinsamen Arbeit. Es wolle Gott uns gnädig sein und seinen Segen geben!

In treuer Liebe
Dein

Bodelschwingh an Braune[277]

(21) Bethel bei Bielefeld, den 16.2.1945.

Lieber Bruder Braune!

... Aus der Ferne wage ich keinen Rat zu geben. Gewiß wird es richtig sein, Frauen und Kinder nach Möglichkeit in Sicherheit zu bringen. Sonst aber werdet Ihr mit Euren Leuten wohl aushalten, bis ein direkter Räumungsbefehl kommt. Wenn Euch dabei kein bestimmtes Ziel vorgeschrieben

---

277 AHSL EA 108.

wird und keine öffentlichen Verkehrsmittel zur Verfügung stehen, werdet Ihr, wie ungezählte andere, mit Euren Pferden und Fahrzeugen den Treck versuchen müssen. Ob Ihr dabei noch einmal in Dreibrück Station machen könntet? Sollte von da aus der Weg weiter westwärts gehen, so daß Ihr schließlich doch in Westfalen landet, stehen Euch natürlich bei uns Herzen und Türen offen, soweit es irgend möglich ist. Wenn wir neulich nach dem Luftangriff in wenigen Tagen mehr als 700 an Pfleglingen und Personal umgruppiert haben, müßten wir auch mit Eurer Einquartierung fertig werden, vorausgesetzt freilich, daß nicht inzwischen hier weitere Verluste an Häusern entstanden sind. Ich würde dann denken, daß man die Hälfte Eures Zuges nach Freistatt dirigiert, die andere Hälfte nach Eckardtsheim. Dort sagte ich kürzlich schon Bruder Dietrich, daß man in seiner schönen heizbaren Eckardtskirche wohl 300 Flüchtlinge vorübergehend unterbringen könne. Diese Frage läßt sich, wenn alles ganz eng zusammenrückt, heute noch leichter lösen als das Problem der Ernährung, die auch hier bei uns mit jedem Tage schwieriger wird. Bisher haben wir aber immer noch das Notwendige heranschaffen können. Auch die bei dem Brand von Ophir entstandenen Verluste an Lebensmitteln werden sich, wie wir hoffen, ausgleichen lassen.

Eine telefonische Verständigung mit Euch ist auch auf dem Wege über Eckardtsheim nicht möglich. Solltet Ihr Lobetal wirklich verlassen müssen und nach dem Westen ziehen wollen, wäre es gewiß ratsam, von einer Station der Wanderschaft aus ein Gespräch mit uns zu versuchen, um zu hören, wie sich hier die Lage inzwischen gestaltet hat. Man rechnet in unserer Gegend überall mit Luftlandungen. Doch sind bisher noch keine deutlichen Spuren einer im großen Stil von Holland her begonnenen Offensive sichtbar. Da wir über Bielefeld telefonisch zumeist kaum erreichbar sind, empfiehlt sich gegebenenfalls der Versuch, Eckardtsheim zu bekommen (Telefon: Friedrichsdorf 39)

Was wird aber aus Erkner mit seinen Mädchen, Müttern und Kindern? Mehr als je wandern wir jetzt alle im Glauben und nicht im Schauen und können uns nur von einer Stunde zur andern Gottes Weisung, Licht und Kraft erbitten. Er wird auch Dir, mein lieber Bruder, zur rechten Stunde die rechten Wege für Eure Gemeinde zeigen!

In Liebe und Treue allezeit
Dein

Bodelschwingh an Braune[278]

(21) Bethel bei Bielefeld, den 7.3.1945.

Lieber Bruder Braune!

Zuletzt schrieb ich Dir am 16. Februar. Soeben höre ich, daß Eure Mitarbeiterin heute nach Lobetal zurückkehren will. Da benutze ich gern die sichere Gelegenheit. Die Postverbindung ist jetzt ganz unsicher geworden. Der Viadukt bei Schildesche ist fast immer gestört, eine Weserbrücke bei Oeynhausen vernichtet. Auch nach dem Westen hin sind wir fast ganz abgeschnitten.

Um so fleißiger wandern meine Gedanken zu Euch hinüber. Es sieht so aus, als sei es in Eurer Nähe etwas stiller geworden, so daß ich hoffe, es sei keine wesentliche Veränderung in Eurer Lage eingetreten. So könnte es wohl sein, daß uns der Kriegssturm noch früher erreicht als euch. Immer hören wir den Donner der Geschütze vom Rhein her. Wird dort etwa in der Gegend von Wesel der Übergang über den Fluß erzwungen, stehen die Feinde unmittelbar vor der westfälischen Grenze. So könnte die uralte Sage Wahrheit werden, daß einmal um den Teutoburger Wald her eine entscheidende Schlacht geschlagen wird. Wir versuchen, uns innerlich auf alles zu rüsten, äußere Vorbereitungen kann man nicht treffen. Denn wohin sollten wir mit unsern Tausenden von Kranken und Alten ausweichen? Inzwischen erlebten wir wieder einen Angriff, der wie die früheren, dem Brackweder Bahnhof galt und nur das untere Kantensiektal streifte. Gilead und Samaria hatten größere Schäden. Das dazwischen liegende Haus von Dr. Marx und ein anderes Wohngebäude wurden völlig vernichtet. Auch sonst manche kleinere Schäden bis zu meinem Hause hin. Verletzt wurde niemand. Wir haben aber nun Gilead und Samaria von Zivilkranken räumen müssen. Die dort liegenden Soldaten sollen wahrscheinlich nach auswärts verlegt werden. Das Gelände um die Sparrenburg her, in der eine Befehlsstelle für den Flugdienst liegt, ist zu gefährdet.

---

278 AHSL EA 108.

Von Deiner lieben Frau bekam ich Nachricht aus der hessischen Heimat. Je länger die Trennung dauert, desto mehr wirst Du die Deinen vermissen.

Gottes Segen und Friede sei und bleibe mit Euch allen!

In Treue und Liebe
Dein

Braune an Bodelschwingh [279]

(2) Lobetal, den 12. März 1945.

Lieber Bruder!

... Es ist richtig, dass bei uns die militärische Lage zur Zeit beruhigender geworden ist. Man hört zwar sehr häufig leichteren oder schwereren Geschützdonner von der Oderfront, aber wir wissen, dass die Oderfront hier zur Zeit steht, so dass wir nicht unmittelbar bedroht sind. Gestern erschienen zum ersten Mal zwei Tiefflieger und knallten etwas in der Gegend umher. So sind wir mit unseren Massnahmen auch nicht mehr so eilig und arbeiten und bestellen das Land so, als ob wir hier bleiben würden. Immerhin kommen langsam die militärischen Massnahmen in Gang, Ausbau von leichten Stellungen, das aber bedeutet nur die übliche Sicherung. Sehr viel stärker ist die Gegend nach Berlin zu befestigt, im besonderen durch Panzersperren in erheblicher Dichte. Man hat jedenfalls den Eindruck, dass um diese grosse Stadt ein sehr langwieriger und harter Kampf stattfinden kann. Offen bleibt für uns immer die Frage, ob der Gegner Berlin mit grossem Zangengriff von Norden und Süden umfangen will. Dann hätten wir hier voraussichtlich noch längere Ruhezeit. Inzwischen kann sich ja im Westen allerlei ereignen, was dann auch unsere Massnahmen stärker beeinflusst.

---

279 AHSL EA 108.

Immerhin sind wir augenblicklich dabei, einen Teil der Vorräte an Textilien nach Dreibrück zu schaffen, weil wir glauben, dass dort das letzte Loch offen sein wird. Ferner habe ich bis auf Reichenwalde jetzt alle unsere Aussenanstalten besucht und informiert, dass für alle das evtl. erste Fluchtziel Dreibrück sein soll. Für die 120 Kinder versuchte ich in Neinstedt Quartier zu machen, weil zwei Hausmütter von dort stammen und weil vielleicht dort Raum zu beschaffen ist, wenn die Lazarette, die sich angeblich dort befinden, eingeengt werden. Jedenfalls könnten wir das Ziel mit Ackerwagen und Fussmärschen in einer gewissen Zeit erreichen. Für Haus Gottesschutz habe ich als Nahziel Lazarus, Dreibrück und als Fernziel Treysa angegeben und meine Frau gebeten, dort Vorbereitungen zu treffen. Den Kolonisten kann man als Fernziel nur Kästorf und Eure Zweiganstalten nennen, aber ich bin mir klar, dass dieses Fernziel vielleicht in absehbarer Zeit unerreichbar ist. Es fehlen uns ausserdem jegliche Transportmittel. Wir haben ausser unserem Lastwagen etwa 10 Gespanne zur Verfügung, und das ist herzlich wenig für eine so grosse Familie. Die meisten müssen laufen und mindestens 200 sind überhaupt nicht transportfähig. Die Versorgung dieses Restes bereitet noch immer ungelöste Rätsel. Wenn wir auch auf der einen Seite planen und überlegen, so hat man in der anderen Falte seines Herzens doch noch immer die Hoffnung, dass wir irgendwie hier bleiben dürfen. Ich verstehe, dass Ihr an eine Rückführung ja nicht im mindesten denken könnt, sondern dass Ihr unter Umständen alles auf Euch nehmen müsst, was kommt ...

Ebenso geht es unserem neuen Siechenhaus, das wir in den Räumen der Bibelschule eingerichtet haben. Die NSV bat uns dringend darum, und so kamen eines Tages rund 30 alte Männer und Frauen an. Nach mancherlei Hin und Her sind jetzt 3 NSV-Schwestern da, die das Heim betreuen. Es ist eine gute Zusammenarbeit mit diesen Dreien. Die eine ist Gemeinschaftschristin, die andere war einmal im Evangelischen Bund, und die Dritte singt mit: „So nimm denn meine Hände". Wir haben den Altchen schon zweimal Abendandachten gehalten mit unserem kleinen Chor. Auch in Dreibrück ist ein Siechenhaus mit 40 Alten. Dafür haben wir 3 Barmherzigkeitsschwestern aus Königsberg bekommen. Es ist nicht ganz einfach, alle Wünsche dieser Diakonissen zu erfüllen, die sonst an sauberste Häuser gewöhnt waren. So haben wir überall die Heime bis an den Rand voll. An Stelle unserer eigenen Familien kommen vorübergehend immer wieder andere Familien in die Wohnungen, aber bisher haben wir alle Probleme gelöst und würden weiter gut durchkommen, wenn wir hier bleiben können. In unserem Haus geht es gut und ich bin gut versorgt...

Mit herzlichen Grüssen und in treuem Gedenken
Dein

Braune an Bodelschwingh[280]

Lobetal, den 14. August 1945.

Lieber Bruder!

... Unsere neueste Aufgabe besteht in dem umfangreichen Dienst an den Flüchtlingen, die von östlich der Oder kommen. Es ist ein Strom ohne Ende...

In alter Liebe
Dein

---

[280] AHSL EA 108.

Braune an Bodelschwingh[281]

Lobetal, den 27. August 1945.

Lieber Bruder!

... Wir in Lobetal arbeiten z.Zt. recht ungehindert, haben nur die ständigen Sorgen ums tägliche Brot. Heute ist der erste sonnige Tag. So wird die Ernte wohl morgen beendet sein. Aber unendlich viel Getreide ist ausgewachsen. Wir rechnen mit einem Roggenertrag von 3 bis 4 Zentner, also eine Hungerernte, wie ich sie noch nie erlebt habe. Die Kartoffeln sind leider auch sehr spärlich, und unendliche Flächen im Osten sind nicht bestellt. Sehr viel besser steht die ganze Ackerwirtschaft in der Nähe der Elbe, aber die Transportfrage funktioniert noch gar nicht. Wir können nicht einmal von Rüdnitz ungehindert unsere Kartoffeln holen, weil die Gemeinden und Kreise sich gegeneinander absperren wie feindliche Gebiete. Also wird geklaut. Man muss sich schon selbst bestehlen, um sein eigen Hab und Gut zu bekommen. Das sind manchmal romantische Angelegenheiten; wenn man den nötigen Humor aufbringt, lässt es sich ertragen. Vor kurzem wurde auch oben auf dem Dach der fahrenden Züge, wo ich mit hunderten von Passagieren sass, geplündert. Noch kann ich von solchen Erlebnissen mit Groll und Humor berichten. Wenn Du mir etwas Gutes antun willst, dann versuche doch einmal eine gute Taschenuhr für mich zu organisieren. Die Dinger gibt es hier kaum noch, und ich bin schon die dritte los, die letzte im Walde bei Woltersdorf, wo ich einen Vater an das Grab seines gefallenen Sohnes führte, mitten im Walde. Sie ging so besonders gut, so dass ich recht bekümmert war. Auch Füllfederhalter wurden bei einer Kontrolle drei im Hause mitgenommen. Auch das ist ein Gegenstand, den wir dringend benötigen. Also, Du weisst, was Du mir zu Weihnachten schenken kannst. Und wenn Du mir dann noch ein Paar derbe Schuhe Nr. 43 zurecht stellst, damit ich sie bei meinem nächsten Besuch anziehen kann, dann will ich Dir herzlich dankbar sein. Ich laufe jetzt schon in meinen Lackschuhen von meiner ersten Hochzeit. Die hat man mir gelassen und sonst nur leichte mit dünnen Sohlen. Aber noch ist es Sommer. Demnächst will uns der englische Sozialoffizier besuchen, der

---

281 AHSL EA 108.

auch bei Dir war. Ich gegrüsste ihn schon in Berlin. Hoffentlich ist es möglich, dass er den Anstalten ein wenig Nahrungsmittel besorgt. Wir haben zur Zeit nur 200 g Brot täglich, noch gar kein Fett und gar keinen Zucker, auch ganz wenig Salz und keine Nährmittel. Wir leben von Kartoffeln und Gemüse und Pilzen und ab und zu auch von solchen Schätzen wie der Mann in Matth. 13,44. In den Eingeweiden knurrt es manchmal wie im Binger Mäuseturm. Aber wir Normalmenschen sind eigentlich ganz vergnügt dabei. Nur die Alten und geistig Schwachen, die Vielesser, sterben doch noch immer allzu reichlich, so dass wir jetzt seit 21.4. 197 Tote haben, d.h. fast 1/3 der Gemeinde ist in vier Monaten heimgegangen. Noch viel schlechter lebt Eberswalde, das nur 600 g Brot pro Woche erhält. Trotzdem ist man im Mühlbachhaus eigentlich guter Dinge ...

Mit einem herzlichen Gott-befohlen
grüsst Dich Dein getreuer

Braune an Bodelschwingh [282]

Lobetal, den 16. Oktober 1945.

Lieber Bruder!

... Die Bodenreform machte mir plötzlich auch viel zu schaffen, da man uns teilweise als Objekt dieser Massnahmen auch ansehen wollte. Ich habe sofort bis in die Nacht Eingaben ausgearbeitet und hoffe, die Angelegenheit abgebogen zu haben. Du wirst ja den Wortlaut der Verordnungen kennen. Man wollte bezweifeln, dass wir kirchliche Institution seien, wir seien doch Eigentum eines Vereins, und die seien aufgelöst. Für diesen Zweck war die Verordnung vom Reichskirchenausschuss vom Jahre 1940 wichtig, dass die Innere Mission ein Bestandteil der DEK ist. Nun ging es erneut um das Berliner Pachtland, auf dem unsere Lobetaler Arbeit beruht.

---

282 AHSL EA 108.

Man wollte dieses enteignen, weil es nicht unmittelbar zur Ernährung der Stadtbevölkerung diene. Aber auch da konnte ich ihnen beweisen, dass unendlich viele Stadtbevölkerung gerade bei uns draussen ist und somit auch diese Bedingung der Verordnung erfüllt sei. Der Oberlandrat kennt Bethel und war sehr positiv zu unserer Sache eingestellt. Er ist natürlich Mitglied der KPD, so wie das jetzt meist der Fall ist. Wir werden also auch in dieser Beziehung tüchtig angefochten. Bisher bleibt es aber noch im Papierkrieg hängen ...

In herzlicher Verbundenheit
Dein

Bodelschwingh an Braune[283]

Bethel, den 31. Okt. 1945.

Lieber Bruder Braune!

... Immer wieder denke ich an das große Sterben bei Euch. Bei unsern Alten geht es nicht viel anders, und unter dem kleinsten Volk im Kinderkrankenhaus ist die Zahl der Opfer mangelnder Ernährung auch groß. Man spricht vorsichtigerweise von Paratyphus, aber es sind im Grunde dieselben Dinge wie bei Euch. Wenn jetzt der Flüchtlingsstrom anwächst, rechnen die Behörden mit weiterer Verbreitung der Epidemien und verlangen dann von uns, daß wir Hunderte von Krankenhausplätzen bereitstellen sollen. Wie das bei der Überfüllung aller Häuser möglich ist, ahnen wir noch nicht. Die Zufuhr von Kohlen und Koks ist sehr unzureichend.

Daß die Bodenrevolution im russischen Gebiet auch nach Euch die Hand ausstreckt, wundert mich nicht. Ich freue mich, daß Du den Eingriff bisher hast abwehren können. Doch werden wir mit der Ausbreitung dieser Gedanken auch nach Westen hin rechnen müssen. Die englische Arbeiter-

---

283 AHSL EA 108.

partei fördert bewußt alle sozialistischen Bestrebungen, ohne zu sehen oder zu beachten, daß damit auch dem Kommunismus die Bahn bereitet wird. Die Auswirkung spüren wir überall. Vielleicht dauert es nicht mehr lange, dann stehen wir vor einem neuen Kirchenkampf, der gefährlicher werden kann wie der vorige. Es ist für uns heilsam, daß wir gar keinen Anlaß haben, die Rolle einer siegreichen oder sicheren Kirche zu spielen. Es wird bei der Voraussage und Dienstanweisung Jesu bleiben: In der Welt habt ihr Angst, aber seid getrost! Alle menschlichen Stützen zerbrechen, Er allein bleibt die Quelle der Kraft und des Friedens.

In treuer Liebe
Dein

Braune an Bodelschwingh[284]

Lobetal, den 6. November 1945.

Lieber Bruder!

... Die Bodenreform geht bei ihrem übereilten Tempo doch schon durch mancherlei Enttäuschungen und Schwierigkeiten hindurch. Es scheint, als ob wir ganz davon verschont bleiben. Ich habe in der entscheidenden Verhandlung unsere Vereinbarungen vom 12. Juli 1940 entscheidend herangezogen: Die I.M. ist Bestandteil der DEK ...

In herzlicher Verbundenheit und Treue
Dein

---

284 AHSL EA 108.

Bodelschwingh an Braune[285]

Bethel bei Bielefeld, den 28. Dez. 45.

Lieber Bruder Braune!

... Du kannst damit rechnen, daß ich immer an allem teilnehme, was als Last und Leid auf Euch liegt. Aber Du mußt Geduld mit mir haben. Während der letzten beiden Monate nahm die Flut der Besuche und der Briefe so zu, daß ich gar nicht mehr durchkommen konnte. Fast muß ich es als ein Glück ansehen, daß durchschnittlich wohl noch die Hälfte der Post aus den andern Zonen verloren geht. Denn sonst würde ich vollends ertrinken. Dabei werden mir nur die sachlich besonders wichtigen oder ganz persönlichen Dinge vorgelegt. Du kannst Dir denken, daß unzählige Menschen jetzt meinen, Bethel könne und müsse helfen und auch in allen großen Fragen der Kirche und der Politik mitwirken. Dazu kommen die vielen Besuche von Engländern und Amerikanern, neuerdings auch Schweden, nicht selten mit offiziellen Aufträgen der heimischen Kirchenleitungen, Bischöfe usw. Diese Leute kommen immer unangemeldet und werfen dann oft für viele Stunden alle Zeiteinteilung um. Zu meiner Freude ist nun vor acht Tagen mein Neffe Friedrich[286] wohlbehalten aus England zurückgekehrt ...

Dankbar bin ich, daß Du auch in den finanziellen Dingen Deine alte Arbeitsweise fortsetzt und nach Möglichkeit mit für sachliche Richtigkeit der Buchungen sorgst. Hier sind, obwohl es während der schlimmsten Bombenzeit kaum mehr möglich war, alle Buchungssachen in alter Treue behandelt worden, so daß wir demnächst für 1945 eine ganz saubere Schlußrechnung bekommen. Dabei werden sich freilich an einzelnen Stellen Fragezeichen ergeben. Zuerst wegen des Lazaretts. Dann durch die Bombenschäden Viele Sachwerte sind so hin und her gewirbelt worden, daß man kaum wußte, wo die einzelnen Dinge blieben. Auch die Menschen fluteten hin und her. So wird man einige Augen zudrücken müssen. Nicht zuletzt bei der Bilanz. Die Bombenschäden sind auf 3 bis 4 Millionen geschätzt. Ob wir je davon einen Pfennig wieder bekommen? Bei den

---

285 AHSL EA 326.
286 Friedrich von Bodelschwing III.

Pflegegeldern steht es ähnlich wie bei Euch. So haben wir z.B. für das Lazarett, in dem zeitweise bis zu 1 000 Leute lagen, seit März noch keinen Pfennig bekommen. Angeblich wollen die Engländer von einem bestimmten Zeitpunkt an zahlen, aber dieser ist noch ganz ungewiß, und ein Vierteljahr wird wohl sicher völlig ausfallen. Auch die sonstigen Pflegegeldforderungen an Leute aus der russischen und auch amerikanischen Zone schweben weithin in der Luft. Sehr viele der Privatpfleglinge haben ihre Angehörigen verloren oder diese sind völlig verarmt. Wie weit die Wertpapiere bei den Banken realisierbar sind, weiß man nicht.

Zwischen Euch und uns muß es auf dem Fundament der innersten Einheit bei der wechselseitigen Hilfsbereitschaft bleiben. Ich möchte annehmen, daß bei Euch die Einnahmen von Bethelschuldnern oder -freunden weiter wachsen, so daß Ihr dadurch die notwendigsten flüssigen Mittel bekommt. Reichen sie nicht aus, steht der Überlassung größerer Summen nichts im Wege, doch würde ich das nur bei gesicherter Reisemöglichkeit wagen ... Am schönsten wäre es natürlich, Du könntest Dir hier selbst das Notwendige abholen. Daß mir und uns allen Dein Besuch eine ganz große Freude sein würde, brauche ich nicht zu sagen. Wir hätten dann die Möglichkeit, in Ruhe manche grundsätzliche Fragen zu besprechen, z.B. die des Hilfswerks ...

Das große Sterben bei Euren Alten bekümmert mich sehr. Manchmal dachte ich schon, ob wir sie hier herüberholen könnten, weil sie doch hier etwas besser zu versorgen sind. In Bethel selbst und in den Außenanstalten ist allerdings jedes Haus überfüllt ... Die größeren Ernährungssorgen werden bei Euch wie bei uns wohl erst in der Zeit zwischen Ostern und der neuen Ernte in Erscheinung treten. Auch von unsern Kranken werden viele eine dann etwa eintretende Senkung der Kalorien nicht überleben. Wir haben im Jahr 1945 etwa 1 350 Todesfälle. Dabei sind allerdings die Kliniken von Sarepta und das Kinderkrankenhaus mitgerechnet, in dem die Säuglingssterblichkeit sehr gestiegen ist. Viele von den Kleinen, besonders aus den Flüchtlingsfamilien, kommen schon in so elendem Zustand, daß man sie nicht mehr retten kann.

So wandern wir weiter durch dunkle Täler. Aber das Licht der Weihnacht begleitet uns in das neue Jahr hinein. Gott schenke Eurer ganzen Gemeinde innersten Frieden und eine getroste Zuversicht auf Gottes ewige Barmherzigkeit!

In Liebe und Treue
Dein

Abkürzungen

AHSL	Archiv der Hoffnungstaler Stiftung Lobetal
Apo	Apologetische Centrale
betr.	betrifft, betreffs
bezw., bzw.	beziehungsweise
BK	Bekennende Kirche
ca	circa
C.-A., CA	Centralausschuß für die Innere Mission
D.	Dr. theol. ehrenhalber
D.A.F.	Deutsche Arbeitsfront
DC	Deutsche Christen
DEK	Deutsche Evangelische Kirche
d.h.	das heißt
DHV	Deutscher Herbergsverein
D.O.	Der Obige
ds.Js.	dieses Jahres
D.U.	Der Unterzeichnende
EK I	Eisernes Kreuz I
EOK	Evangelischer Oberkirchenrat
etc.	et cetera
E.V.	Eingetragener Verein
evtl.	eventuell
Gestapo	Geheime Staatspolizei
getr.	getreuer
GmbH	Gesellschaft mit beschränkter Haftung
HAB	Hauptarchiv der v. Bodelschwinghschen Stiftungen Bethel
I.M.	Innere Mission
KiMi	Kirchenministerium
KPD	Kommunistische Partei Deutschlands
Kr.	Kreis
KZ	Konzentrationslager
m.E.	meines Erachtens
MG	Maschinengewehr
Mill.	Millionen
NSDAP	Nationalsozialistische Deutsche Arbeiterpartei
N.S.V., N.S.V.W.	Nationalsozialistische Volkswohlfahrt

OKH	Oberkommando des Heeres
OKW	Oberkommando der Wehrmacht
P.	Pastor
Pf.	Pfennig
Pg.	Parteigenosse
P.S.	post scriptum
R.A.M.	Reichsarbeitsministerium
Reg.Rat	Regierungsrat
R.I.M.	Reichsinnenministerium
rm	Raummeter
RM	Reichsmark
Rpfg.	Reichspfennig
SA	Sturmabteilung
sogen.	sogenannt
Stapo	Staatspolizei
SS	Schutzstaffel
u.a.	unter anderem, und andere
usw.	und so weiter
vergl.	vergleiche
V.K.L.	Vorläufige Kirchenleitung
WHW	Winterhilfswerk
z.B.	zum Beispiel
z.T.	zum Teil
Ztr.	Zentner
z. Zt.	zurzeit

Literaturauswahl

Ayaß, Wolfgang, „Asoziale" im Nationalsozialismus, Stuttgart 1995.
Ayaß, Wolfgang, Wohnungslose im Nationalsozialismus. Begleitheft zur Wanderausstellung der Bundesarbeitsgemeinschaft Wohnungslosenhilfe e.V., Bielefeld 2007.
Auts, Rainer, Der Abschied vom lebendigen Geld – Die Spendensammlung der Inneren Mission zwischen Gemeindeorientierung und gesellschaftlicher Öffnung, in: Matthias Benad / Kerstin Winkler (Hg.), Bethels Mission (2). Bethel im Spannungsfeld von Erweckungsfrömmigkeit und öffentlicher Fürsorge, Bielefeld 2001, S. 11–36.
Auts, Rainer, Opferstock und Sammelbüchse. Die Spendenkampagnen der freien Wohlfahrtspflege vom Ersten Weltkrieg bis in die sechziger Jahre, Paderborn, München, Wien, Zürich 2001.

Benad, Matthias (Hg.), Friedrich von Bodelschwingh d.J. und die Betheler Anstalten. Frömmigkeit und Weltgestaltung, Stuttgart 1997.
Benad, Matthias, „... seitdem pocht ein schier unabsehbarer Zug des Elends an unsere Pforten..." Zur diakonischen Arbeit und zum Selbstbild der v. Bodelschwinghschen Anstalten 1945–1948, in: Bernd Hey / Günter van Norden (Hg.), Kontinuität und Neubeginn. Die rheinische und westfälische Kirche in der Nachkriegszeit (1945–1949), Bielefeld 1996, S. 93–118.
Benad, Matthias / Mentner, Regina (Hg.), Zwangsverpflichtet. Kriegsgefangene und Zivilarbeiter(innen) in Bethel und Lobetal 1939–1945, Bielefeld 2002.
Bookhagen, Rainer, Die evangelische Kinderpflege und die Innere Mission in der Zeit des Nationalsozialismus, Bd. 1: Mobilmachung der Gemeinden: 1933 bis 1937, Göttingen 1998, Bd. 2: Rückzug in den Raum der Kirche: 1937 bis 1945, Göttingen 2002.
Brandt, Wilhelm, Friedrich v. Bodelschwingh 1877–1946. Nachfolger und Gestalter, Bielefeld 1984.
Braune, Berta, Hoffnung gegen die Not. Mein Leben mit Paul Braune 1932–1954, Wuppertal 1983, Berlin 1989.
Braune, Paul Gerhard, Betrifft: Planmäßige Verlegung der Insassen von Heil- und Pflegeanstalten [Denkschrift gegen die Euthanasie], in: Alex Funke (Hg.), Paul Gerhard Braune, ein Mann des kirchlichen Widerstandes (Bethel, 21), Bielefeld-Bethel 1979, S. 24–35.

Braune, Paul Gerhard, Denkschrift zur Lage der nichtarischen Christen, in: Alex Funke (Hg.): Paul Gerhard Braune, ein Mann des kirchlichen Widerstandes (Bethel, 21), Bielefeld-Bethel 1979, S. 17–23.

Braune, Paul Gerhard, Der Kampf der Inneren Mission gegen die Euthanasie, in: Die Innere Mission 37, H. 5/6, S. 12–34.

Cantow, Jan, Evangelische „Nichtarierhilfe" am Beispiel der Hoffnungstaler Anstalten Lobetal. Rahmenbedingungen, Konzepte, Strukturen und Personen, Saarbrücken 2008.

Cantow, Jan, Ausländereinsatz in den Hoffnungstaler Anstalten Lobetal, in: Matthias Benad / Regina Mentner (Hg.), Zwangsverpflichtet. Kriegsgefangene und zivile Zwangsarbeiter in Bethel und Lobetal 1939–1945, Bielefeld 2002, S. 173–194.

Cantow, Jan, Zwangssterilisationen im Nationalsozialismus. Quellen aus dem Archiv der Hoffnungstaler Anstalten Lobetal, in: Archivbericht (aus der Evangelischen Kirche Berlin-Brandenburg) 4/8. 1997, S. 15–29.

Cantow, Jan / Kaiser, Jochen-Christoph (Hg.), Paul Gerhard Braune (1887–1954). Ein Mann der Kirche und Diakonie in schwieriger Zeit, Stuttgart 2005.

Greschat, Martin / Kaiser, Jochen-Christoph (Hg.), Der Holocaust und die Protestanten. Analysen einer Verstrickung, Frankfurt am Main 1988.

Hammerschmidt, Peter, Die Wohlfahrtsverbände im NS-Staat. Die NSV und die konfessionellen Verbände Caritas und Innere Mission im Gefüge der Wohlfahrtspflege des Nationalsozialismus, Opladen 1999.

Hochmuth, Anneliese, Spurensuche. Eugenik, Sterilisation, Patientenmorde und die v. Bodelschwinghschen Anstalten Bethel 1929–1945, hrsg. v. Matthias Benad, Bielefeld 1997.

Kaiser, Jochen-Christoph, Fritz von Bodelschwingh und die Politik, in: Ders., Evangelische Kirche und sozialer Staat, hrsg. v. Volker Herrmann, Stuttgart 2008, S. 122–135.

Kaiser, Jochen-Christoph, „Distanz zum Unrecht". Zum Spannungsverhältnis zwischen individuellen biografischen Bindungen an Teilmilieus für das Widerstehen. Das Beispiel der protestantischen Diakonie (1933–1945), in: Ders., Evangelische Kirche und sozialer Staat, hrsg. v. Volker Herrmann, Stuttgart 2008, S. 216–229.

Kaiser, Jochen-Christoph, Sozialer Protestantismus im 20. Jahrhundert. Beiträge zur Geschichte der Inneren Mission 1914–1945, München 1989.

Kaminsky, Uwe, „Wer ist gemeinschaftsunfähig?". Paul Braune, die Rassenhygiene und die Euthanasie, in: Jan Cantow / Jochen-Christoph Kaiser, Paul Gerhard Braune (1887–1954). Ein Mann der Kirche und Diakonie in schwieriger Zeit, Stuttgart 2005.
Klee, Ernst, „Euthanasie" im NS-Staat. Die „Vernichtung lebensunwerten Lebens", Frankfurt am Main 1983.

Lingelbach, Gabriele, Spenden und Sammeln. Der westdeutsche Spendenmarkt bis in die 1980er Jahre, Göttingen 2009.

Neumann, Reinhard, Die Westfälische Diakonenanstalt Nazareth 1914–1954. Jahrzehnte der Krise. Mit Beiträgen von Matthias Benad und Hans-Walter Schmuhl, Bielefeld 2010.
Nicolaisen, Carsten, Fritz von Bodelschwingh als Kirchenpolitiker, in: Matthias Benad (Hg.), Friedrich v. Bodelschwingh d.J. und die Betheler Anstalten. Frömmigkeit und Weltgestaltung, Stuttgart u.a. 1997, S. 82–100.
Novak, Kurt, Sozialarbeit und Menschenwürde. Pastor Paul Gerhard Braune im „Dritten Reich", in: Ders., Kirchliche Zeitgeschichte interdisziplinär. Beiträge 1984–2001, hrsg. v. Jochen-Christoph Kaiser, Stuttgart 2002, S. 245–259.

Sondermann-Becker, Ulrich, „Arbeitsscheue Volksgenossen": Evangelische Wandererfürsorge im „Dritten Reich": Eine Fallstudie, Bielefeld 1995.
Stockhecke, Kerstin, „Kriegsdienst der Anstaltsgemeinde" – Das Reservelazarett in den v. Bodelschwinghschen Anstalten Bethel im Zweiten Weltkrieg, in: Bernd Hey (Hg.), Kirche in der Kriegszeit 1939–1945, Bielefeld 2005, S. 79–99.
Stockhecke, Kerstin, September 1940: Die „Euthanasie" und die jüdischen Patienten in den v. Bodelschwinghschen Anstalten Bethel, in: Claudia Brack / Johannes Burkhardt / Wolfgang Günther / Jens Murken (Hg), Kirchenarchive mit Zukunft, Bielefeld 2007, S. 131–142.

Röhm, Eberhard / Thierfelder, Jörg, Juden-Christen-Deutsche. 1933–1945: 4 Bde., Stuttgart 1990–2007.
Sachse, Christoph / Tennstedt, Florian, Geschichte der Armenfürsorge in Deutschland: Bd. 3: Der Wohlfahrtsstaat im Nationalsozialismus, Stuttgart, Berlin, Köln 1992.
Strohm, Theodor / Thierfelder, Jörg (Hg.), Diakonie im „Dritten Reich": Neuere Ergebnisse zeitgeschichtlicher Forschung, Heidelberg 1990.

Walters, LeRoy, Paul Braune und der Kampf gegen die Ermordung von Menschen mit Behinderungen, in: Jan Cantow / Katrin Grüber (Hg.), Eine Welt ohne Behinderung – Vision oder Alptraum (IMEW Expertise 9), Berlin 2009, S. 65–95.

Walters, LeRoy, Der Widerstand Paul Braunes und des Bonhoefferkreises gegen das „Euthanasie"-Programm der Nationalsozialisten, in: Christof Gestrich / Johannes Neugebauer (Hg.), Der Wert des menschlichen Lebens. Medizinische Ethik bei Dietrich Bonhoeffer und Karl Bonhoeffer, Berlin 2006, S. 98–146.

Personenregister*

Althaus, Hermann 30, 32, 34, 37, 43, 77
(1899–1966), 1929–1933 Leiter der Berliner Stadtmission, 1933 Dezernent, später Reichsamtsleiter des Amtes Wohlfahrtspflege und Jugendhilfe im Hauptamt für Volkswohlfahrt, ständiger Vertreter Erich Hilgenfeldts, 1935 Vorsitzender des Deutschen Vereins für öffentliche und private Fürsorge, Reichsfachredner der NSDAP

Angern, Arthur von 201, 203, 205, 206
(1900–1945), Leiter der Gaubetriebsgemeinschaft der DAF im NSDAP-Gau Kurmark

Arnold, Friedrich Wilhelm 161
Konsulent, Mitglied im Beirat des Büro Grüber, Satzungskommision

Asmussen, Hans 121, 125, 130
(1898–1968), Theologe, Leiter der KiHo Berlin, 1941 mehrfach in Haft, Vertreter des Berliner Bruderrats beim Kirchlichen Einigungswerk

Beier, Fritz 220, 227
(1895–1971), Diakon der Diakonenanstalt Nazareth, 1927–1960 Hausvater in „Friedenshöhe" in Lobetal

Berner 80, 81

Bodelschwingh III, Friedrich von 71
(1902–1977), Theologe, seit 1933 zuständig für den Freiwilligen Arbeitsdienst Bethels in der Hermannsheide, Leiter des Kandidatenkonvikts, seit 1936 Gemeindepfarrer in Schlüsselburg bei Minden, 1942 Militärdienst, seit 1946 in der Betheler Leitungsebene, 1959 bis 1968 Anstaltleiter

Bodelschwingh, Frieda von 62, 187, 213, 249, 251
(1874–1958), Johanniterschwester, Schwester von Friedrich von Bodelschwingh d.J., unterstützte zunächst den Vater, Friedrich von Bodelschwingh d.Ä. bei der Arbeit in Bethel, übernahm seit 1914 eigenständige Aufgaben, etwa die Leitung der Lazarettabteilung im Betheler Studentenheim, seit Beginn der 1920er Jahre Betreuung von wolgadeutschen Waisenkindern, für die Lazarus-Diakonissen in Erkner zuständig

---

* In das Personenregister wurden i.d.R. nur relevante Daten und Fakten aus dem Zeitraum 1933–1945 aufgenommen. In einigen Fällen waren die Lebensdaten nicht zu ermitteln. Nachfolgend auch als n.e. (nicht ermitelbar) gekennzeichnet.

Bonhoeffer, Karl 171, 178, 272
(1868–1948), Psychiater, Direktor der Nervenklinik der Charité, Gutachter für Erbgesundheitsgerichte
Borrmann, Walther 125, 132, 140
(1890–1965), Theologe, Probst, Superintendent in Angermünde, Mitarbeit im Kirchlichen Einigungswerk
Bracht, Franz 86
(1877–1933), Jurist, 1932–1933 Reichsinnenminister
Brandt, Karl 169, 170, 185, 186
(1904–1948), Ranghöchster NS-Mediziner, 1939 Euthanasiebevollmächtigter, 1942 Generalkommissar für das Sanitäts- und Gesundheitswesen, 1943 Leiter der nach ihm benannten „Aktion Brandt" bis 1944 Hitlers Begleitarzt
Brandt, Wilhelm 46, 269
(1894–1973), Theologe, 1933–1939 Leiter der Theologischen Schule Bethel, 1939 Pfarrer und Leiter des Kandidatenkonvikts in Bethel, 1942 Geschäftsführer der Evangelischen Reichsfrauenhilfe in Potsdam
Bremer, Gustav 181
(1884–1946), Theologe, Vorsitzender und Geschäftsführer der Vereinigung evangelischer Kinderpflegeverbände Deutschlands
Brücher, Emil 32
(1888–1956), Jurist, 1931 Referent im CA für arbeitsrechtliche und finanztechnische Fragen, 1936 Geschäftsführer des Provinzialvereins für Innere Mission in Pommern
Buhre, Gunnar Emil Alfred 125
(1889–1965), Theologe, Vertreter des Berliner Bruderrates beim Kirchlichen Einigungswerk
Burghart, Georg 125, 128, 131, 132, 141
(1865–1954), Theologe, Vorsitzender des Berliner Hauptvereins für Innere Mission, Mitglied der Verfassungskammer der VLK, Vertreter der Evangelischen Kirche der APU im Kirchlichen Einigungswerk
Busch 72, 74
Geschäftsführer des Staatskommissars für die Wohlfahrtspflege
Busse, Johannes 103
(1900–1942), Diplomvolkswirt, 1930–1942 Verwaltungsmitarbeiter in Lobetal

Conti, Leonardo 58, 177
(1900–1945), Mediziner, Gründer des Nationalsozialistischen Deutschen Ärztebundes, Reichsärzteführer, 1939 Staatssekretär im RIM und Leiter des Hauptamtes für Volksgesundheit, Reichsgesundheitsführer

Cordt, Adolf 55
(1910–n.e.), Jurist, 1935 Reichshauptstellenleiter Wohlfahrts- und Fürsorgerecht im Amt für Wohlfahrtspflege und Jugendhilfe unter Hermann Althaus

Defert, Paul 227
(1876–n.e.), Bewohner im Altersheim „Friedenshöhe" in Lobetal
Dibelius, Otto 45, 62, 125, 126, 129, 131, 132, 133, 134, 141, 142
(1880–1967), Theologe, Generalsuperintendent Kurmark Brandenburg bis 1933, ab 1934 Mitarbeit Berlin-Brandenburgischer Brüderrat, Mitarbeit Kirchliches Einigungswerk
Dieckmann, Johannes 213
(1891–1960), Theologe, 1935–1960 Vorsteher Diakonissenmutterhaus Lazarus Berlin
Diefenbach, Fritz 78, 94
(1890–n.e.), Referent für Wohlfahrtsfragen im Reichs- und Preußischen Innenministerium
Diehl, Ludwig 39
(1894–1982), Theologe, Landesleiter DC, 1934 Landesbischof Pfalz, 1935 Mitglied Reichskirchenausschuss
Diekmann 80
Diakon
Dietrich, Gustav 87, 89, 93, 99, 106, 254, 272
(1881–1953), Theologe, von 1910 bis 1950 Leiter von Eckardtsheim, der Zweiganstalt der v. Bodelschwinghschen Anstalten Bethel in der Senne
Doehring, Bruno 141
(1879–1961), Theologe, Hof- und Domprediger Berlin
Dohnanyi, Hans von 178
(1902–1945), Jurist, 1929 Tätigkeit im Reichsjustizministerium, 1939 Abteilung Abwehr im OKW, Beteiligung an der Vorbereitung des Attentates 20. Juni 1944
Dölker, Hannes 174
(1882–1953), Theologe, Kirchenrat beim Evangelischen Oberkirchenrat Stuttgart

Eger, Johannes 39
(1873–1954), Theologe, 1935 Vorsitzender der Landeskirchenausschusses der Provinzialkirche Sachsen, Mitglied des Reichskirchenausschusses, Mitglied des Pfarrernotbundes
Engelke, Johannes 122, 220, 248
(1905–1988), Theologe, 1937–1939, zweiter Geistlicher in Lobetal

Engelmann, Wilhelm 53
  (1894–1973), Theologe, 1934 Zweiter Direktor im CA, Stellvertreter Horst Schirmachers
Erlanger, Dr. 145, 147, 148
Ernst, Karl 198, 204, 205, 207
  (1906–n.e.), 1927–1933 Kolonist in Hoffnungstal und Reichenwalde, 1933–1936 Buchhalter in Lobetal, NSDAP-Stützpunktleiter

Feder, Herrmann 165
  (1883–n.e.), Landgerichtsrat, als Christ jüdischer Abstammung in Lobetal, 1942 Deportation ins Warschauer Ghetto
Fenz 139
Fichtner, Horst 53
  (1893–1961), Theologe und Mediziner, 1938 Leiter des Referates Gesundheitsfürsorge im CA, 1940 Probst und Superintendent in Lübben
Fiebig, Walter 139
  (1893–1984), Theologe, Mitglied in der geistlichen Leitung der DC in Westfalen
Flatow, Ernst 164
  (1887–1942), Theologe, Krankenhausseelsorger in Köln, als erster Pfarrer „nichtarischer Abstammung" entlassen, 1941 Aufnahme in Lobetal, 1942 Deportation ins Warschauer Ghetto
Flemming 236
  Theologe, Pfarrer an der Markuskirche Berlin
Flemming, Willi 203
  (1882–n.e.), Gartenbauinspektor, Leiter der landwirtschaftlichen Betriebe von Lobetal, Ortsbauernführer
Frick, Constantin 20, 38, 39, 41, 44, 46, 47, 48, 51, 52, 53, 55, 57, 58, 59, 62, 63, 75
  (1877–1949), Theologe, Vorsteher der Diakonissenanstalt Bremen, 1934 Präsident des CA, Nachfolger Karl Themels
Fritzsch, Eduard 25
  (1897–1966), Theologe, Geschäftsführer der Inneren Mission von Kurhessen-Waldeck, 1937–1957 Geistlicher Vorsteher der Stiftung Tannenhof, Remscheid

Gase, Walther 91
  (1901–1991), Jurist, Regierungsrat im Reichsinnenministerium
Gehrels, Hans 77, 78
  (1904–1966), Jurist, Referent für Jugendwohlfahrt im Reichsinnenministerium, NSDAP Kreisleiter Posen

Personenregister

Gerhard 197, 198, 201, 206
Stabsleiter der Reichsbetriebsgemeinschaft 13 der Deutschen Arbeitsfront
Gerstenmaier, Eugen 64
(1906–1986), Theologe, Politiker, 1942 Konsistorialrat im Kirchlichen Außenamt der DEK, Kreisauer Kreis, Mitwirkung im Kirchlichen Einigungswerk
Gieseking 234
Regierungsrat
Göring, Emmy 172, 174
(1893–1973), Schauspielerin, zweite Ehefrau von Hermann Göring
Göring, Matthias Heinrich 173
(1879–1945), Mediziner, Leiter des Instituts für Psychologische Forschung und Psychotherapie in Berlin, Vetter zweiten Grades des führenden NS-Politikers Hermann Göring
Grüber, Heinrich 18, 145, 146, 150, 151, 152, 153, 156, 157, 158, 162, 163
(1891–1975), Theologe, 1934 Pfarrer in Berlin-Kaulsdorf, 1938–1940 Leiter der von ihm gegründeten Hilfsstelle für „nichtarische Christen" (Büro Grüber), 1940–1943 KZ-Haft in Sachsenhausen
Gustavus, Walter 195
(1892–1945), Jurist, 1940 Vertreter der DEK im Vorstand des CA

Hagen, Willi Ernst 62, 64, 139, 140
(1885–1952), Theologe, 1941 kommissarischer geschäftsführender Direktor als Nachfolger von Horst Schirmacher, 1943 kommissarischer geschäftsführender Direktor des Gesamtverbandes der Berliner Inneren Mission
Hanke, Karl 150
(1903–1945), Staatssekretär, persönlicher Referent von Joseph Goebbels im Reichsministerium für Volksaufklärung und Propaganda
Harmsen, Hans 25, 171, 192
(1899–1989), Mediziner und Staatswissenschaftler, Eugeniker, Geschäftsführer der Arbeitsgemeinschaft für Volksgesundung, Referent für Gesundheitswesen im CA
Heckel, Theodor 115
(1894–1967), Theologe, Oberkonsistorialrat im Auslandsamt des Kirchenbundesamts, 1934 Leiter des Kirchlichen Außenamtes der DEK
Heinrich, Johannes 32, 33, 34, 35, 41, 50, 52, 126, 201
(1895–1945), Jurist, Finanzreferent, Justiziar und Vorstandsmitglied des CA als Bevollmächtigter der Reichsregierung nach der Devaheim-Pleite, 1938 Konsistorialpräsident Mark Brandenburg
Held, Heinrich 125
(1897–1957), Theologe, Mitglied des Landesbruderrates, Vertreter der BK beim Kirchlichen Einigungswerk

Hennigs, Ulrike von 250
Diakonisse
Herntrich, Volkmar 128, 129, 234, 236, 248, 253
(1908–1958), Theologe, Mitglied des Pfarrernotbundes, Pfarrer und der Dozent an der Theologischen Schule Bethel, Direktor des Burghardthauses, Mitglied im Beirat des Kirchlichen Einigungswerks
Herzberg 192
Theologe, Pfarrer in Berlin
Hess, Rudolf 28, 73
(1894–1987), Kaufmann, Stellvertreter Adolf Hitlers und Reichsminister ohne Geschäftsbereich, ab 1939 Mitglied des Ministerrates für die Reichsverteidigung
Hesse, Hermann Albert 115
(1877–1957), Theologe, 1933 Bevollmächtigter der Reformierten im Deutschen Evangelischen Kirchenbund
Hilgenfeldt, Erich 30, 31, 33, 34, 65, 69, 70, 71, 73, 75, 76, 78, 92
(1897–1945), Reichswalter der NSV, Leiter des Amtes für Volkswohlfahrt der NSDAP, Hauptamtsleiter der NSV, Reichsbeauftragter für das Winterhilfswerk, Leiter der NS-Schwesternschaft und des Reichsbundes der freien Schwestern und Pflegerinnen
Hitler, Adolf 114, 116, 169, 189, 190, 191, 194, 198
(1889–1945), Vorsitzender der NSDAP, 1933 Reichskanzler, 1934 „Führer und Reichskanzler"
Hosemann, Johannes 115
(1881–1947), Jurist, Direktor des Deutschen Evangelischen Kirchenbundesamtes Berlin, 1936–1945 Präsident des Konsistoriums in Breslau
Humbert, von 248
Patron der Kirchengemeinde Hohenkränig
Hüske, Fritz 206, 229
(1888–1945), Diakon der Diakonenanstalt Nazareth, 1921–1945 Verwaltungsleiter in Lobetal
Hutten, Kurt 137
(1901–1979), Theologe, 1933/34 Geschäftsführer des Evangelischen Presseverbandes Württemberg, 1938–1941 Schriftleiter des Evangelischen Gemeindeblattes Württemberg, 1941–1943 Sekretär des Lutherrates
Hymmen, Johannes 121, 126, 139
(1878–1951), Theologe, 1936 Geistlicher Vizepräsident im Evangelischen Oberkirchenrat, 1939 Mitglied des Geistlichen Vertrauensrates der DEK

Jacobi, Kurt 179, 183, 186
(1900–1963), Jurist, seit 1937 im Reichsinnenministerium Leiter der Abteilung für die Hilfsmaßnahmen zum Schutz und zur Versorgung der

Bevölkerung, 1947–1958 Justiziar in den v. Bodelschwinghschen Anstalten Bethel
Jaeger 195
Theologe, Superintendent in Biesenthal
Jagow, Herbert 28, 29
Geschäftsführer des Kirchlich-sozialen Bundes, 1933 Referent für „soziale Diakonie" im geistlichen Ministerium
Jasper, Gerhard 70
(1891–1970), Theologe, seit 1927 Mitarbeiter in den v. Bodelschwinghschen Anstalten Bethel, Leiter des Dankorts und der Bethel-Mission
Jeep, Walter 25, 26, 30, 115
(1878–1964), Theologe, 1932/33 Erster Direktor im CA, Mitglied der Jungreformatorischen Bewegung

Käbisch, Luise 249, 251
Diakonisse
Kapler, Hermann 115
(1867–1941), Jurist, bis 1933 Präsident des Deutschen Evangelischen Kirchenausschusses, Mitarbeit beim Deutschen Evangelischen Kirchenbund
Karow, Emil 26, 125
(1871–1954), Theologe, 1933/34 Präsident bzw. Vizepräsident des CA
Keller, Dr. 176
Pseudonym mit dem die Ärzte in der Tötungsanstalt Grafeneck die sogenannten Trostbriefe an die Angehörigen der „Euthanasie"-Opfer unterschrieben
Kerrl, Hanns 39, 48, 51, 60, 113, 162, 201, 202
(1887–1941), Justizbeamter, 1933 preußischer Justizminister, ab 1935 Reichsminister für die kirchlichen Angelegenheiten
Kersten, Rudolf 203, 207
(1887–1980), Diakon der Diakonenanstalt Nazareth, 1923–1958 Hauvater in Hoffnungstal
Keudell 28
Kloppenburg, Heinrich 125
(1903–1986), Theologe, Vorsitzender der Konferenz der Landesbruderräte, Vertreter der BK beim Kirchlichen Einigungswerk
Knak, Siegfried 47, 51, 125, 126, 127, 128, 129
(1875–1955), Theologe, Missionsdirektor der Berliner Missionsgesellschaft, 1934 Mitgründer des Bruderrates der Arbeitsgemeinschaft der missionarischen und diakonischen Werke und Verbände, Mitglied des Bruderrates Berlin, Mitarbeit im Kirchlichen Einigungswerk
Kneip, Gustav 100
(1881–n.e.), Jurist, Präsident des Bundesamtes für das Heimatwesen

Kobrak, Richard 153
(1890–1944), Jurist, bis 1935 Beamter in der Stadtverwaltung Berlin, 1939–1941 Leiter der Wohlfahrtsabteilung des Büro Grüber
Koch, Gustav 204, 220, 252
(1903–1966), Diakon der Diakonenanstalt Nazareth, 1926–1958 Hausvater in Reichenwalde
Koch, Karl 119, 124, 133, 134
(1876–1951), Theologe, 1934 Vorsitzender des Bruderrates Westfalen, Bruderrat und Rat der Evangelischen Kirche der APU, Präses der ersten vier Bekenntnissynoden der Evangelischen Kirche der APU, Mitglied des Rates der Deutschen Evangelischen Kirche
Koepchen, Ernst 43, 87, 94
(1888–1967), Jurist, seit 1919 bei der Provinzialverwaltung Hannover, dort Landesrat, 1933 bis 1944 Leiter des Landesjugendamtes, Dezernatsleiter Fürsorgeerziehung und Jugendwohlfahrt
Koller, Hermann 25, 26
(1897–1980), Theologe, 1932 Direktor und Leiter der Abteilung Wohlfahrtspflege im CA, 1937 Vorstand der Gustav-Werner-Stiftung Reutlingen
Kretschmer, Ernst 227, 249, 250, 251, 252
(1903–1991), Diakon der Diakonenanstalt Nazareth, 1937–1955 Diakon in Lobetal
Kritzinger, Friedrich Wilhelm 154
(1890–1947), Jurist, ab 1938 Ministerialrat im Reichsjustizministerium, Ministerialdirektor, ab 1942 Ministerialrat Reichskanzlei, Stellvertreter des Leiters der Reichskanzlei, Teilnahme an der Wansee-Konferenz
Kronshage, Heinrich 196
(1889–1965), Diakon der Diakonenanstalt Nazareth, 1926–1934 Hausvater in Lobetal
Kube, Wilhelm 200, 201, 202, 203
(1887–1943), Mitbegründer DC, 1933 Gauleiter NSDAP-Gau Kurmark, Oberpräsident von Brandenburg-Berlin und Posen-Westpreußen, 1936 Amtsenthebung als Gauleiter, 1941 Generalkommissar für Weißruthenien
Künneth, Walter 25, 32, 48, 49, 50, 51
(1901–1997), Theologe, Leiter der Apologetischen Centrale der Inneren Mission, Gründungsmitglied der Jungreformatorischen Bewegung und der BK
Kunze, Johannes 159, 242
(1892–1959), Dipl.-Kaufmann, Verwaltungsleiter in der Diakonissenanstalt Sarepta in Bethel, Geschäftsführer der Arbeitsgemeinschaft der missionarischen und diakonischen Werke und Verbände, Fachmann für Steuer- und Wirtschaftsfragen beim CA

Lammers, Hans-Heinrich 157
(1897–1962), Jurist, 1933 Staatssekretär, Leiter der Reichskanzlei, ab 1937 Reichsminister
Lilje, Hanns 141
(1899–1977), Theologe, 1933 Mitbegründer der Jungreformatorischen Bewegung, 1934 Mitglied des Lutherischen Rates, 1936 Geschäftsführer im Lutherrat, Mitglied im Beirat des Kirchlichen Einigungswerks
Lischka, Kurt 162
(1909–1989), Jurist, seit 1935 bei der Gestapo, 1938 Chef des Gestaporeferats II B im Reichssicherheitshauptamt (Konfessionen, Juden, Freimaurer, Emigranten, Pazifisten), Leiter der Reichszentrale für jüdische Auswanderung, 1940 Polizeichef in Paris
Loheide 141
Theologe, Superintendent in Schlesien
Lömker, Heinrich 199
(1881–1961), Diakon der Diakonenanstalt Nazareth, 1935–1958 Hausvater Blütenberg
Lösener, Bernhard 159
(1890–1952), Jurist, 1933 Reichsministerium des Innern, 1935 Generalreferent für Judenfragen ebenda, Beteiligung an Formulierung der Nürnberger Gesetze und Durchführungsbestimmungen
Lüttichau, Siegfried Graf von 47, 52
(1877–1965), Theologe, Vorsteher der Diakonissenanstalt Kaiserswerth, Vorsitzender des Kaiserswerther Verbandes deutscher Diakonissenmutterhäuser, Präsident Kaiserswerther Generalkonferenz, Mitbegründer der Arbeitsgemeinschaft der missionarischen und diakonischen Werke und Verbände Vorstandsmitglied des CA

Mahrenholz, Christhard 39
(1900–1980), Theologe, Oberlandeskirchenrat, 1937 Mitglied und stellvertretender Vorsitzender des Reichskirchenausschusses
Mailänder, Carl 43
(1883–1960), Regierungsdirektor, Leiter des Württembergischen Landesfürsorgeverbandes, 1944 Vorsitzender des Gesamtverbandes der Wanderarbeiterstätten
Marahrens, August 55, 115, 137
(1875–1950), Theologe, Landesbischof Hannover, Vorsitzender der Ersten Vorläufigen Kirchenleitung (BK) in der DEK, Mitglied des Geistlichen Vertrauensrates der DEK, Vorsitzender der Kirchenführerkonferenz der DEK
Markull, Wilhelm 86
(1877–1936), Jurist, Ministerialrat im Reichsfinanzministerium

Marx, Hellmuth 255
(1901–1945), Mediziner, seit 1937 Chefarzt der Inneren Abteilung im Krankenhaus Gilead der Westfälischen Diakonissenanstalt Sarepta in den v. Bodelschwinghschen Anstalten Bethel

Meiser, Hans 45, 125, 126
(1881–1956), Theologe, 1933 Landesbischof Bayern, 1933 Vorstand Lutherisches Einigungswerk, 1934 Mitbegründer und später Vorsitzender des Lutherrates, 1934–1936 Reichsbruderrat, 1941 Mitglied und Beirat Kirchliches Einigungswerk

Meißner, Otto 75
(1880–1953), Jurist, Chef der Präsidialkanzlei, ab 1937 im Range eines Staatsministers

Meyer, Alfred 177
(1891–1945), Gauleiter NSDAP Westfalen-Nord, 1938 Oberpräsident von Westfalen, Generalhauptführer des Deutschen Roten Kreuzes, ab 1941 Staatssekretär im Reichsministerium für die besetzten Ostgebiete, Teilnahme an der Wansee-Konferenz

Meyer 46
Mitarbeiter in Bethel

Meyeren, Gottfried von 86
1913–1939 Vorsitzender des Zentralvorstands Deutscher Arbeiterkolonie (ZVAK)

Muhs, Hermann 151
(1894–1962), Jurist, NSDAP Gauleiter Hannover-Ost, Mitglied des Landeskirchenrates der hannoverschen Landeskirche, 1936 ständiger Vertreter des Reichskirchenministers, Hanns Kerrl

Müller, Ludwig 26, 35, 111, 115, 183, 194
(1883–1945), Theologe, Mitbegründer der DC, Reichsbischof, ab 1935 ohne Befugnisse

Müller, Martin 87
(1903–1958), Theologe, seit 1929 Vorsteher der Kästorfer Anstalten

Niemann, Hans 69
(Johannes) (1877–1946), Theologe, Vorsitzender und Geschäftsführer des Westfälischen Provinzialverbandes für Innere Mission

Niemöller, Martin 41
(1892–1984), Theologe, 1933 Gründer des Pfarrernotbundes, bis zur Verhaftung 1937 Pfarrer in Berlin-Dahlem

Ninnemann, Georg 204, 205, 206, 207, 208, 209, 210, 211, 212, 282, 284
1912–1937 Gärtner in Lobetal

Ohl, Otto 25, 36, 58
(1886-1973), Theologe, Geschäftsführer des Rheinischen Provinzialausschusses für Innere Mission, 1934 Vizepräsident des CA
Onnasch, Friedrich 142, 195
(1881-1945), Theologe, bis 1922 Leiter der Hoffnungstaler Anstalten, Superintendent in Köslin, Mitglied der Provinzialsynode Pommern
Oppen-Dannenwalde, Joachim Freiherr von 34
(1879-1948), Präsident der Reichsgemeinschaft der freien Wohlfahrtspflege Deutschlands

Philipps, Wilhelm 49, 51
(1891-1982), Theologe, Vorsteher des Evangelischen Johannesstifts Berlin-Spandau, Oberkonsistorialrat in Münster
Pork, Rudolf 182
(1900-1944), Jurist, seit 1931 beim Provinzialverband Westfalen in Münster, Landesrat, dort in der Fürsorgeverwaltung
Praetorius, Willy 121
(1884-1973), Theologe, Pfarrer in Berlin Lichterfelde, Präses des Berliner Bruderrates

Rabenau, Eitel Friedrich von 125
(1884-1959). Theologe, Mitbegründer des Pfarrernotbundes und BK Berlin, Mitarbeit in der Zweiten Vorläufigen Kirchenleitung
Raps, Friedrich 45
(1889-1964), Ministerialrat im Finanzministerium
Reiche 250
Theologe, Pfarrer in Reppen
Reventlow, Ernst Graf zu 28
(1869-1943), Marineoffizier, 1934-1936 stellvertretender Führer der DC
Reventlow, Lilli Gräfin von 192
(1862-1942), 1903-1935 Oberin des Königin-Elisabeth-Hospital Berlin
Riehl, Otto 121, 123
Theologe, Superintendent in Crossen (Neumark)
Riethmüller, Otto 45, 47, 51, 115
(1889-1938), Theologe, Vorsteher des Burckhardthauses, Direktor Evangelischer Reichsverband weiblicher Jugend, Mitglied der Jungreformatorischen Bewegung, Vorsitzender der Reichsjugendkammer der BK
Ronicke, Curt 79
(1893-1976), Theologe, 1925-1958 Mitarbeiter in Bethel, Leiter des Dankorts und der Bethel-Mission
Rosenberger, G. 249, 252
Diakon, Hausvater Arbeiterkolonie Friedrichswille

Ruppert, Fritz 34, 37, 43, 56, 58, 77, 78, 86, 90, 96, 100, 101, 105, 107, 108, 158, 159, 180, 183, 184, 187
(1887-1945), Jurist, 1927 Ministerialrat Reichsministerium des Innern, Leiter Kommunalabteilung, 1939 Leiter Abteilung Wohlfahrtspflege, Generalreferent für das DRK, 1944 Entlassung wegen jüdischer Abstammung der Ehefrau

Scheven, Karl von 141
(1882-1954), Theologe, Superintendent Greifswald, stellvertretender Präses Provinzialsynode Pommern
Schirmacher, Horst 19, 21, 25, 27, 28, 29, 30, 36, 37, 38, 39, 40, 41, 44, 50, 52, 53, 56, 73, 75, 275, 276
(1892-1956), Theologe, Mitbegründer der DC in Ostpreußen, 1933 Kommissar im CA, 1933-1941 Erster Direktor im CA, 1940 Verhaftung und Hausarrest
Schlabritzki 195
Schleuning, Johannes 140
(1879-1961), Theologe, Superintendent in Berlin
Schmidt 209
Assessor, DAF Gefolgschaftsvertreter Georg Ninnemanns bei der gerichtlichen Auseinandersetzung mit Paul Braune
Schöffel, Simon 79, 115
(1880-1959), Theologe, 1922-1954 Hauptpastor Hamburg, 1933-1934 Landesbischof Hamburg, 1933 Mitglied der Leitung DEK, Geistlicher (lutherischer) Minister in der Reichskirchenregierung
Schreiner, Helmuth 45
(1893-1962), Theologe, 1933 Mitbegründer der Jungreformatorischen Bewegung, 1934 Mitglied Lutherischer Rat, 1936 Mitglied Kammer für evangelische Erziehungsarbeit, 1936/37 Mitunterzeichner von zwei Rücktrittsforderungen an Ludwig Müller, 1938 Vorsteher Diakonissenmutterhaus Münster
Schröder, Eva von 56
Mitgründerin („Mutter") der NSV, Stellvertreterin Hilgenfelds im NSV-Vorstand
Schröder, Gerhard 30, 35
(1900-n.e.), Theologe, seit 1933 Geschäftsführer des Evangelischen Siedlungsdienstes, Schriftleitung der Zeitschrift des Central-Ausschusses „Die innere Mission", seit 1938 Geschäftsführer der Brandenburgischen Frauenhilfe e.V. in Potsdam
Schulte, Heinrich 171
(1898-1983), Psychiater, Chefarzt der Kur- und Pflegeanstalt Waldhaus, Richter am Erbgesundheitsgericht Berlin

Schulte-Himmelpforten, seit 1937 Schulte-Broich, Franz 87, 88, 89, 90
(1886–1961), seit 1919 beim Provinzialverband Westfalen in Münster, dort seit 1920 Landesrat
Schwartzkopff, Elisabeth 166, 186, 238
(1897–1983), Diakonisse Lazarus Diakonissenmutterhaus Berlin, 1926–1944 Leiterin Heim „Gottesschutz" in Erkner, Verhinderung des Abtransportes von Heimbewohnerinnen aus Erkner im Rahmen der „Euthanasie", Hilfe für jüdische Menschen
Schwerin von Krosigk, Lutz Graf 35
(1887–1977), Jurist, Reichsfinanzminister
Seidler, Alarich 85, 96, 97, 98, 99, 103, 107, 108
(1897–1979), kaufmännische Ausbildung und kaufmännische Berufstätigkeiten, erster NSV-Gauamtsleiter für München-Oberbayern, Gründer des „Bayerischen Landesverbands für Wanderdienst", SA-Standartenführer
Seldte, Franz 89
(1882–1947), 1933–1945 Reichsarbeitsminister
Senf, Ernst 195, 201, 203, 206
(1892–1968), Theologe, 1927–1937 Zweiter Geistlicher von Lobetal, ab 1937 geistliche Leitung des Waldhauses Berlin-Nikolassee
Siegert, Wilhelm 56, 139
(1893–1949), Theologe, Pfarrer am Diakonissenmutterhaus Oberlinhaus in Potsdam, Geschäftsführer des Vereins zur Errichtung evangelischer Krankenhäuser, 1937–1938 Mitarbeit Arbeitsgemeinschaft für reichskirchlichen Aufbau und volkskirchlichen Dienst
Simson, Dr. Robert von 195
Rechtsanwalt, Vorstandsmitglied Verein Hoffnungstal
Spelmeyer, Adolf 93, 99
(1890–1959), Theologe, Zweiter Pfarrer beim Provinzialverband für Innere Mission in Münster, Geschäftsführer des Westfälischen Herbergsverbands, 1934 bis 1941 Schriftleiter der Zeitschrift „Der Wanderer"
Spiero, Heinrich 153
(1876–1947), Jurist, Germanist, 1935 Vorsitzender Reichsverband nichtarischer Christen; Paulusbund, 1937 „Büro Dr. Heinrich Spiero": Betreuung der „Vollnichtarier"
Stahn, Julius 151
(1898–1945), Jurist, 1935 Ministerialrat, 1938 Ministerialdirigent im Reichs- und Preußischen Ministerium für die kirchlichen Angelegenheiten
Stehfen, Maria 202
(1883–n.e.), Lehrerin, Familienschule „Ernterast" in Lobetal
Stein, August 193
(1863–1938), Theologe, 1928–1938 Vorsteher der Kückenmühler Anstalten

Striedieck, Richard 206, 207
(1900–1985), Diakon der Diakonenanstalt Nazareth, 1934–1958 Hausvater in Lobetal
Sylten, Werner 162
(1893–1942), Theologe, Mitglied Pfarrernotbund, 1936 als Pfarrer wegen jüdischer Abstammung entlassen, 1938 Büro Grüber als Stellvertreter Heinrich Grübers
Syrup, Friedrich 86
(1881–1945), Jurist, 1927–1938 Präsident der Reichsanstalt für Arbeitsvermittlung u. Arbeitslosenversicherung, 1939 Staatssekretär im Reichsarbeitsministerium, 1936 Leiter der Geschäftsgruppe Arbeitseinsatz beim Beauftragten für den Vierjahresplan

Themel, Karl 19, 20, 24, 25, 26, 27, 28, 30, 32, 33, 35, 36, 276
(1890–1973), Theologe, Reichsreferent für Sozialfragen in der Reichsleitung der DC, 1933 Kommissar im CA, 1933–1934 Präsident des CA, 1936 Leiter der Kirchenbuchstelle Alt-Berlin
Thieme, Walter 24
(1878–1945), Theologe, 1908–1941 Inspektor Verein für Berliner Stadtmission. Vorsitzender Verband der Deutschen Evangelischen Stadtmissionen
Tirschtiegel, Kurt 166
(1878–1943), Christ jüdischer Abstammung, 1943 konspirative Aufnahme in Lobetal
Troschke 195

Überschar 208
Rechtanwalt bei der DAF, Vertreter Braunes bei der gerichtlichen Auseinandersetzung mit Georg Ninnemann
Ullrich, W. 202
Gauredner der NSDAP-Gauleitung Kurmark, 1936 Referent auf der Heldengedenkfeier in Lobetal
Ulrich, Friedrich 24
(1870–1942), Theologe, Leiter Evangelisches Hauptwohlfahrtamt Berlin, 1934 Leiter Landeskirchenstelle Berlin für Innere Mission, 1935 Direktor Gesamtverband der Berliner Inneren Mission, 1935–1938 Geschäftsführer Institut für Sozialethik und Wissenschaft der Inneren Mission

Vöhringer, Gotthilf 31, 34, 70
(1881–1955), Theologe, 1931 Mitinitiator Winterhilfswerk, 1925–1933 Generalsekretär Deutsche Liga der freien Wohlfahrtspflege, 1933–1934 Generalsekretär Reichsgemeinschaft der freien Wohlfahrtspflege Deutschlands

Weber, Otto 26, 27, 28
(1902–1966), Theologe, 1933–1934 Geistlicher (reformierter) Minister in der Reichskirchenregierung, Professor für Reformierte Theologie in Göttingen
Weden, Käthe 250
Diakonisse
Wendelin, Adolf 25, 31, 36
(1877–1952), Theologe, 1921 Direktor Landesverein für Innere Mission Sachsen, 1932 Vorstandsmitglied des CA
Wentz, Karl 140
(1874–1962), Theologe, Oberregierungs- und Schulrat a.D. in Minden, 1938/39 theologischer Mitarbeiter im Konsistorium Münster
Wenzel, Theodor 20, 30, 44, 45, 47, 49, 64, 139, 157
(1895–1954), Theologe, 1927 Direktor des Provinzialausschusses für die Innere Mission Brandenburg, 1934 Vorstandsmitglied des CA
Werner, Friedrich 53, 55, 121, 122, 123, 158
(1897–1955), Jurist, 1932 Reichsreferent in der Reichsleitung der DC für Kirchenrecht, 1933 Präsident Evangelischer Oberkirchenrat Berlin, 1937–1943 Leiter Kirchenkanzlei der DEK und Vorsitzender Finanzkommission
Westenfelder, Rudolf 202, 203
(1902–1969), Diakon der Diakonenanstalt Nazareth, 1932–1944 Diakon in Lobetal
Winkler, Paul 41
Mitarbeiter der Deutschen Evangelischen Kirchenkanzlei
Wolf, Friedrich 29
(1865–1937), Theologe, seit 1908 bis 1935 Pfarrer in den v. Bodelschwinghschen Anstalten Bethel, Leiter der Bethelkanzlei
Wurm, Theophil 125, 126, 132, 133, 134, 135, 136, 137, 138, 140, 141, 142
(1868–1953), Theologe, 1933 Landesbischof Württemberg, 1941 Begründer des Kirchlichen Einigungswerks

Zechlin 195
Vorstandsmitglied Verein Hoffnungstal
Zimmermann, Richard 118
(1877–1945), Theologe, Superintendent Berlin, Mitglied des altpreußischen Landeskirchenausschusses, Präses der Berliner Stadtsynode
Zoellner, Wilhelm 39, 40, 41
(1860–1937), Theologe, Vorsitzender des Reichskirchenausschusses, Mitglied des Lutherischen Rates, Vorsitzender der Theologischen Kammer der DEK